知識ゼロからの

着物と遊ぶ

石橋富士子《ぺたこさん》

幻冬舎

知識ゼロからの

着物と遊ぶ

目次

もくじ

第一章 楽しく大胆に。一〇歳若く見せる

第二章

お役立ち＆お気に入りの小物遊び

第三章 簡単・きれいに着るための手入れ

第四章

着物でおしゃれ、どこに行く？

第五章 着物って、歴史のぶんだけ奥深い

第一章

楽しく大胆に。
一〇歳若く見せる

組み合わせ提案

ぺたこ流コーディネイト㋑

春と秋

春は淡い色
秋は深みがある色
夏の気配が残る日もアリ
朝夕、まだ寒い日アリ
素材感
ショール

春と秋は気温的には似ているけれど、気分も着たい色も変わります。一枚の同じ着物を春と秋で着まわす。そのポイントは帯に加え半衿、帯締め、帯揚げなどの脇役です。

春はふんわりと淡い色や白が新鮮です。帯締めや帯揚げ、半衿にスパイスとして取り入れます。春を感じる形やモチーフ、たんぽぽ、しろつめくさ、桜、魚、水流、柳、燕《つばめ》なども使って。

秋には深まる自然の色をヒントに、何色も掛け合わせたような複雑な「くすみ」やダークな色や実りのモチーフが、しっくりきます。

着物を纏《まと》う自分が、野の一部になったつもりで、すすき・野の草・薄墨がかった夜空・三日月・木の実・銀杏《ぎんなん》・落ち葉・松ぼっくり・われもこうなどの秋色をバランスよく使うと、秋のコーディネイトが完成です。

同じ着物でも
小物の色をかえると
だいぶ印象がかわります。

秋　麻でも少し黄色や
茶色などが入ったもの

春　半衿も白、
アイボリーなど淡い色

帯揚げや帯締めも、春は明るく、花を感じさせる色を。秋は落ち着きのある色で、帯締めはやや太め

＊組み合わせ提案＊

ぺたこ流コーディネイト㋺

若さと熟女

どんどん変化する
自分の体に
敏感になろう。
今しかできない
組み合わせを楽しむ
若さに映える色、形
お太鼓の大きさを
再考したり
下着を再考

着物は比較的年齢に左右されない衣服です。箪笥《たんす》の中から若い日に買った着物を出して着てみると……あら？　今のほうがしっくりとなじんでいるな、ということありますね。

若いときには黒や紺、焦げ茶などの渋い着物をお好みだったという方も多いのでは？　じつは私もそうでした。

着物はコーディネイトで印象が全然違ってきます。組み合わせてスパイスとなる利かせ色、一緒に持つカバンなど持ち物の色と素材を意識しましょう。

若さはチャレンジ。異質なものや突飛なものなど大胆な組み合わせも素敵です。

熟女は、経験から知った本物のテイストと、自分に自信を与え後押ししてくれる上質のものを。単に「高価」という意味ではなく、あなたにとって一つのルーツになるものや、ストーリーのある本物を持ってください。

若さ 今しかできない。
意外な物を合わせたり、
柄も色もやや冒険的に。

同じ着物を
20年も着られる!
すごいっ!

柄が多い

こんな帯ができるのも若いうち……と言いながら、今でも締めていますが

袖からのぞく赤、帯揚げなどの小物も赤にして

ひかえめな柄

帯留めに宝石を

紫色の着物に辛子色の帯が着物通を感じさせる

熟女 着物が自信を
つけてくれるような、
上質のものをプラスする。

※組み合わせ提案※

ぺたこ流コーディネイトは 家の中と外

だんだんおしゃれ度が高くなっていきます。
おしゃれ♪
電車に乗ってショッピング、お食事
草履《ぞうり》多し
ちょっと近所まで
上っ張り
ゲタ
気楽♪
家の中
寒いときはマフラー
仕事着
素足、冬は足袋
割烹着

仕事場が家、という私の日常着は、汚れても気にならない絣《かすり》や木綿の単衣《ひとえ》に、動きやすい半幅帯を合わせることが多いです。その上から割烹着《かっぽうぎ》を着て一日中ちょこまかと仕事と家事をこなします。

気晴らしに散歩したり、近所まで郵便物を出しに行ったりするときは、割烹着を脱ぎ、人と会うときには羽織を着て出かけます。家の中で履《は》いていた普段履きの古い足袋《たび》は新しいのに履き替えて。全部着替えるわけではないけれど、ちょっとしたところを変えると、気分も見え方も変わってきます。

髪をとかすだけで、気分がよそ行きになるような。

世の中、いつどんな大切な出会いがあるかわからないですからねえ。なんでガードが甘い日に限って、大切な人に会う？　なんて悲劇は避けたい。油断できませんよ〜。

道中着
着物きてるだけでおしゃれに見られるので、ほんとに得してます♪
急な外出にもOK
羽織、道中着、ショールなどをプラス
羽織
ショール
足袋をはく
わりと新しめ
見えないのをいいことに、帯なしのときもあり
家の中では
あまり大きな声で言えないけど…
帯板だけ、とか
汚れないように、割烹着。たすきだけだとカバーできないの
暑いときは素足のことも多い

※組み合わせ提案※

ぺたこ流コーディネイトに

昼と夜

昼はあっち
行ったり、
こっち行ったり。
がらり変わって、
夜はちょっと
ゴージャスに。
荷物も多い
よく歩く

たまに旅行に出かけると、昼はあっちへ行ったりこっちを見たり。行きたいところは山ほどあります。そこで着物が行動の足かせになってはいけません。移動には着慣れた着物と履物《はきもの》が一番なので、信頼の置ける一枚一足を持っていると心強いです。

旅の夜はイベント多し。おいしい店やパーティーに出席することも。時間的にホテルに戻って着替えるのは無理！というときは、今着ている着物と帯に、夜もがんばってもらいましょう。

半幅帯は結び方で華やかな帯に。帯枕も使わない結び方もあります。さまざまな結び方をするには長めの半幅帯を選びます。直線裁ちでミシンで縫えば簡単なので自作してみては？

中古の袋帯が安く手に入ったら、パーティーに映える半幅の昼夜帯にリメイクもいいですね。

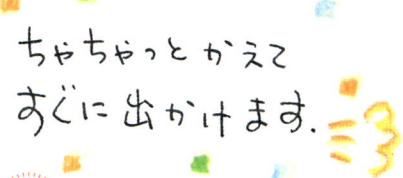

ちゃちゃっとかえて すぐに出かけます。

昼

貝の口で
活動的に

たくさん入る
bag

夜

あらかじめ予定がわかっていれば、
半衿を二重に縫っておく

ゴージャスな
ショール

上の１枚を
外して

帯留め

帯締め

同じ帯でも、
結び方を
変えて、
お太鼓風に
帯枕なしで

パーティー
バッグ

同じ着物と帯でも、帯結びと小物を替えるだけで、表情が変わる

ちらりと魅せる

重ねの裾《すそ》。じつは単衣《ひとえ》の着物

単衣の着物に、ちらりと見える裾を作る。
長襦袢《ながじゅばん》？
袷の着物？
このとき着ているのは、筒袖のうそつき
★のところに目が行きます

手入れが楽な単衣を一年中愛用している私ですが、ほかの方の着こなしを見て、袷《あわせ》の着物ってよいわぁと思うこともしばしば。

袷の裾がひるがえるとき、ぱっと一瞬目に入る色、ぐっときます。

着物を楽しむには袷のほうが広くて深い。表と裏の色を考えて、ストーリー仕立てで柄を配するのも高度な遊びですね。

単衣の着物でも何か遊びたいなと思っていたところ、私が着るには派手な、赤い縞の着物をいただきました。さてどうしようかと思ったのですが、時折ちらっと見える程度だったら面白いかとアイデアがわいて……。さっそくこんな着物を作ってみました。作るといってもざくざく縫うだけの超簡単なお裁縫です。

寒い季節に家の中で重宝しています。着物二枚分の暖かさです。ちらりと見える赤もまたうれし♪

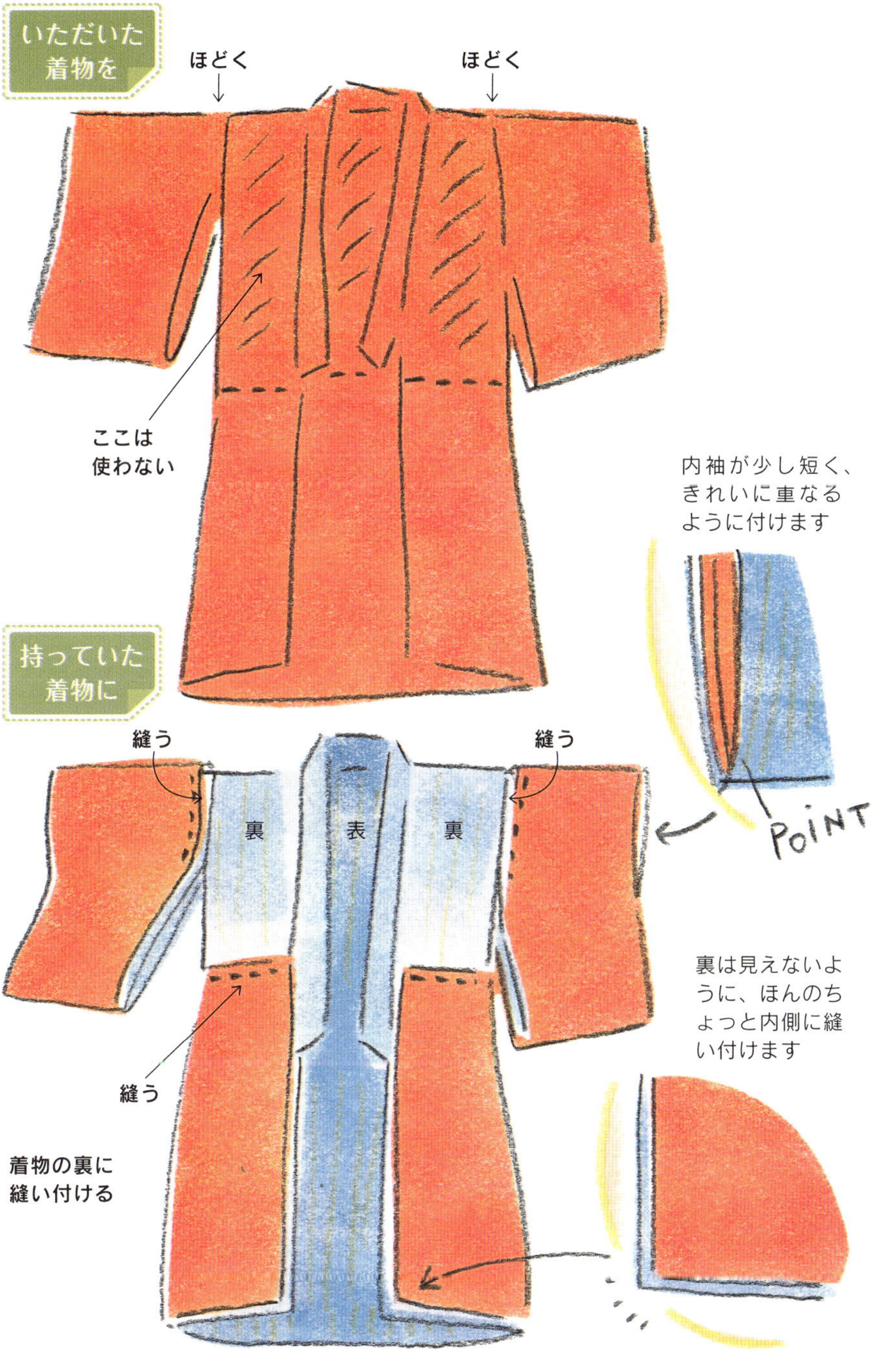
いただいた
着物を
ほどく
ほどく
ここは
使わない
内袖が少し短く、
きれいに重なる
ように付けます
持っていた
着物に
縫う
縫う
裏
表
裏
POINT
縫う
着物の裏に
縫い付ける
裏は見えないよ
うに、ほんのち
ょっと内側に縫
い付けます

ちらりと魅せる

うそつきの袖口は可愛い柄を

アンティークの端切れには面白い柄が多いですね。衝動買いをしたものの、さて、何を作ったらいいのか迷います。

この端切れは七〇センチくらいしかない。これで襦袢袖《じゅばんそで》ができたら可愛い！と思うけれど、やっぱり無理かしら。

襦袢袖全部は無理だけど、パッチワークの方法だったら可能かもしれません。

襦袢袖の袖口部分と袂《たもと》の見える部分に端切れを縫い付けます。布の色やトーンを揃えるとしっくりなじみます。お店で実際に置いて合わせ、いちばんしっくりする生地を選びましょう。

もし売り場で色みの合う、テイストも似ている柄布が見つかったら、かなり素敵な襦袢袖になると思います。「うそつきのうそつき袖」ですが「見て見て！」と自慢したくなるかもしれません。着物のスパイスには、ちょっとした端切れも充分役に立ちます。

作り方

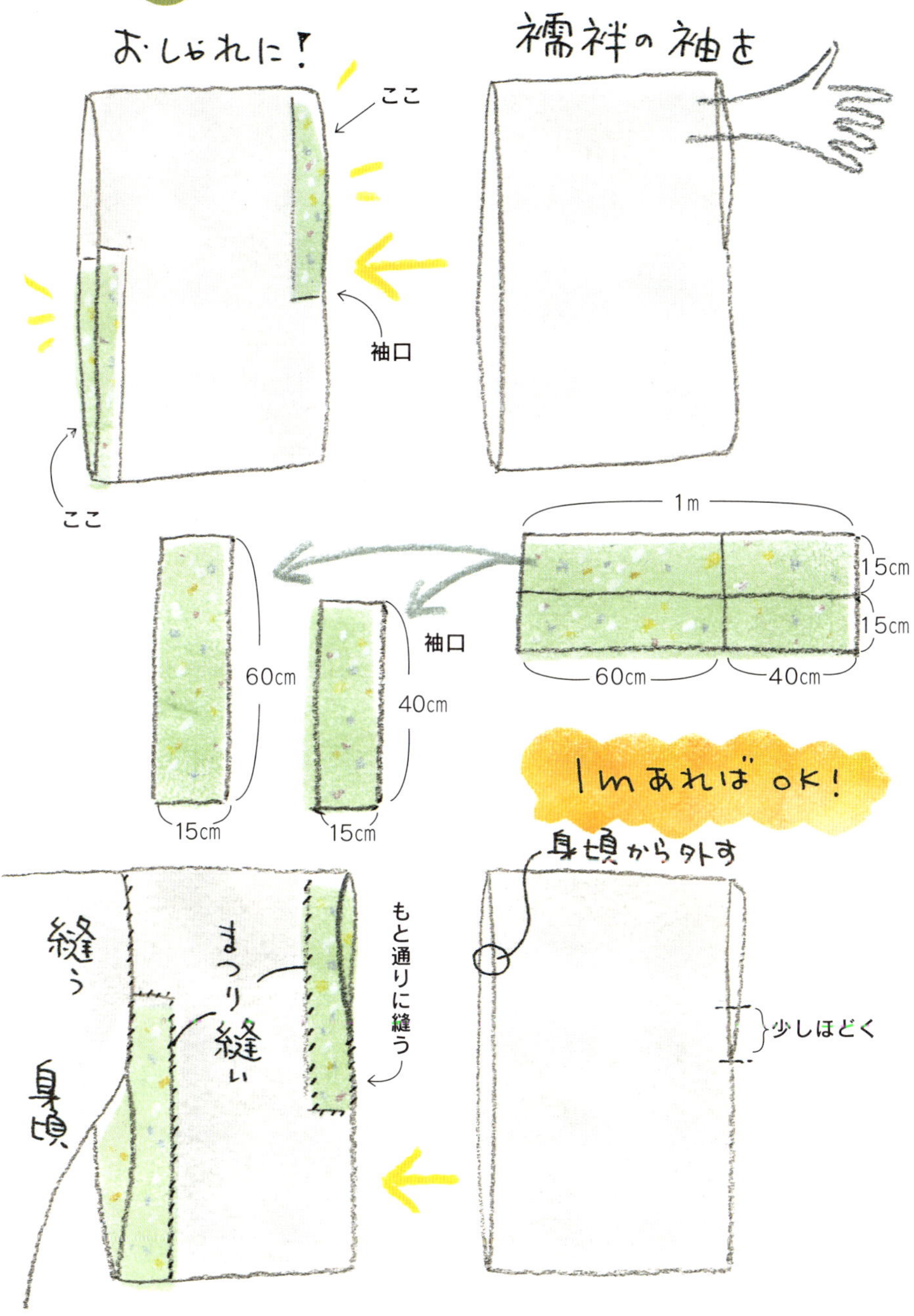

おしゃれに！
ここ
袖口
ここ
襦袢の袖を
1m
15cm
15cm
60cm
40cm
袖口
60cm
40cm
15cm
15cm
1mあればOK！
身頃から外す
少しほどく
縫う
まつり縫い
身頃
もと通りに縫う

ちらりと魅せる
お助け紐《ひも》を使い、細い帯締めも

着物の好みも多様化してきて、帯締めもいろいろな太さと素材のものが見つかります。

手芸店には面白い素材があるので、手作りが好きな人はどんどんチャレンジして個性的な帯締めを作ってみましょう。

リボンやロングチェーンのネックレス、革紐、ビニールのチューブなど、細いものや華奢《きゃしゃ》なものを帯締めにしたいときは、見えないところで一工夫。隠れ紐を一本足して帯を支えれば大丈夫です。これがお助け紐。

仮紐の要領で帯の下のラインに合わせて結びます。結んだら帯に隠してしまいます。これで安心です。

紐を目立たせたくないときは帯に近い色の紐を使いますが、フリンジが可愛い紐や両端にビーズの付いたものなどは、着物のアクセントにしてしまうのも面白いかもしれません。

結び方

1 お太鼓を作ります

2 紐を前で縛り、帯の下に入れます

3 帯締めを締めます

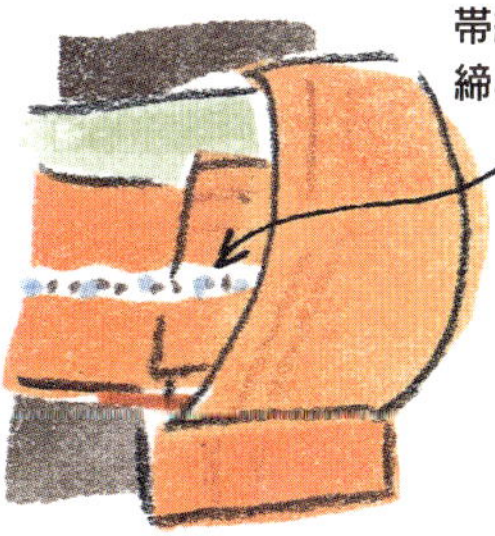

帯揚げ、帯締め、紐と3ヶ所でとめています。

上、中、下で

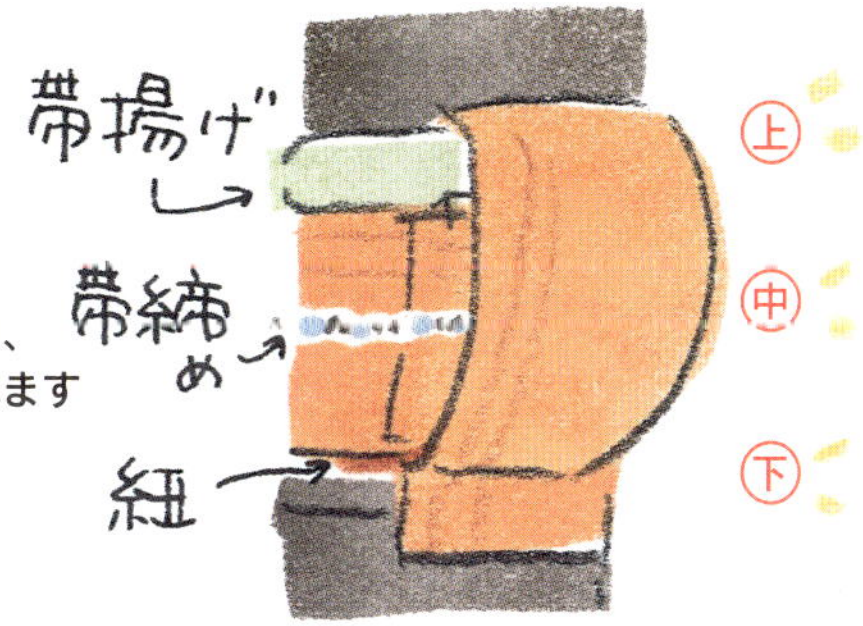

今までの帯締めにない物も使えます。

ロングネックレス

リボン

フェイクファー

これはどうかな？　と思うもの

いろいろ試しても

楽しいですね。

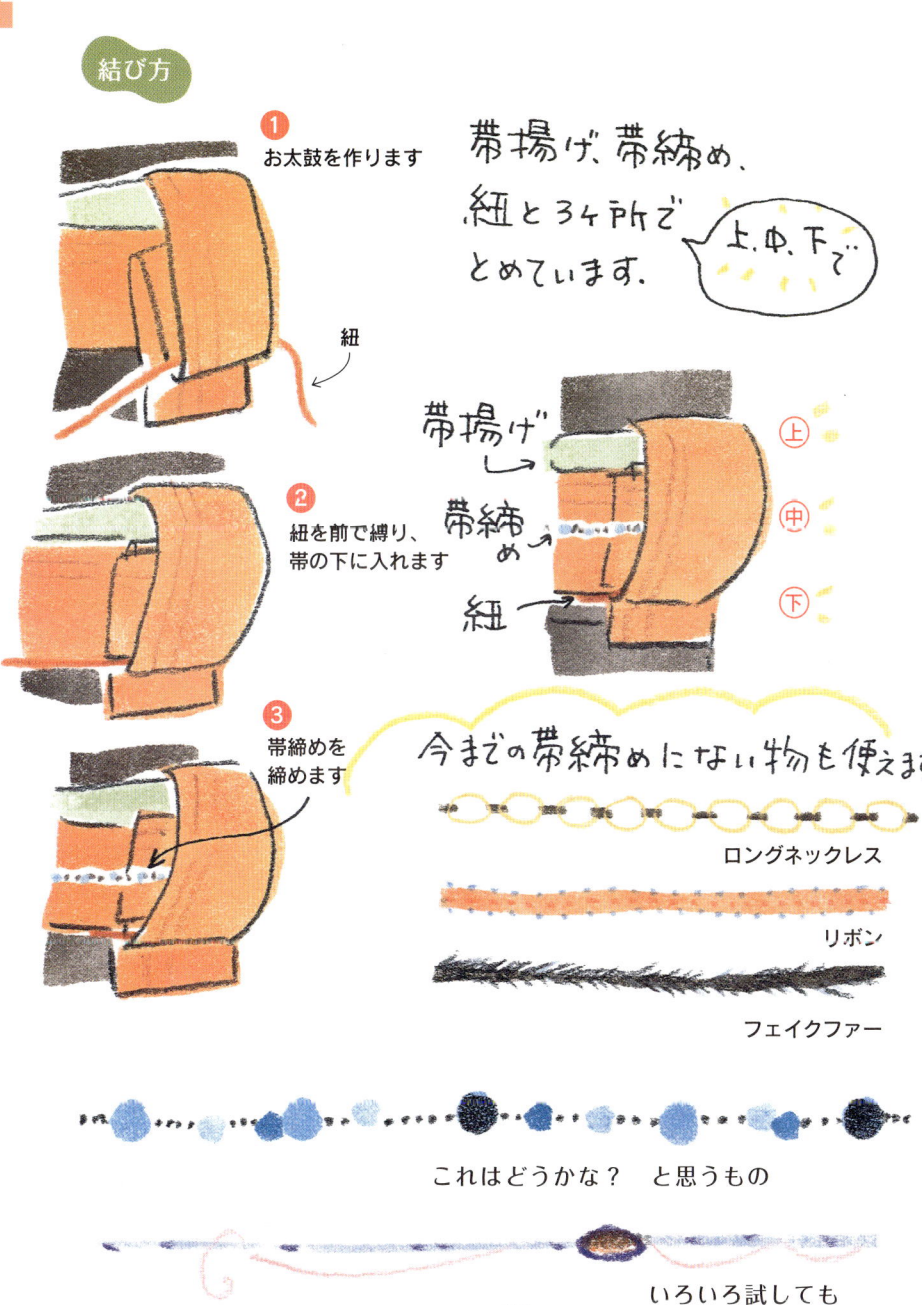

ちらりと魅せる

後ろ姿が素敵な見返り美人

後ろ姿にもワンポイントを。

◀ひょうたんの根付《ねつけ》（下右）。香り玉の入った鳴海さんの飾り（下左）

着物の装飾は、帯のお太鼓の絵柄と髪、簪《かんざし》以外は全部前。後ろはおしゃれの未開拓ゾーンです。

しかし、後ろ姿って案外見られていますよ。着物姿の素敵な人とすれ違ったとき、思わず振り返ってしまったこと、ありませんか？

お太鼓の横で揺れる房飾りなど、ちょっと大振りのアクセサリーがあったら、後ろ姿も一段と引き立つと思うのです。大振りのアクセサリーには、もう一つ利点があって、気になるお尻まわりから相手の目線をそらしてくれる効果も。お太鼓と、帯飾りを見ている間に遠ざかってしまいますから♪

大きめの石やビーズや焼き物、組紐《くみひも》と合わせての房飾りなど。前に持ってくるにはちょっと大きい、くらいのサイズが、後ろ姿アクセサリーとしては向いています。

半衿で遊ぶ

重ねれば優雅。個性的にも

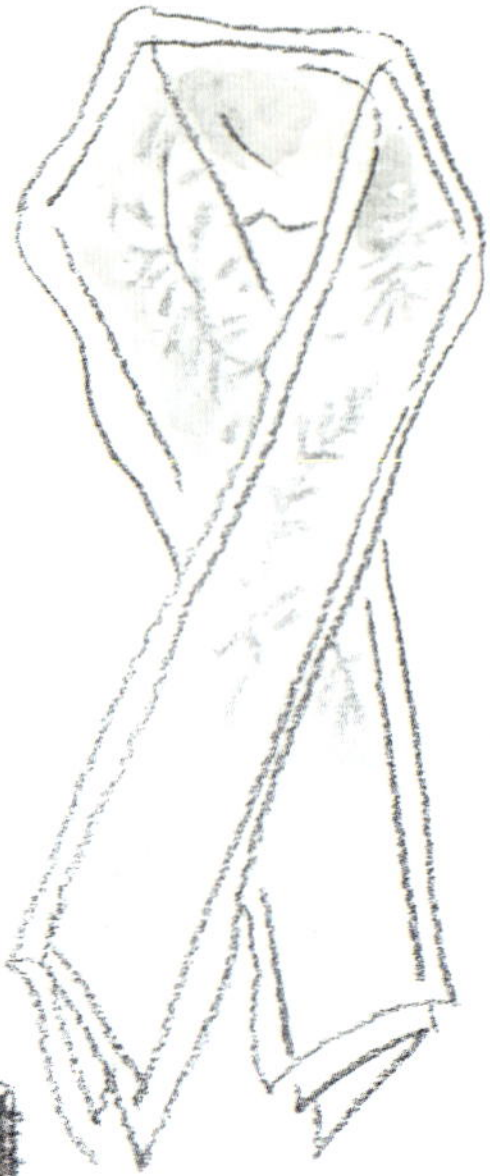

布屋さんに半衿を持って行き、実際に合わせてみましょう。

半衿の表情を変えてみましょう。

ジョーゼットなど透ける布をプラスして。

ししゅうや色半衿やレース布、手拭《てぬぐ》い、端切れなどなど、半衿はさまざまな楽しみ方ができるポイントです。

今持っている半衿の上にジョーゼットのような透ける布を付けると素敵。

色数も豊富で模様の入っているものもあり、意外な効果を期待できます。生地屋さんに半衿を持参して実際に重ねてみてください。

使いやすいのはベビーピンクやイエロー、ベージュ、オフホワイトなど。冒険の価値ありは緑の半衿に青、赤の半衿に茶のジョーゼット。ラインストーンや、レースパーツを間にはさむのも面白い。パーティーやイベントなど、ちょっとおしゃれしたいときにいかがですか?

お話しするときは視線は顔周辺に集まりますので、珍しい手作り半衿は、話題のきっかけになります。初対面でもバッチリ印象に残りますよ。

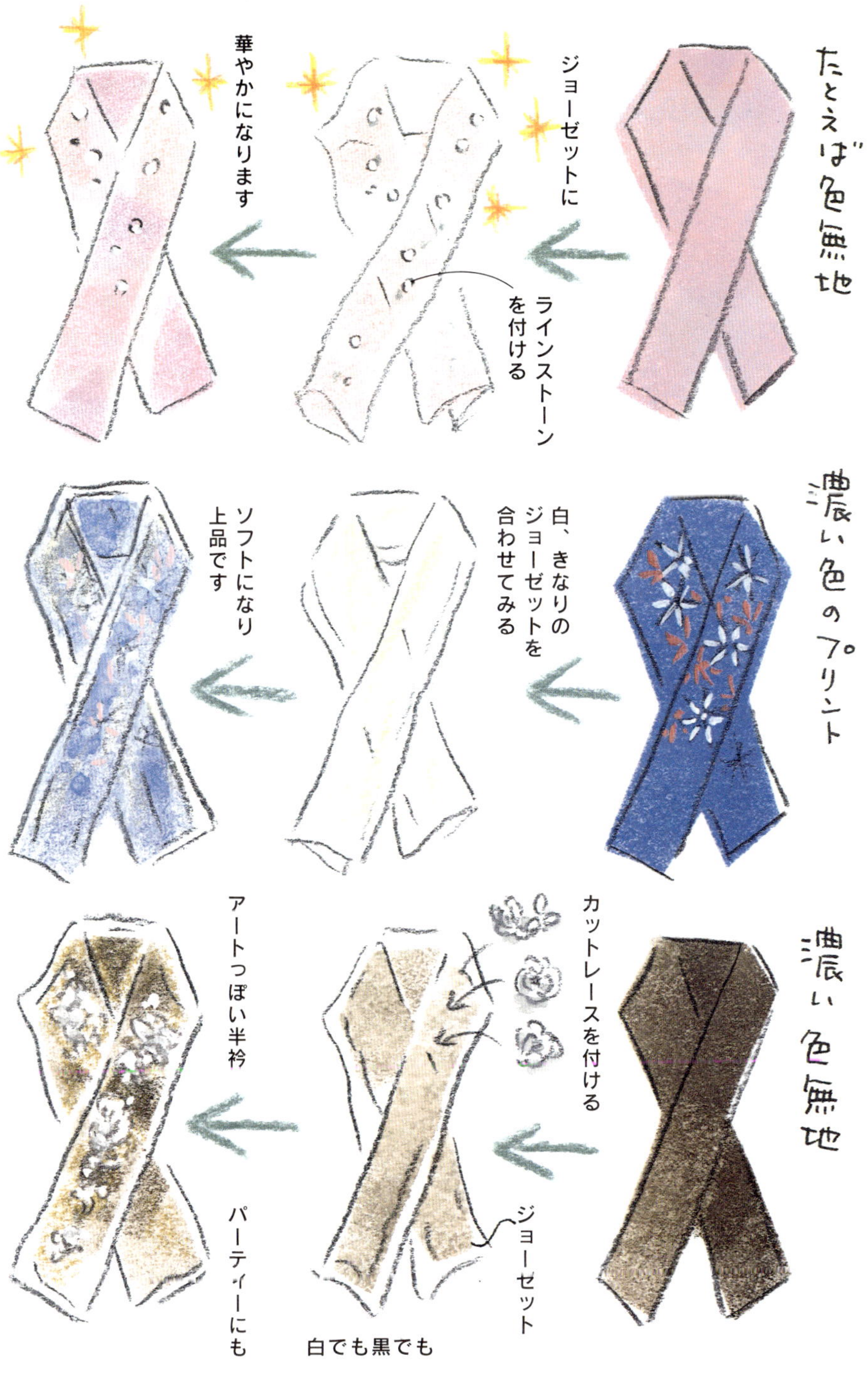
たとえば色無地
ジョーゼットに
ラインストーンを付ける
華やかになります
濃い色のプリント
白、きなりのジョーゼットを合わせてみる
ソフトになり上品です
濃い色無地
カットレースを付ける
ジョーゼット
白でも黒でも
アートっぽい半衿
パーティーにも

半衿で遊ぶ

お揃いの半衿、二人で歩く

反物半分の幅が
半衿の幅

半衿の幅は、反物《たんもの》の半分の幅（一七センチ）です。長さ一二〇センチあれば二枚作れます。

お友達と分けますか？　一緒のお出かけには半衿がかぶらないよう注意しましょうね。

まるっきりのお揃いは避けたいけれど、着物の二人連れというのは想像以上に美しく、人目を引くものだなあと思った経験があります。

浅草を歩く浴衣《ゆかた》姿の若い二人でした。紺色の着物に白い帯。もう一人は逆に白い着物に紺の帯。白パラソルと紺のパラソル。光と影のようにお互いの魅力を引き出し、人混みの浅草観音の境内で、そこだけ明るくスポットライトを浴びたようでした。

もちろん外国人観光客たちに大人気で、何度も写真撮影をお願いされてました。素敵だったな。今でも思い出します。

お互いを
引き立てあう
色選び
色遊び

もう一言

浴衣を外出着にして

浴衣を着るとき、気をつけたいのは下着です。薄手の浴衣は思ったよりも透けているんです。

出かけるときには、前もってチェックしてくださいね。白地の浴衣はとくに注意が必要です。夕日の逆光で足のシルエットがくっきり、ショーツの柄が透ける恐れありです。浴衣の下に長襦袢《ながじゅばん》は暑いのですが、せめて裾《すそ》よけか、裾の広いステテコをはきましょう。

浴衣はもともと湯上がりや夜に着るものでしたが、今は単衣《ひとえ》の綿着物としての着用もおすすめです。その場合は、長襦袢を着て、半幅帯で。レース足袋《たび》も素敵ですし、日傘が似合います。

花火大会や縁日にしか浴衣を着ないのはモッタイナイ！　初夏から秋まで楽しむことを考えて、色や素材、柄を選ぶとお得です。

衿足を美しく

簪《かんざし》、髪飾りは着物だからこそ

結い上げた日本髪に
しっくりとくる髪飾り
ここに、ごひいきの
役者さんにサインを入れて
もらう♥

着物姿で簪を挿《さ》している人、見かけなくなりましたね。簪を使わなくなったのは髪のボリュームの関係でしょうか。ショートやセミロングが多くなり、ロングでも軽やかさを好む現代は、小ぶりのピンやコームが似合います。

江戸時代は長い髪を結い上げていましたので、皆髪飾りを挿していました。

つまみ簪は季節の花や鳥などを巧みに取り入れてあり、見る者を楽しませてくれます。京都の舞妓《まいこ》さんの髪を飾るのもつまみ簪です。春の桜、夏の朝顔、そして秋になると看板と餅花の可愛らしい簪で、歌舞伎の顔見世興行に出かけます。簪のまっさらな飾り札に銘を入れるのはご贔屓《ひいき》の役者さんです。

江戸時代の街娘の髪を彩った可愛らしいつまみ簪ですが、手作りしたい人が急増中。装うだけではなく自分で作るというスタイルが今風です。

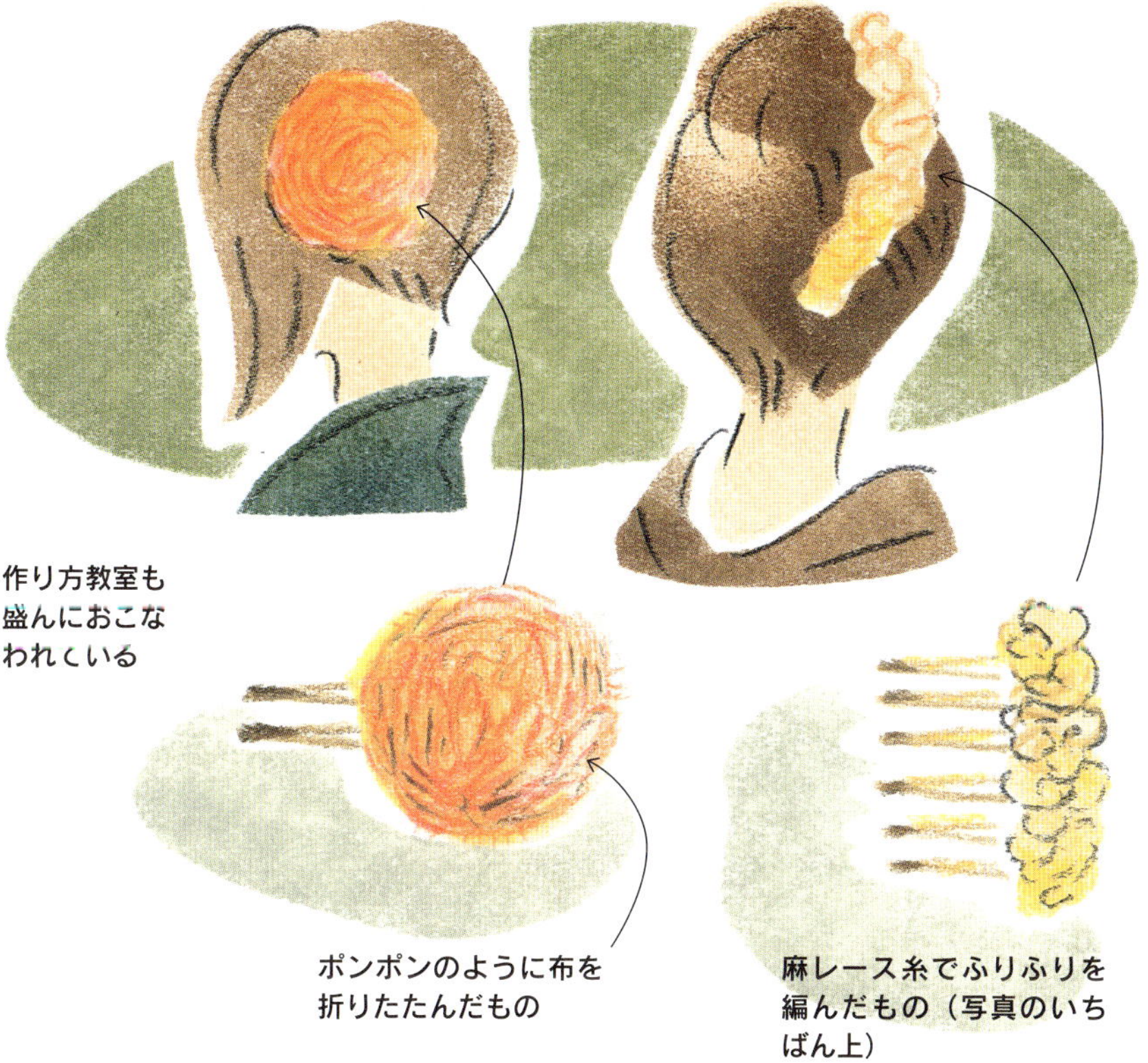
作り方教室も
盛んにおこな
われている
ポンポンのように布を
折りたたんだもの
麻レース糸でふりふりを
編んだもの（写真のいち
ばん上）

右の３つはベトナムの簪。中央の羽子板は芝山細工。
ゆれる飾りがきれいな京都の簪など、コレクション

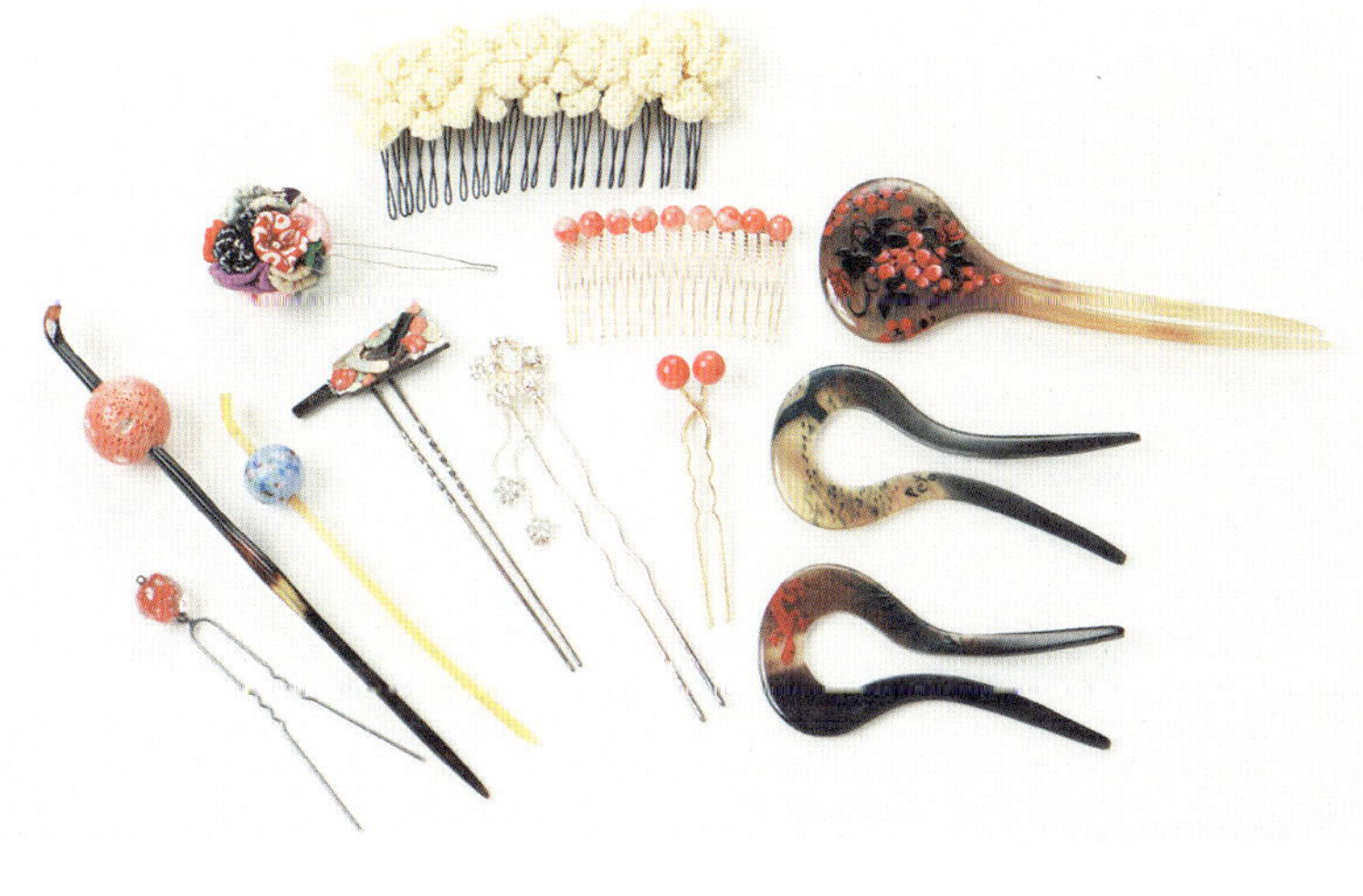

衿足を美しく

抜いた衣紋《えもん》はアップで映える

衿が抜けなくて、悩みのタネ
ほんとうはこのくらい抜きたい
あまり抜くと冬、寒い

私は着方がヘタで、着物の衿足が着ているうちに狭くなってしまいます。

気になってどうやったら衿足が抜けるか、いろいろ試してみた時期もあるのですが、「衿足が狭い着方がぺたこさんらしい」と言われたことがあり、あまり気にならなくなりました。

江戸時代中期の浮世絵などに見られる流行の髪型は、たとえば当時の人気浮世絵師だった鈴木《すずき》春信《はるのぶ》の、春信風島田などで、たぶさが大きくせり出しています。鬢《びん》付け油をたっぷり使って固定していたことや結い上げた髪は何日も洗わないという事情があるので、衿を抜かないと汚れてしょうがなかったのでしょうね。

今はショートカットの人も多く、髪もボリュームを抑えスッキリしています。着物にも今風の髪型をバランスよく合わせたい。洋服の人と並んで違和感のないスタイルが、求められていると思います。

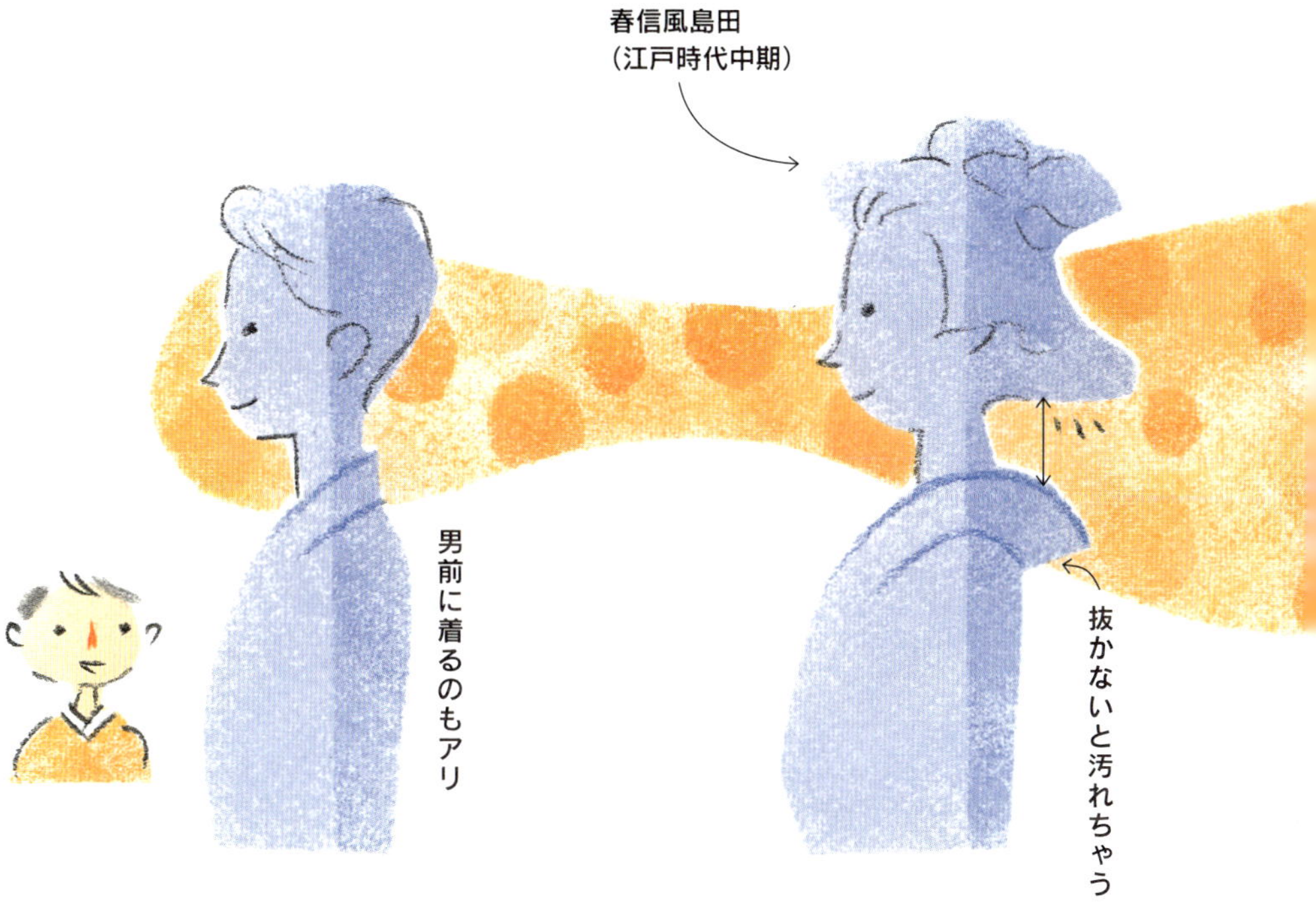
春信風島田
（江戸時代中期）
男前に着るのもアリ
抜かないと汚れちゃう

もう一言

江戸の黒いかけ衿

かけ衿は、結い上げた髪の油が衿について汚さないよう、保護のためにかけた布です。汚れが目立たない黒布などを使いました。外出のときは付けずに出かけたため、かけ衿は普段着に付けると相場が決まっていました。

江戸時代、庶民の贅沢《ぜいたく》を禁じた贅沢禁止令が発令され、高価な着物などの着用が制限されましたが、庶民は高価な着物にも黒布を付けて「これはこの通り普段着でございます」という言い訳で、法を免れたようです。

ちなみに簪《かんざし》を制限されたときは、簪の先を耳かき状に作り（29ページの簪の集合写真の中にもあります）、「これは装飾品の簪ではなく実用品の耳かきでございますよ」と、かけ衿同様に巧みに言い訳をしたそうです。庶民の知恵、なかなか面白いですね。

細部まで気を抜かず

着物が隠してくれるもの

ほら
ここは こうして…
あーら センセ
つめが ピカピカ
きれいだねー

気持ちはいつまでも若い。けれどだんだん変化する体型。肌の張りや美しさ。若い人にはかないません。着物を着ていて内心よかったなと思うのは、洋服姿で若い人と並ばずにすむことです。

着物だと露出する部分は首から上、手、足先だけ。二の腕のたるみ、脇腹、おなか、太ももなど、気になるところは全部着物が隠してくれます。着物に甘える気持ちはないけれど、太った痩せたというストレスから解放され、ほかのことに時間を使えるのがありがたい。その上着物は、年齢を重ねた女性の存在感を高め、魅力的に見せてくれます。

数少ない「見える部分」に気を配りましょう。保湿ハンドクリーム、ネイルなどでお手入れしましょう。踵《かかと》も尿素入りクリームやオイルでツルツルに。髪を伸ばしてまとめると髪のボリュームの薄さ、髪の薄さの心配も不要です。

着物を着ていると、外に出るのは４ヶ所だけ。

4ヶ所ですからねー・
がんばって
きれいにしましょ
ボディローション
ハンドクリーム
ネイル
1 顔
と
2 首
3 手
4 足

もう一言

素足に似合うペディキュア

夏には浴衣《ゆかた》。浴衣には素足に下駄。足にはペディキュアを。

電車の座席に座ったとき、視線の先にふと目に入る足元。涼しげな夏色のペディキュアが施されている人は、おしゃれで素敵だなって思います。

水色、ピンク、白など、パール調の色みもいいですね。素足で出かける季節は短いので、足元のおしゃれをして楽しみましょう。手指のネイルアートのように飾るよりも、色だけ、くらいがほどよいかもしれません。

素足の季節、もう一つ気をつけたいのは足の日焼けです。下駄で外出して一日中歩いていると、鼻緒の跡がくっきりついていて、こんなに焼けているのかと驚きます。

足元にも日焼け止めを塗るのを、お忘れなく。

コラム

季節を楽しむ
お花見に行きましょう

着物を着る機会を増やしましょう。

たとえばお花見。いちばん有名で盛んなのは桜ですが、江戸時代桜よりも風流とされていたのが梅の花見でした。

まだ寒い二月の寒梅から三月にかけて、ほころび花開く梅を求める鶯《うぐいす》のように、人々は梅の花見に出かけました。

といっても、酒を飲みバカ騒ぎの宴会をするわけではなく、ただ花に会いに行く心で。

日本には一年を通して、花見の祭りやイベントがあります。梅に始まり桜、藤、菖蒲《しょうぶ》、紫陽花《あじさい》、睡蓮《すいれん》、萩、菊、牡丹《ぼたん》、七草、福寿草など。話題には事欠かないほどです。

お友達と出かける口実として、季節の花を愛でるのも楽しいですね。

着物ならではの遊び、柄や色に花の色や葉の色、柄、エピソードなどを取り入れるのはとても面白く奥深いです。

第二章

お役立ち&
お気に入りの小物遊び

手作りだから味がある

レジンを使った帯留め作り

硬化剤
よく混ぜる
クリスタルレジン主剤
スケール
シリコン型に流す

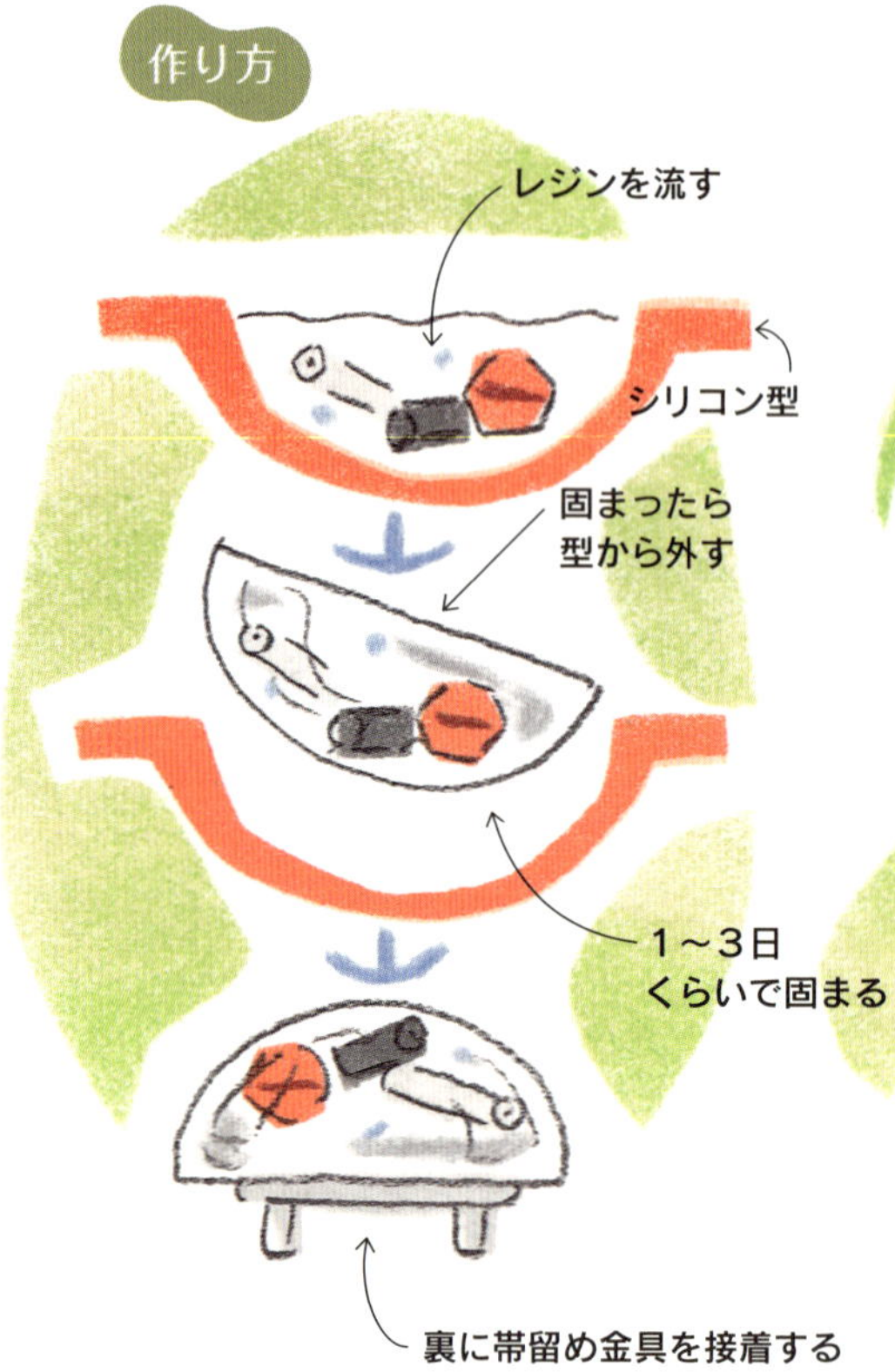
作り方
レジンを流す
シリコン型
固まったら型から外す
1〜3日くらいで固まる
裏に帯留め金具を接着する

帯留め作りで、ここ数年すっかり夢中になっているのはレジン。レジンは主液と硬化剤を合わせ、型に流し入れて固める合成樹脂です。

業務用だったものが一般的な手芸材料として認識されてから、レジンを使ってアクセサリーを作る人がどんどん増えているみたいです。ネットで材料が手に入りやすくなり、作り方の本もいろいろ出版されています。自分用に作って楽しむ人、友達にプレゼントしたり。最近ではフリーマーケットやレンタルボックスで販売する人も増えています。

つるんとした透明のレジンは売っているアクセサリーみたいで、私が作ったの!と誰かに自慢したくなります。

ガラスはきれいですが、欠けたり割れたり重かったりします。レジンはその点も優れていて、軽くて割れにくい帯留めや帯飾りを作れますよ。

レジンで作った帯留めはたくさんあります

手作りだから味がある

アクセサリーを帯留めにする

市販の金具
たとえば、
こんなカボションを
帯留めに
市販の金具は
紐通す穴が大きすぎて
なんとか
ならないものか
と…
布
ビーズ
布
金具

ブローチを帯留めにする金具は、手芸材料を売っているお店で手に入ります。皆さんは、ボタンや箸置きを帯留めにするときに、この金具を使っていらっしゃると思います。

帯留めのサイズや帯締めの太さはさまざまなのに、帯留め金具の種類が少ないのが気になります。小さなパーツで帯留めを作るときや、帯締めに二分紐《ひも》などを使いたいときには大きすぎます。

市販の金具に頼らないで可愛い帯留めを作る方法をいろいろ考えました。

金具の代わりにビーズや布を使ってもできます。本格的には穴あけ用のピンバイスを使いますが、手をけがしないように注意が必要です。

帯締めの両側には房があって帯留めが通りにくいので、どちらかの端をセロテープで巻いたうえでハサミで斜めにカットすると、通しやすくなります。

PLAY IT SAFE...CROSS AT CORNERS

可愛い帯留めのできあがり

裏側の金具は、こんなふうに付いています

作り方

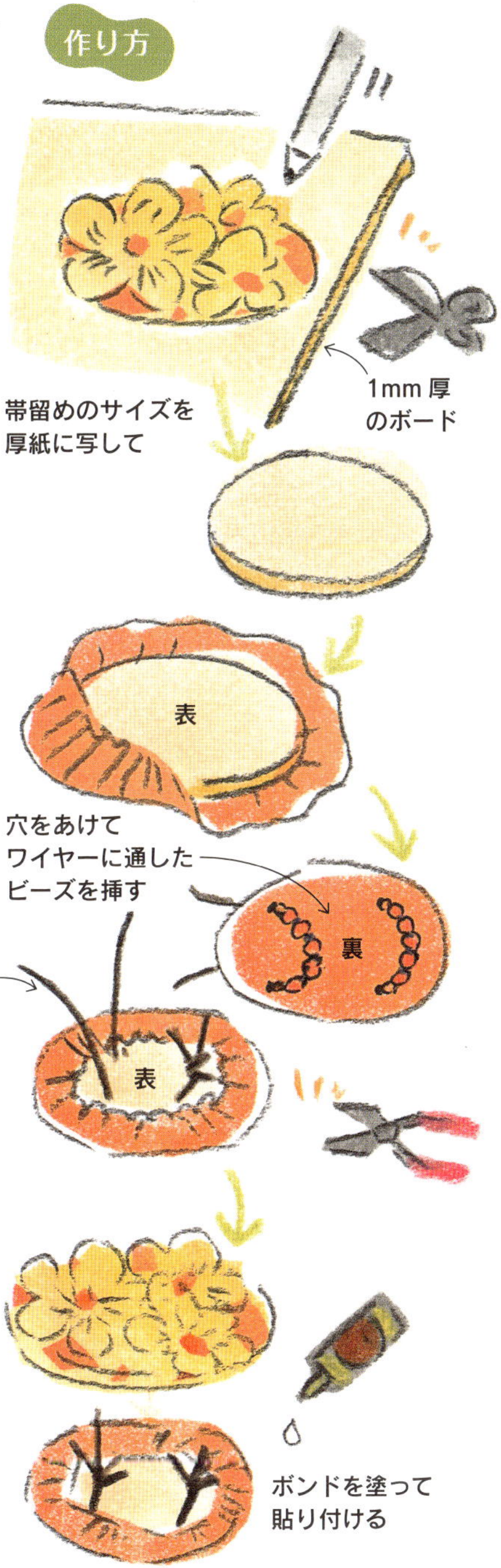
1mm 厚
のボード
帯留めのサイズを
厚紙に写して
表
穴をあけて
ワイヤーに通した
ビーズを挿す
裏
ワイヤーを結んで
カットする
表
ボンドを塗って
貼り付ける

ワンポイント

マスキングテープで
しっかり貼って接着
させると、すみずみ
まで付きますヨ

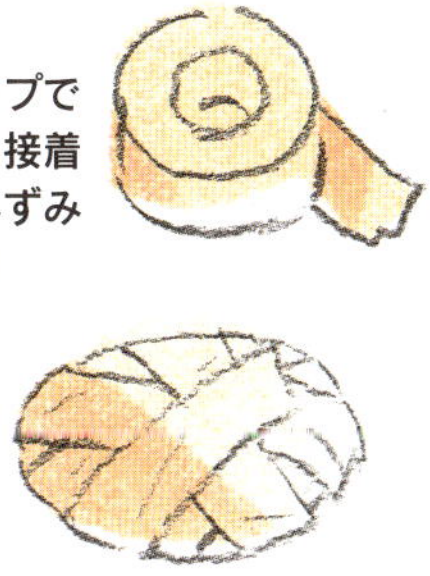

手作りだから味がある
素材の味わいが面白い帯締め

縮茄ビーズの帯締め。美しいだけじゃダメで、帯締めは強度が大切です

お出かけすると、思わぬところで新しい材料に出会うことがあります。東京国際キルトフェスティバルを見に行ったとき、素晴らしい作品もさることながら、私が楽しんだのは会場に出店していた材料屋さんでした。手芸材料だけではなく、古いものや珍しい素材などもあって、何を作ろうかと想像力が刺激されます。

縮茄《めんか》ビーズもその一つでした。茄子《なす》に似た形の硬い木の実で、調べてみると、中国に生息する菩提樹《ぼだいじゅ》の一種。たくさんの実を付ける茄子の形をしているところから大変縁起がよいとして珍重されているそうです。これは渋い帯締めができそうだなとひらめきました。

発想が先、どうやって作るかはあと。今回も試行錯誤の末にようやく形におさまりました。縮茄ビーズの中に糸をくぐらせ、針が通らなくなるまで何度も通したのでかなり丈夫です。

作り方

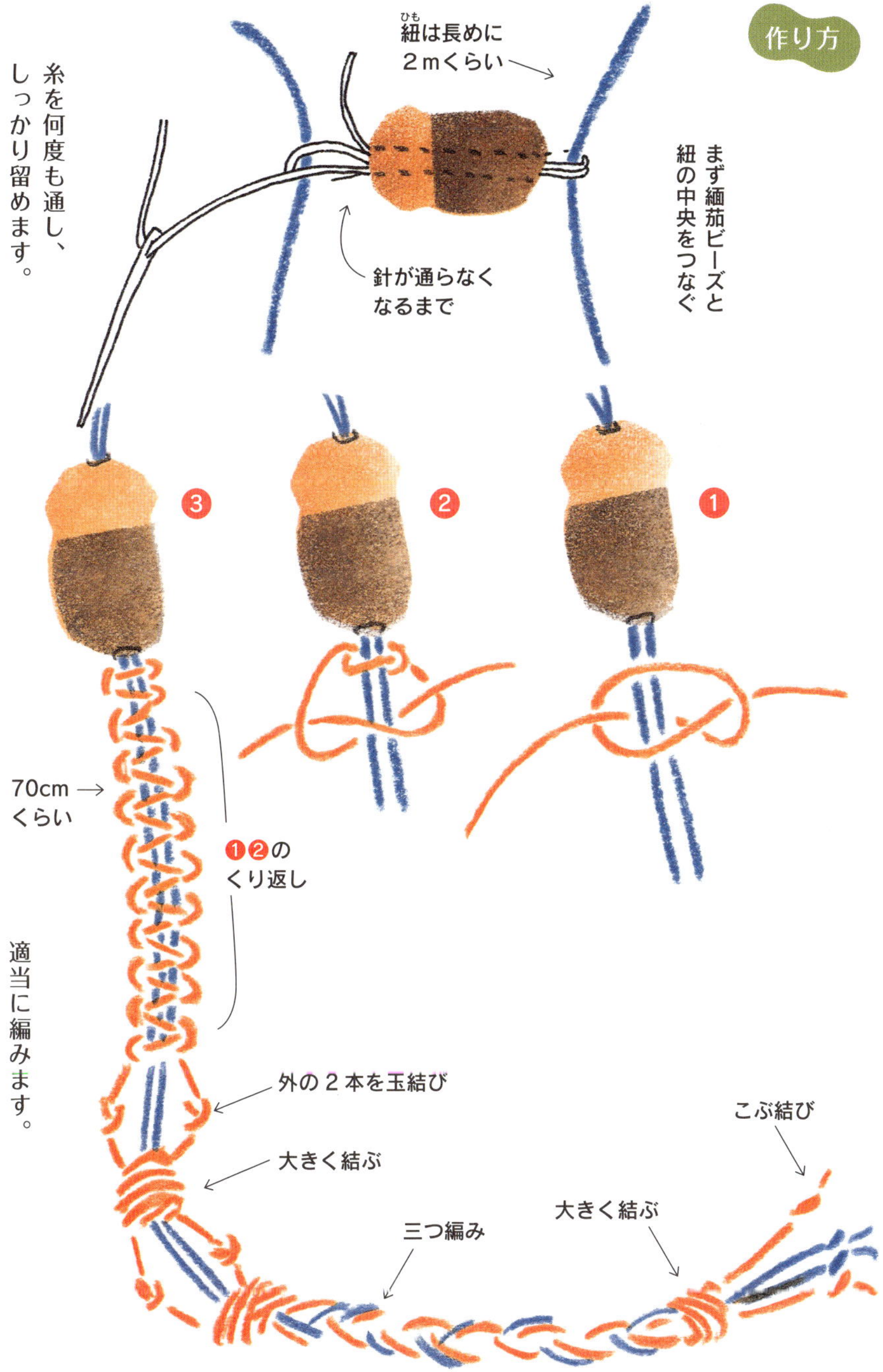
紐《ひも》は長めに
2mくらい
まず緬茄ビーズと
紐の中央をつなぐ
針が通らなく
なるまで
糸を何度も通し、
しっかり留めます。
3
2
1
70cm
くらい
12の
くり返し
適当に編みます。
外の2本を玉結び
大きく結ぶ
三つ編み
大きく結ぶ
こぶ結び

手作りだから味がある

真《さな》田《だ》紐《ひも》で作る帯締め

金具部分に付けた房飾りやチャームが脇にくるように

真田紐は武具や甲冑《かっちゅう》、刀の下げ紐や男性の帯などに用いられた、強くて丈夫な紐です。名前の由来は真田《さなだ》昌幸《まさゆき》・幸村《ゆきむら》親子の名からといわれます。

使ってみるとわかるのですが、締めやすくてたるみにくい。くり返し使っても結び直しにも強くて、帯締めにちょうどいいんです。

色数も豊富で、着物にもしっくりとなじむ色合いが好ましい。一六〇センチの長さに切って両端の始末をし、帯締めを作っています。

色が違う二本の真田紐を金具でつなげてみました。途中から色が変わる、味のある帯締めになりました。金具の位置は中心から外して配します。私は三分紐で作りましたが、四分紐だと、ちょっと太いかもしれませんね。

紐の両端を少しほどいて横糸を出し、その糸で縛っておけばほつれません。

作り方

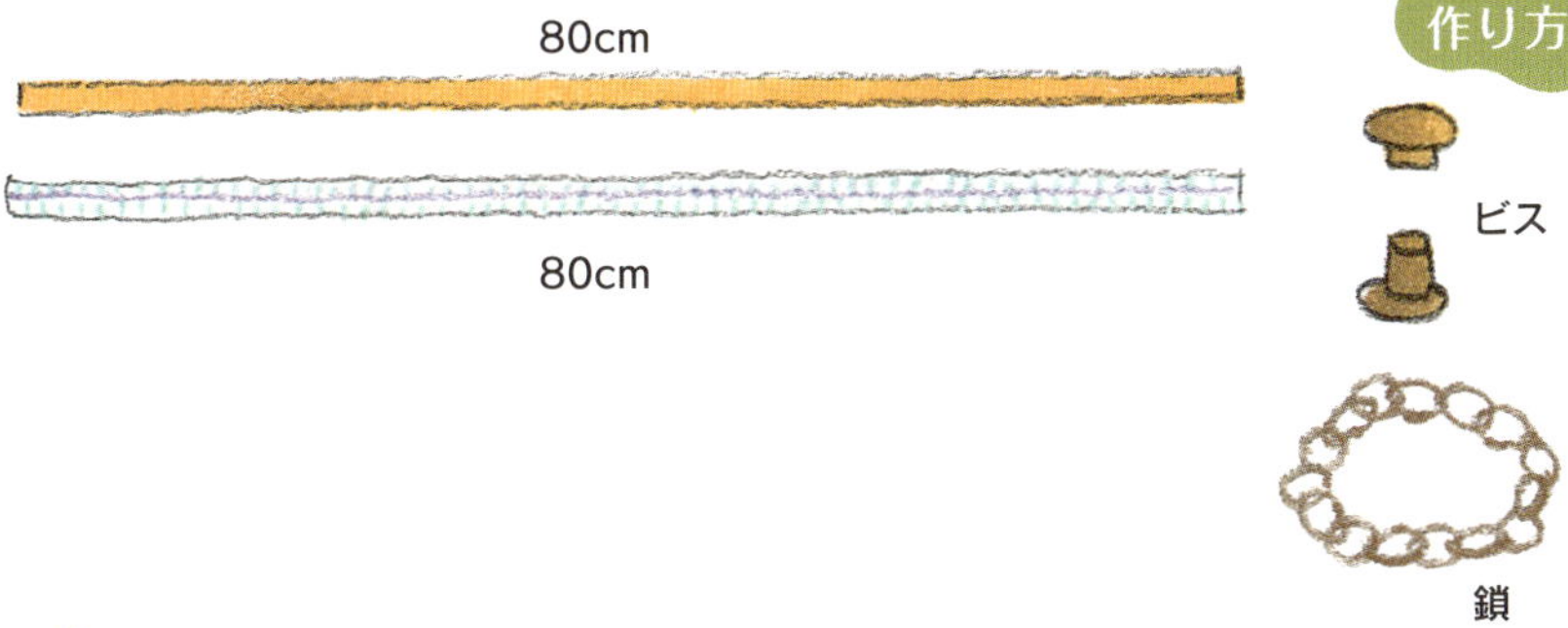
80cm
80cm
ビス
鎖

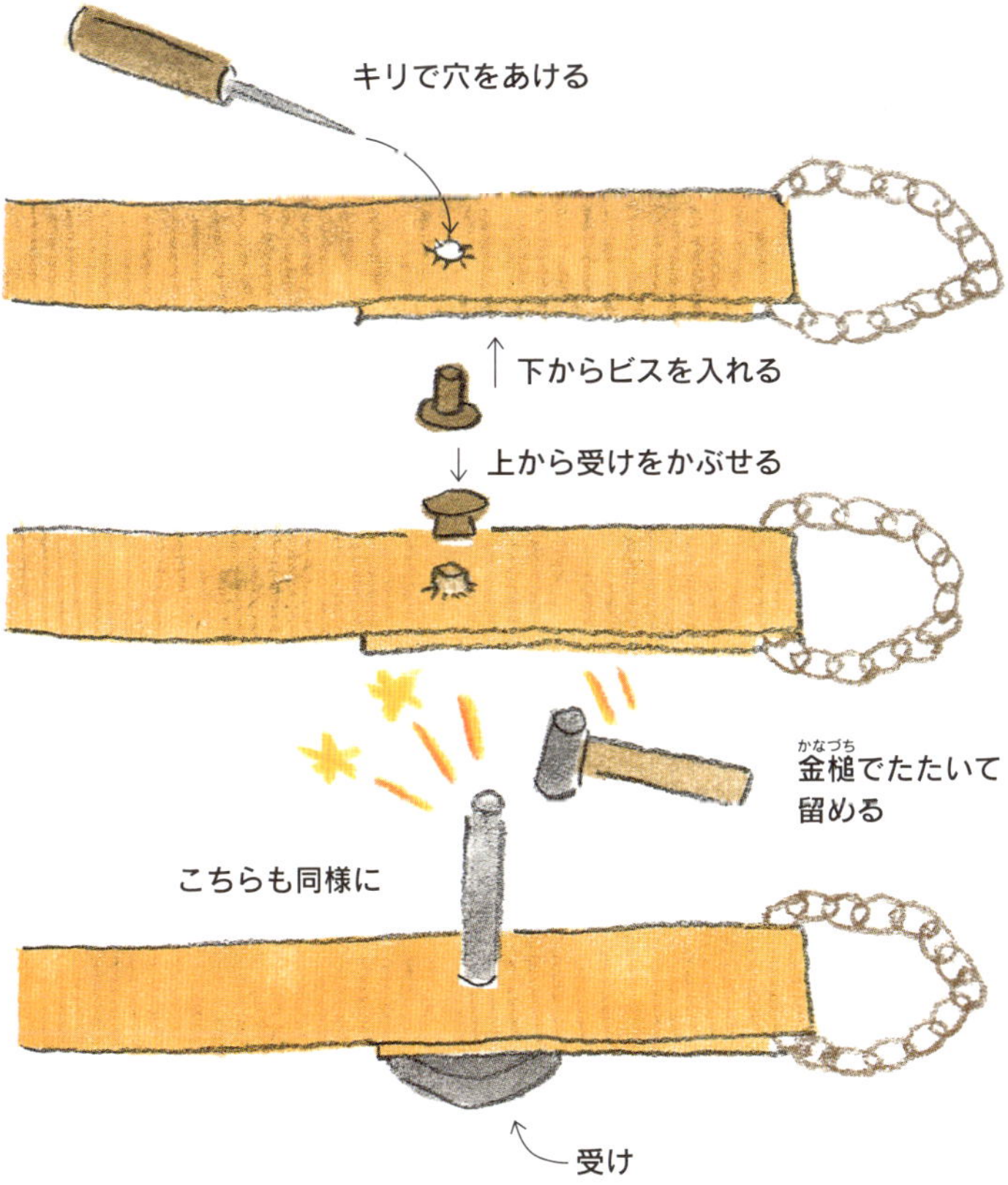
キリで穴をあける
↑下からビスを入れる
↓上から受けをかぶせる
金槌《かなづち》でたたいて
留める
こちらも同様に
受け

完成

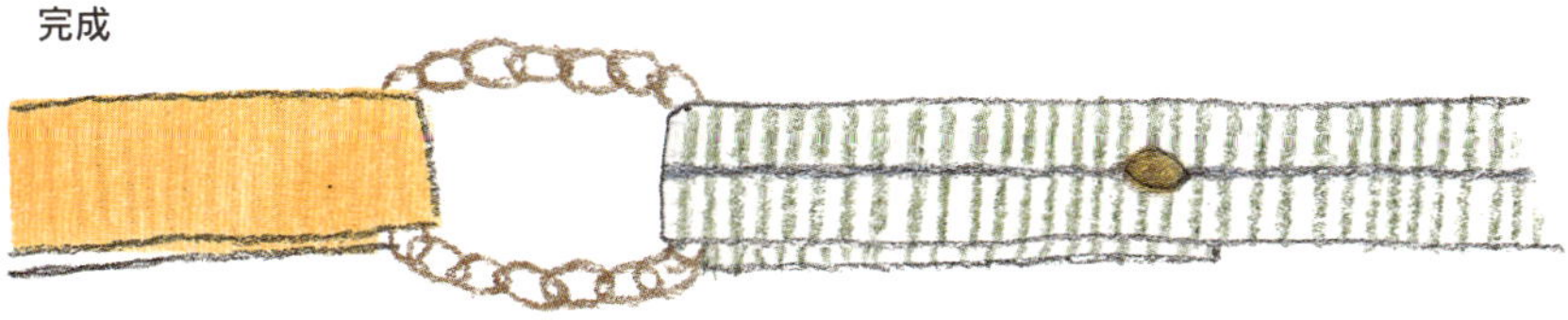

たくさん欲しい半幅帯

厚手のクロスも帯になる

ヒラメイタ！
使えそうなものを探す

以前、「マフラーを帯揚げに使う」というアイデアを紹介しました（『知識ゼロからの着物と暮らす入門』）。

今回は半幅帯になりそうなものを探してみましょう。使えそうなもの、けっこう見つかりますよ。

たとえば南の国のお土産の布。インド更紗《さらさ》やバティック、ロンジーなど長めの布は文句なく使えそうです。大胆な色や柄で素敵な帯になります。

センタークロスはどうでしょう？　インドのサリーや端にビーズなどのフリンジの飾りが付いているクロスは、そのまま面白い帯になりそうです。

フリンジは動くたびに揺れて、お尻を目立たせたくないときなどにも、役立ちそうです。

ふんわりとして弾力がある帯結びをしたいなら、帯芯（パネロン）を入れるといいですよ。

やわらかいクロス。フリンジ付き

バリのお土産や
センタークロス

しっかりさせたいときには、
中に帯板を入れる

マフラーを足す
と、華やかに

前から見ると、マフ
ラーが二重の帯にな
っていておしゃれ

たくさん欲しい半幅帯

夏の名古屋帯を半分に折って

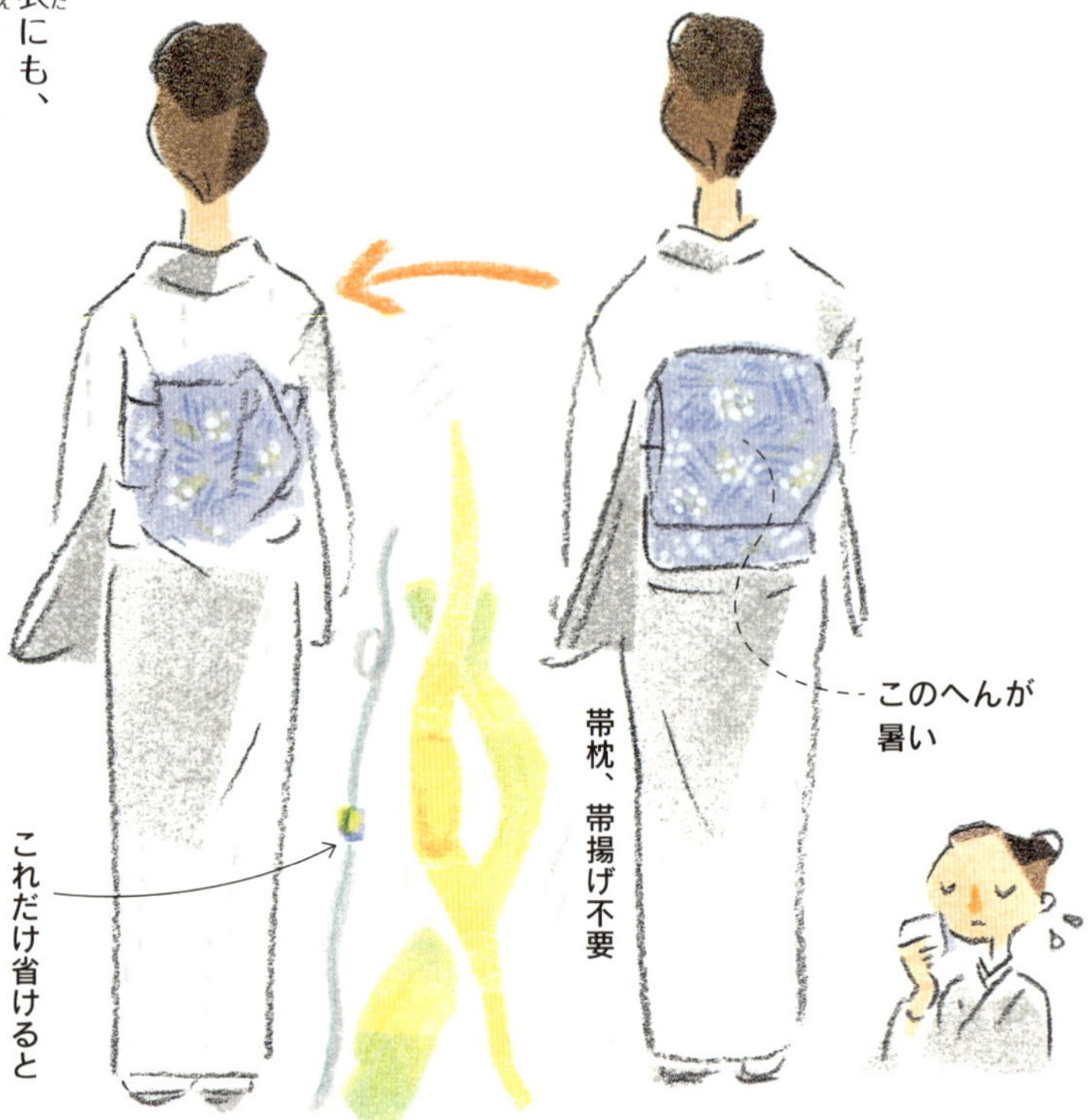
浴衣《ゆかた》にも、
単衣《ひとえ》の着物にも使えます。
これだけ省けると
少し涼しい
帯枕、帯揚げ不要
このへんが
暑い

家ですごすときも、ちょっとした外出にも、夏は手軽な半幅帯を選ぶことが多くなります。でも手持ちの半幅帯は数本。また同じものを着ている！　そんな感じになってきました。

新しい半幅帯が欲しいけれど、名古屋帯などに比べると選択肢が少ない。よく目にする派手な赤や黄色や黄緑色。これは舞台衣装？　はたまた踊りのお稽古用の帯？　といった感じの大胆な柄はつけたくないし……。さりげなく締められる渋めシンプル、素材感のよい帯には、めったにお目にかかりません。

どうしたものかとごそごそやっていたら、奥のほうから夏帯が出てきました。これを半幅帯にしたらどうでしょう？

半分に折るだけで半幅帯の完成です。麻布は張りがあり、貝の口にするとボリュームが出すぎるので、多少塩梅が必要ですが、いい感じの半幅帯になりました。

締め方によってはお太鼓風

半幅帯にできる夏帯

折りあとが
ついてしまうので、
お太鼓には戻せませんが。

帯の出番が多くなります。
普通の半幅帯よりも長いので、
変わり結びも作りやすい。

実用性＋装飾性

半衿一枚を六通りに使う

6枚の半衿。
じつは1枚の半衿です。

半衿のワークショップを開いたときに「一枚で三通りに使えるぺたこ半衿」を考案しました。三枚の布をつなげて縫い、三種類の付け方ができる半衿です。

ここで紹介する「ぺたこ半衿」はさらに進化。六通りに使えます。筒状になっているところがいいところで、半衿を付けるのが楽なんです。

どんな布を選ぶか、どこを半衿として出すかで、面白い効果が生まれる一枚です。気に入った生地や、幅広リボンで作ってもいいし、ぬいぐるみ用のボアを使っても面白い。

付け方も、衿足だけを濃い色や赤が見えるようにしたり、内側をボアにすると暖かくて、真冬に重宝しそう。あなたのアイデア次第、腕の見せどころです。

旅行に持っていけば、毎日違う半衿（のような顔）ですごせます。安全ピンで数ヵ所留めると付け替えも楽です。

縫い目にそって
ビーズをつけても
かわいいです
それにね
少しだけ 半えりつけが
楽なの。

薄い布に濃い色の布を縫い
合わせると、色が透ける

作り方

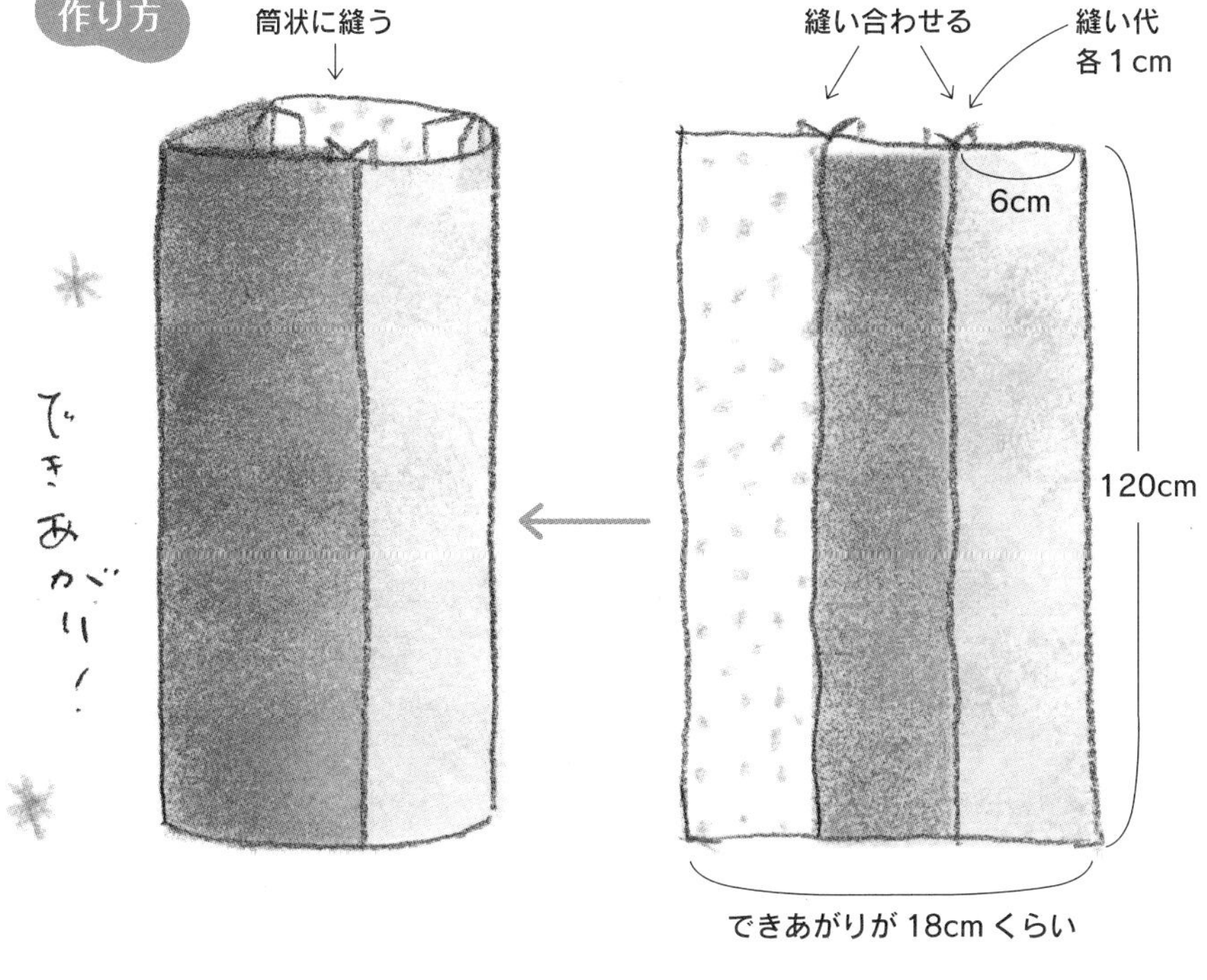
筒状に縫う
縫い合わせる
縫い代
各1cm
6cm
120cm
できあがりが18cmくらい
できあがり！

※実用性＋装飾性※

ちょい見せ帯板なら安心

帯板がチラリと
油断すると見えてたり
しますよね？
じゃあ
見えてもOKなものを
作ればいいじゃない？
見えてる
じつはこれが
帯板

着物に欠かせない帯板。私は一年通して夏用メッシュの白を愛用しています。

以前は厚紙を使っていましたが、毎日使うものですので、いつの間にか、黒いカビが点々と発生して驚きました。

愛用の帯板は白いので、帯から顔を出していたりします。ちょっと恥ずかしい。見えても恥ずかしくない工夫はできないかしら。

帯板を布でくるんでみたら、ちょっとぼってりします。

さらに袋を作って帯板を入れてみたら、悪くありません。何枚か色を揃えておくと合わせやすいかもしれません。

帯揚げを結んであるような形に整えて縫い付けました。ついでに、ポケットを付けました。細々としたものを帯の中に収納できます。バッグの整理にバッグインバッグがありますが、そんな感じでしょうか。

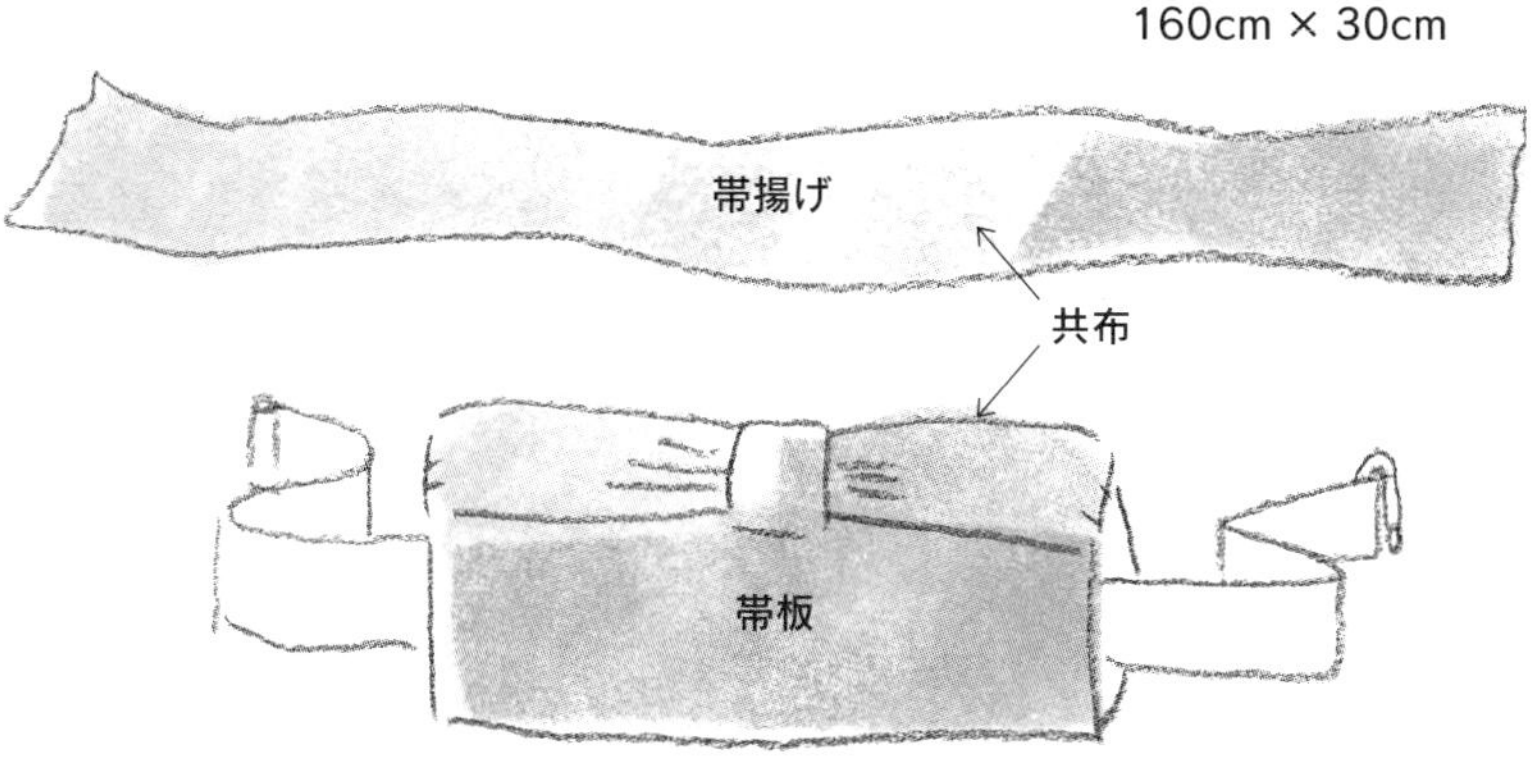
160cm × 30cm
帯揚げ
共布
帯板

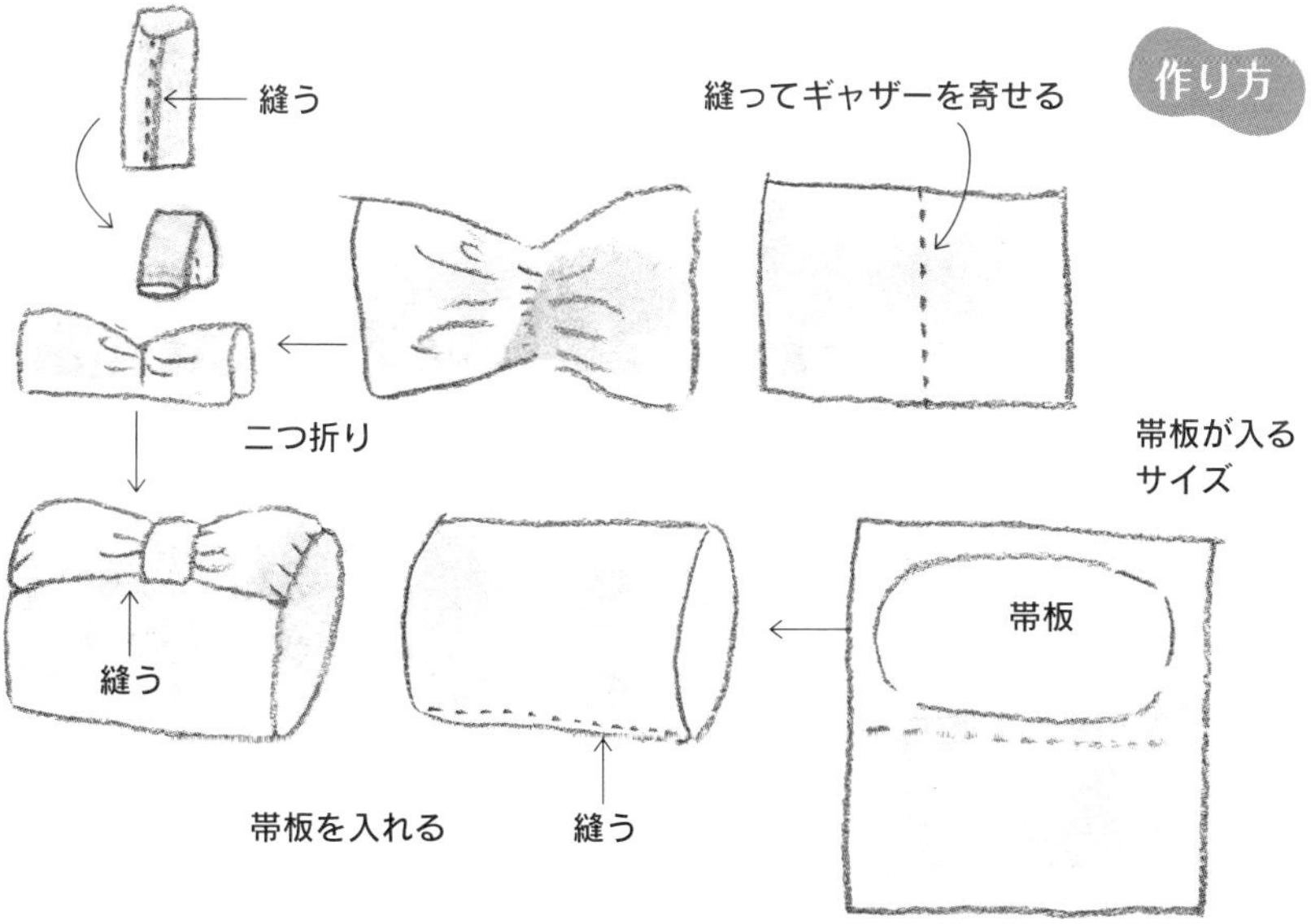
作り方
縫う
縫ってギャザーを寄せる
二つ折り
帯板が入る
サイズ
帯板
縫う
縫う
帯板を入れる

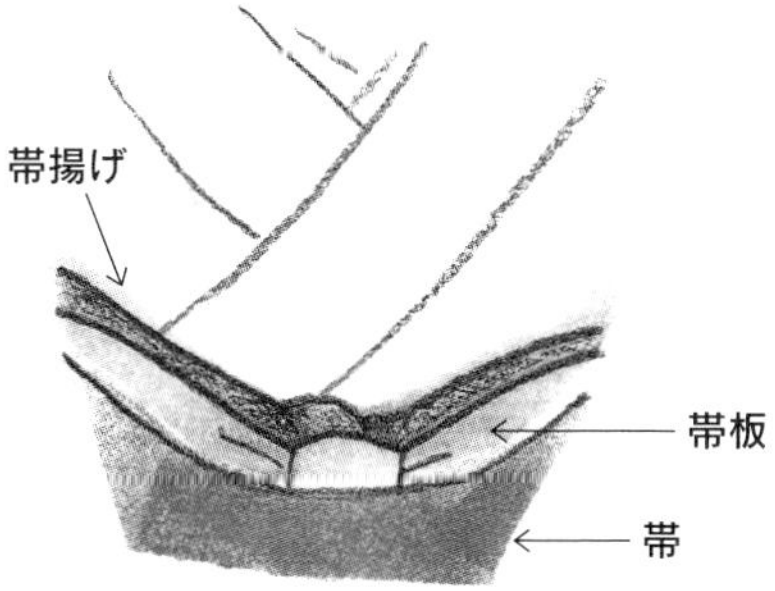
帯揚げ
帯板
帯

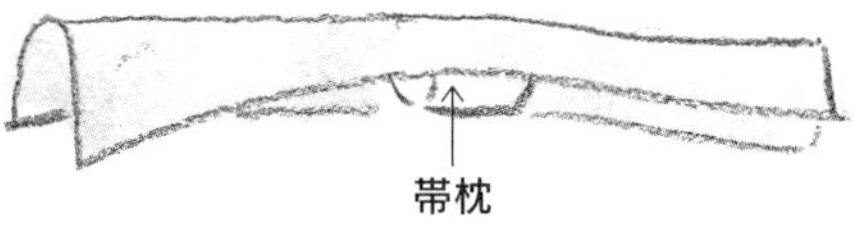
帯枕

帯揚げは前で結んで帯板の下に隠すようにするのがポイントです。

※実用性＋装飾性※

衿元をピンで留めて見せる

表情はいいのに
衿がかくれてるー！
あ゛ー
写真を見て
がっかり

着物の衿元はついつい気になって自然に手が行ってしまうところ。私は衿が半分隠れていることがよくあるのですが、これは私の着方の癖なのでしょうか。

衿を固定させるピンを見つけたので使っていました。男性用の衿留めで、S字の部分を左右の衿に引っかけて使います。その金具にラインストーンを付けて、外側を引っかけてみました。着物のときはアクセサリーをあまりつけないけれど、実用的なものがブローチみたいにきれいだと、ちょっとうれしいですね。

衿留め金具は商品によってバネの力に強い弱いのバラツキがあり、再度取り寄せた金具は弱かった。購入するときは店頭で強さを確かめてからにしましょう。

カーテンクリップも同じように使えます。こちらはバネが強く、滑りません。衿からちらりと見える金色のシェルも可愛くて気に入っています。

両面にラインストーンを
あしらうとおしゃれ。

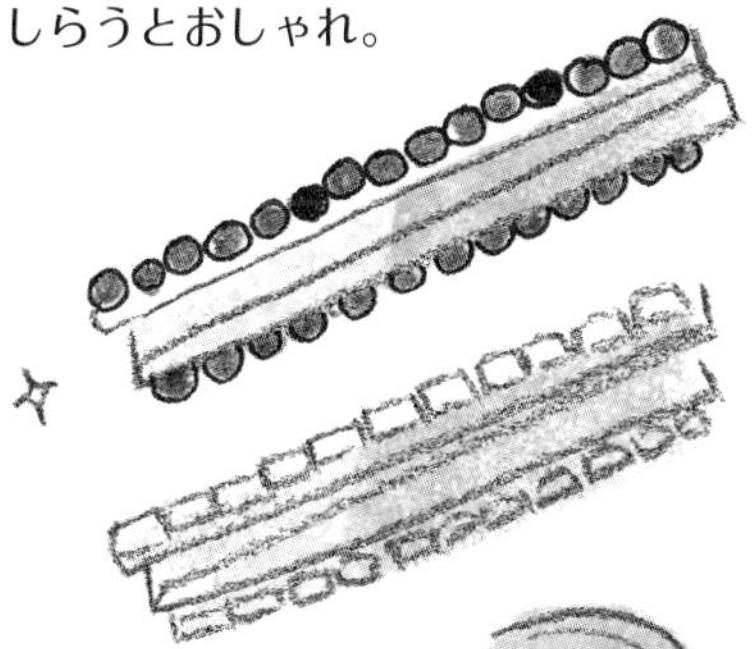

男性が使うS字金具。
あれも具合がいいです。

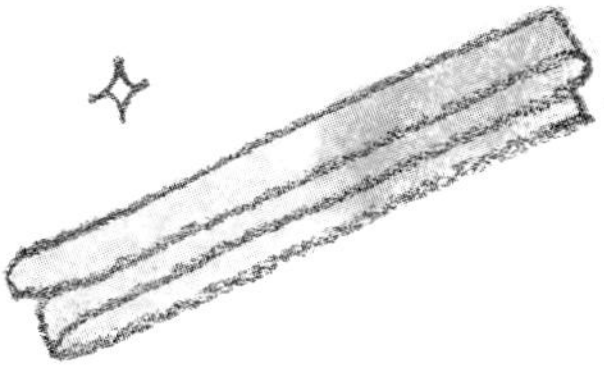

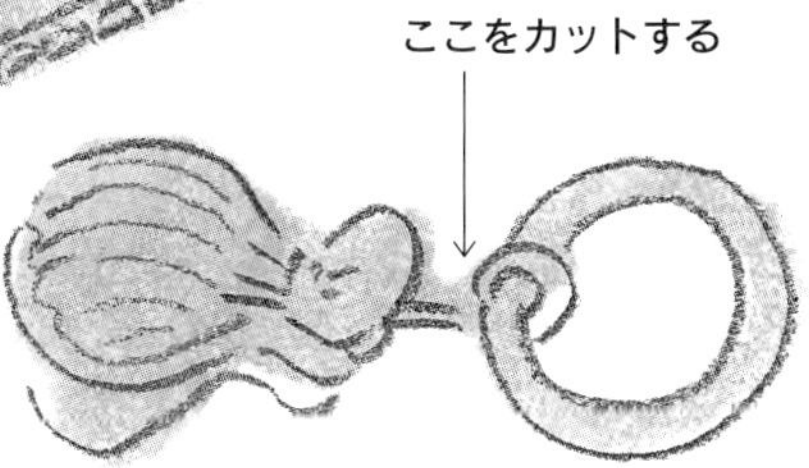
ここをカットする

カーテンクリップも
使えますヨ。

**ぺたこ流・
見せる使い方**

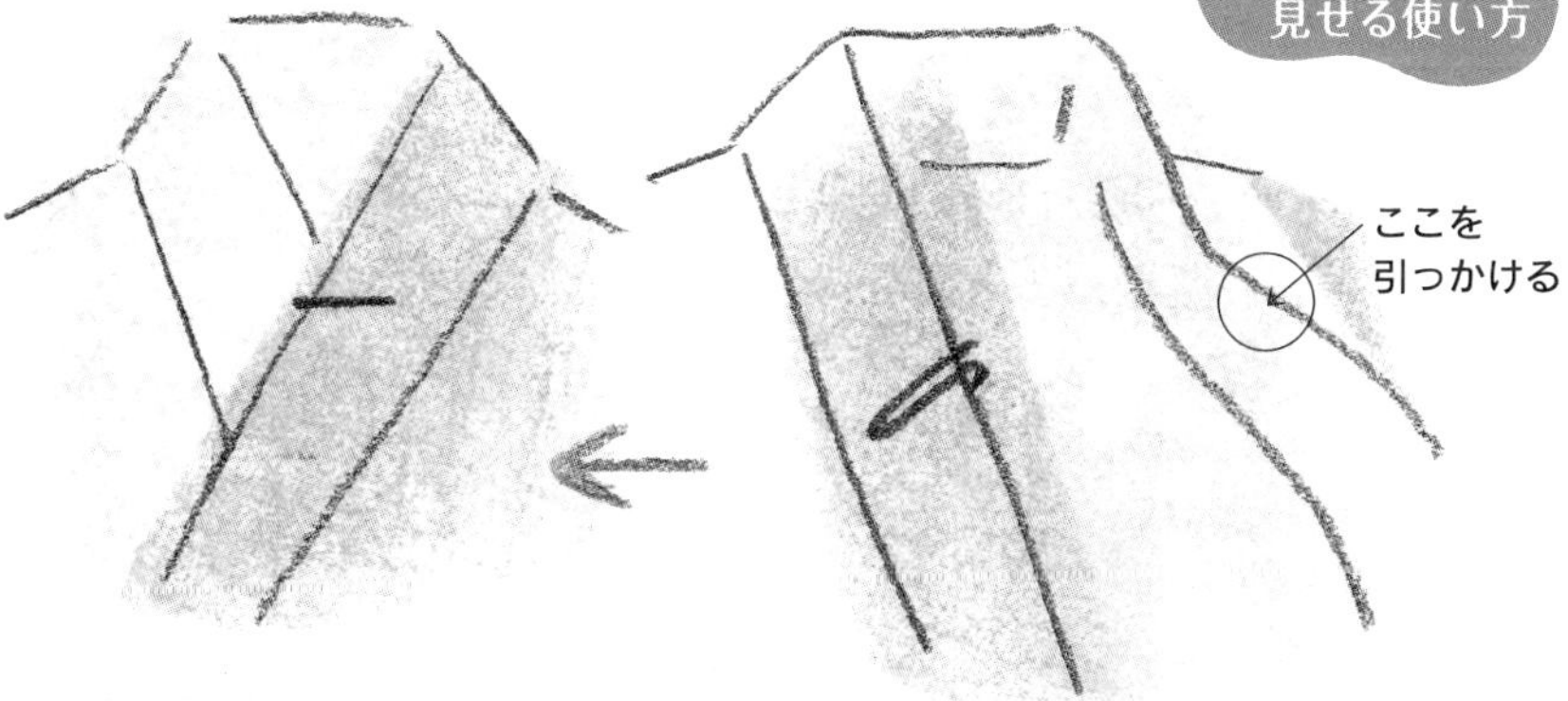
ここを
引っかける

普通の
隠す使い方

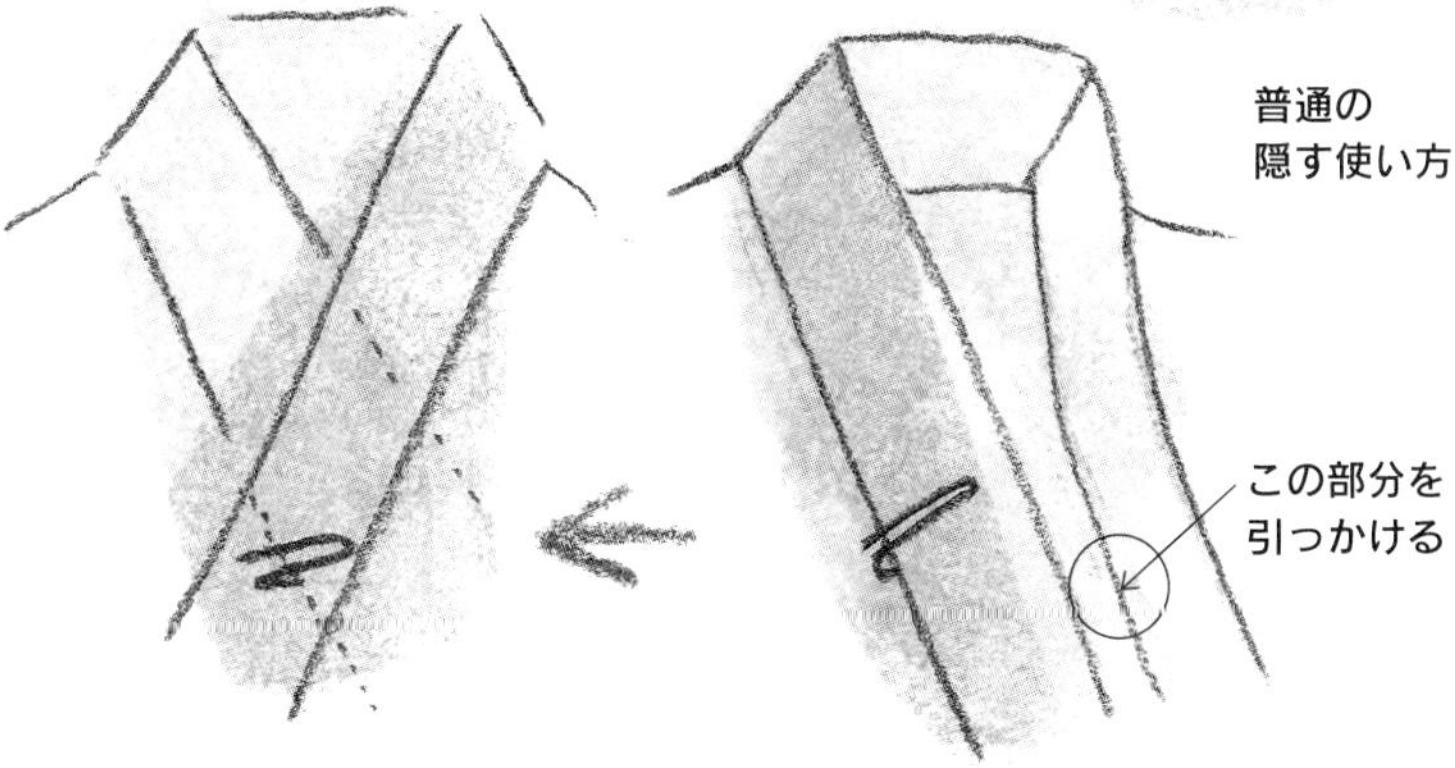
この部分を
引っかける

※ お役立ち小物 ※

コーリンベルトは進化する

コーリンベルトは
あばらに当って痛い
えーっ!!
人それぞれ。
そっかあ…

着付けには腰紐ではなくコーリンベルトを愛用していました。

私にとっては具合のよい道具ですが、スリムな友人は、肋骨《ろっこつ》に金具が当たって痛くて嫌いと言います。人それぞれで選ぶ道具も変わります。

楽なように、着やすいようにと、日々考えてすごす着物生活の中で、手作りコーリンベルトも進化します。

ゴムの両側に金具が付いた市販のものから、自作の二本の紐に金具付きタイプを経て、金具を使わないゴム＋紐へと落ち着きました。

襦袢《じゅばん》にゴムを付けるだけ。着るときはそこに紐を通します。洗濯するときは紐を外します。干すのもアイロンかけも楽になりました。スリムな友人に教えてあげよう♪　コロンブスのタマゴはいつも回り道、寄り道。失敗の先に答えが待っています。

作り方

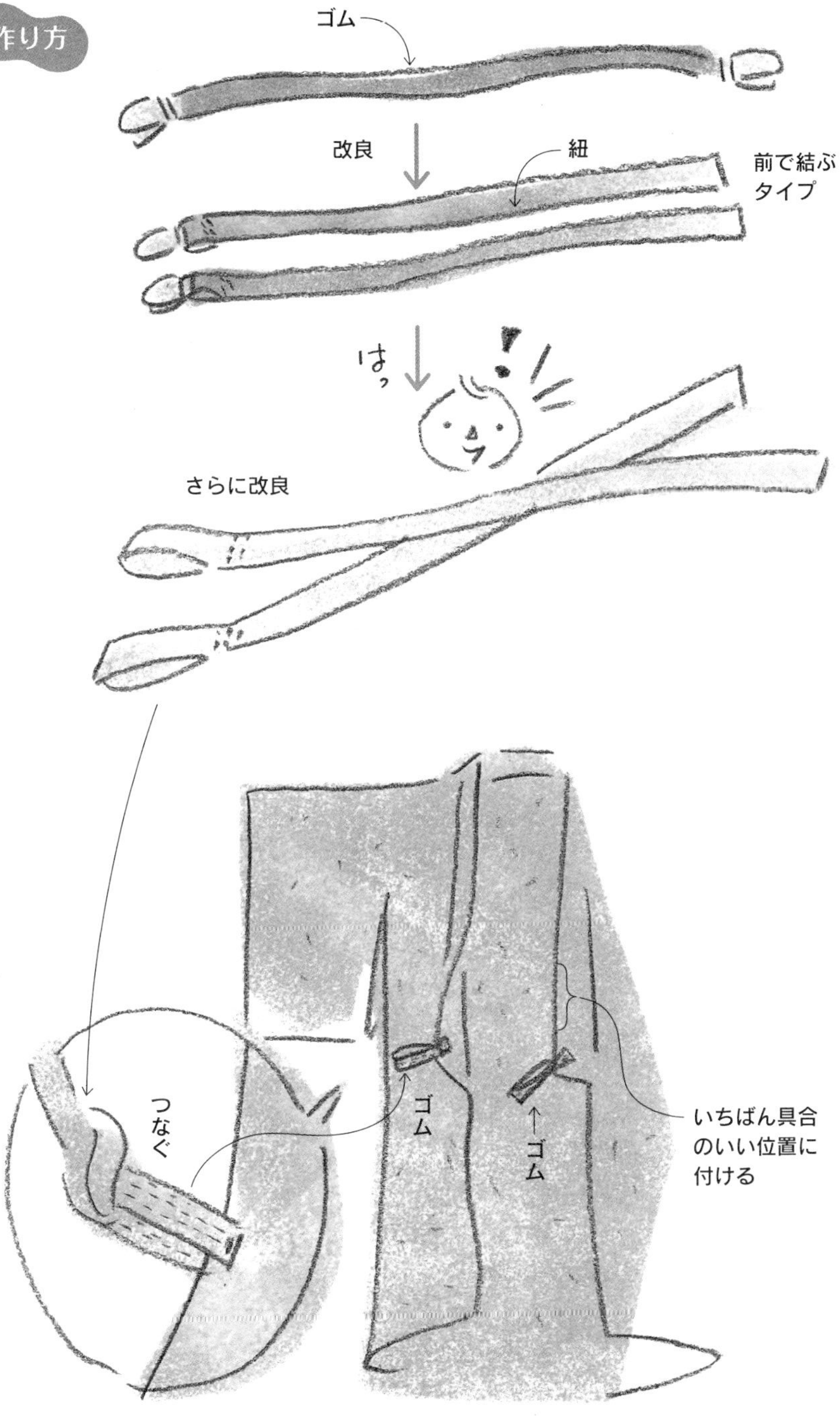
ゴム
改良
紐
前で結ぶ
タイプ
はっ
さらに改良
つなぐ
ゴム
←ゴム
いちばん具合
のいい位置に
付ける

❊お役立ち小物❊

帯締めをしっかり締める工夫

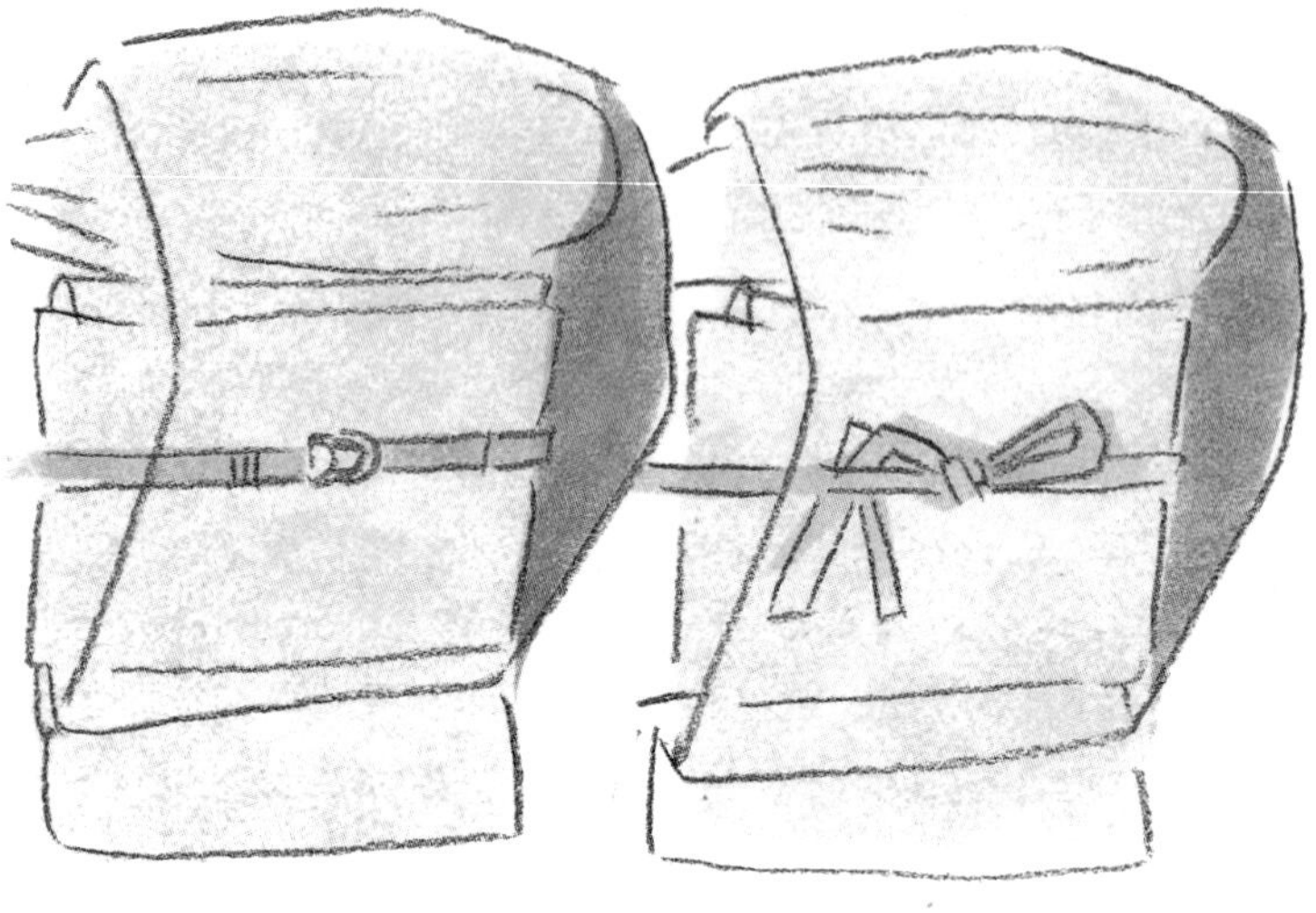

お太鼓の中の帯締めをきれいにまとめるのは、ちょっと大変

そこで考えたのがこれ。お太鼓の中はこんな感じ

お太鼓がきちっとしているためにも、帯締めはピシッと結びたいですね。平紐《ひらひも》の帯締めを結ぶにはコツがいります。手間取っていると紐がゆるみます。

こんなアイデアはいかがでしょうか。適当な輪を二個使って紐を締めます。輪をつないでいるのは糸です。

私がよく使う「糸を使う接着法」は丈夫ですし、やめたいときも糸を切るだけで簡単に外せるので便利です。帯締めも傷めません。

輪を使って締めると紐の長さも節約できるので、短くて使えなかった帯締めも使えるようになるかもしれません。結ぶにはちょっと長さが足りない帯締めがあったら、試してみてください。

日中は体が動いてますから、帯がゆるんでくるときがありますが、気がついたときに紐の端を引っ張れば、いつでもきちっと締まります。

２個の輪で作る

作り方

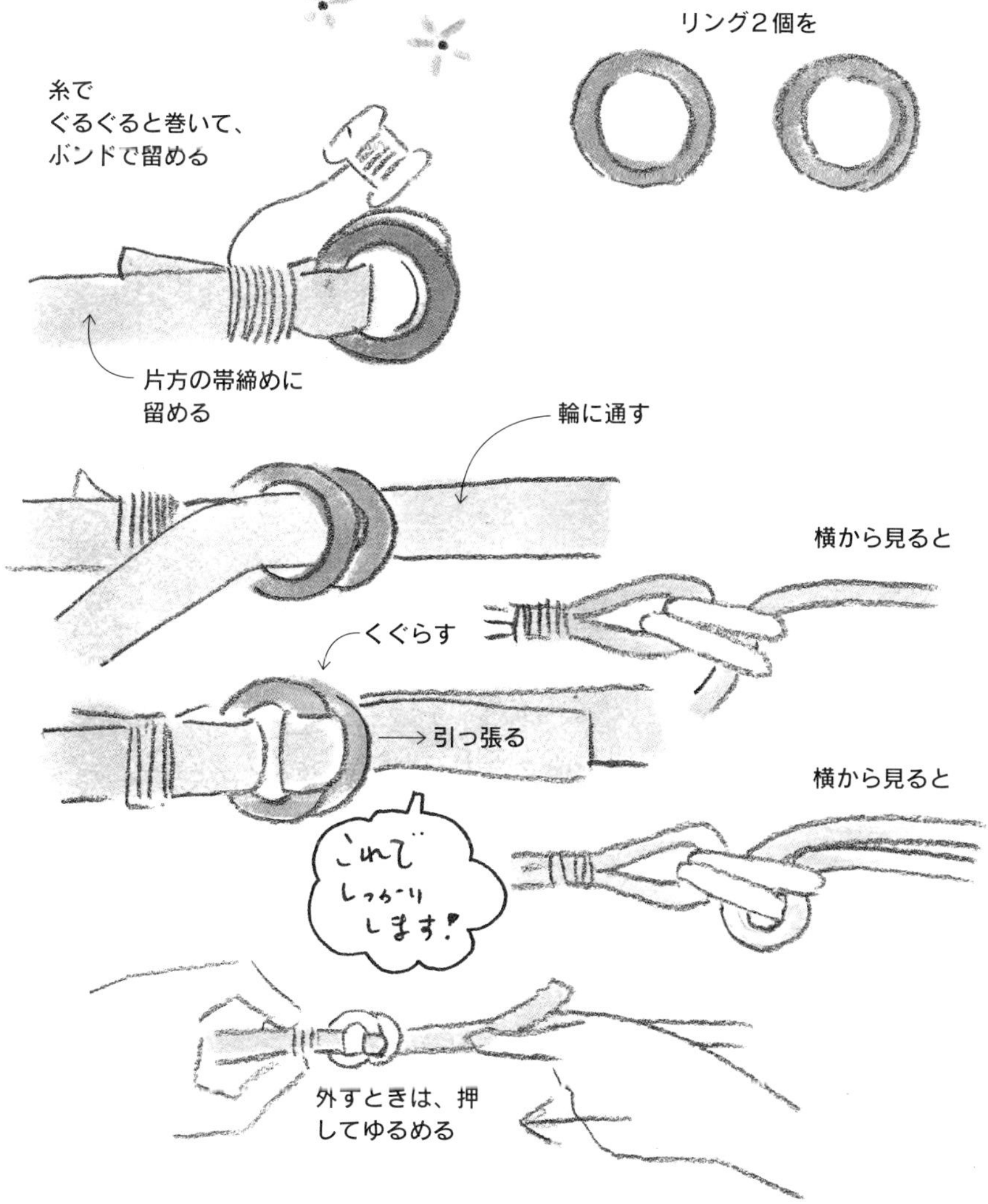

リング２個を
糸で
ぐるぐると巻いて、
ボンドで留める
片方の帯締めに
留める
輪に通す
横から見ると
くぐらす
引っ張る
横から見ると
これで
しっかり
します！
外すときは、押
してゆるめる

※ 少しがんばる ※

着物に合う上っ張りを作る

絵を描いたり、小物を作ったり、食事の支度をしたり。何かを作る作業は汚れを伴うのですが、着物を着ていても気にすることなく働きたいものです。

着物の上から割烹着《かっぽうぎ》、前掛け、たすき、上っ張りなどを着るのですが、季節や、作業によって着るものも変わります。

たすきは袖が邪魔にならないけれど、洗い物のときに、水が跳ねて袂《たもと》が濡れそうで気になります。外出先などで突然洗い物を手伝うというときにはいいけれど、家では実用的ではないようです。

割烹着の素材や色は季節感のあるものを使いますが、真冬は着物をリメイクした腰まである上っ張りが暖かい。

上っ張りを着るときは、ときどき帯をズルします。上っ張りを着ないで帯の代わりにカフェエプロンをしていることもあります。直線的なカフェエプロンは案外着物に合うと思います。

2枚を
つなげるタイプ

汚れたぶんだけ
洗うのもアリ。

色を替えても
面白いよね。

もう一言

上っ張りの作り方

開発途中の上っ張りですが、わかりにくいのでもう少し説明しますね。

左と右から合わさるものは同じ形をしています。それぞれをたたむと前身頃と後ろ身頃はピッタリ重なります。片方ずつ袖を通して紐《ひも》で留めます。左右どちらを持ってきても大丈夫。

着物と同じように右を奥、左を前に合わせます。

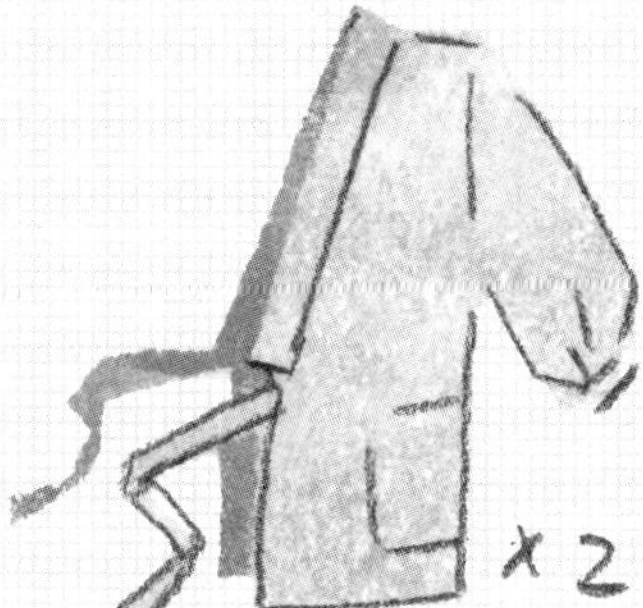

ポケットを真横に付け、
同じものを２枚作る

※少しがんばる※

お気に入りの布で日傘を作る

カーテンコーナーには
レースの布もあって、
日傘にぴったりですね。
おしゃれな
竹の持ち手も
あります。
タッセルを
つけて

手芸店に行くのが好きです。行くたびに新しい手芸材料や素材が並んでいて、何を作ろうか、あれこれ考えると、あっという間に時間が経ってしまいます。

先日見つけたのは、手作り日傘キット。持ち手と骨だけの状態で売られています。好きな布を三角に切ってミシンで縫い、糸で傘の骨に留めると日傘になるというもの。日傘には防水加工していない布を使ってもいいので、選べる布の種類が広がります。

作り方の載っている本も入手して、さっそく作ってみました。布は風呂敷ほどの大きさですむし、傘の骨は一三〇〇円～二五〇〇円くらい。骨の素材も木、竹など好みで選べます。

手作りならではのよさとしては、縁にレースを飾ったり、ししゅうをしたり、キラキラのビーズやラインストーンで装飾しても素敵です。

ちょっとドキドキ
本を見ながら布をカット

共布でバッグを作れるのも
手作りならではですね。
UVスプレーを吹き付けておきます。

七草は春も秋もあります

季節を楽しむ

ぺたこ流・七草粥は、ちょっと材料が違いますが
春の七草
唐土の鳥が日本の土地へ
渡らぬさきになづな七草
なずな
せり
すずしろ
ほとけのざ
すずな
はこべら
ごぎょう
七度ずつ七つ
四十九叩きます

セリ、ナズナ、ゴギョウ、ハコベラ、ホトケノザ、スズナ（蕪《かぶ》）、スズシロ（大根）。正月三が日を過ぎると近所の八百屋さんやスーパーでは七草粥のセットが並びます。春の七草は一般的なものとなりました。

私は七草粥を、家庭菜園で育てている庭の野菜で揃えるようにしています。同じ陽の光を浴び、同じ気温で育った野菜たちは体に滋養が染みてくるような気がするからです。これぞ地産地消のよさ！　だいたい揃えられるのは、リーフレタス、小松菜、白菜、ルッコラ、水菜、二十日大根。これに蕪を加えて「なんちゃって七草粥」とします。

春の七草は口で味わい、秋の七草は目で楽しみます。萩（ハギ）、桔梗（キキョウ）、葛（クズ）、藤袴（フジバカマ）、女郎花（オミナエシ）、尾花（オバナ／ススキ）、撫子（ナデシコ）……。この七つ、なかなか憶えられないんですよね。

第三章

簡単・きれいに着るための手入れ

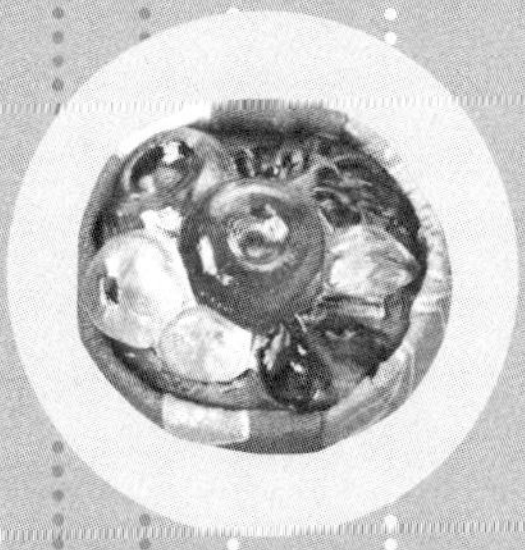

※ 簡単に着るために ※

進化する着付けの小道具たち

えーと
次は…
帯揚げ
忘れてるし…

着物に興味があったものの、ときどき着る程度だった二十代の頃、もっぱら本を見ながら着物を着ていました。

これが情けないことに、着ている最中から着崩れて、汗だくになりながら格闘して着ていたのが実情です。

その頃使っていた便利グッズは、コーリンベルトと帯枕のせです。長く愛用していましたが、着物に慣れるにつれ、いつの間にか使わなくなりました。

あの頃から一度も着付け教室に通った経験なしですが、自己流のまま今まで問題なくすごしています。今は、一本の腰《こし》紐《ひも》とコーリンベルト代わりのクリップ付き伊達《だて》締《じ》めが私のスタイルです。

みんなが同じ小道具を便利と思うかどうかはわかりませんが、たくさんあるグッズの中から自分に合ったものに出会えると、格段に着物を着るのが楽になります。

便利な道具、いろいろあります

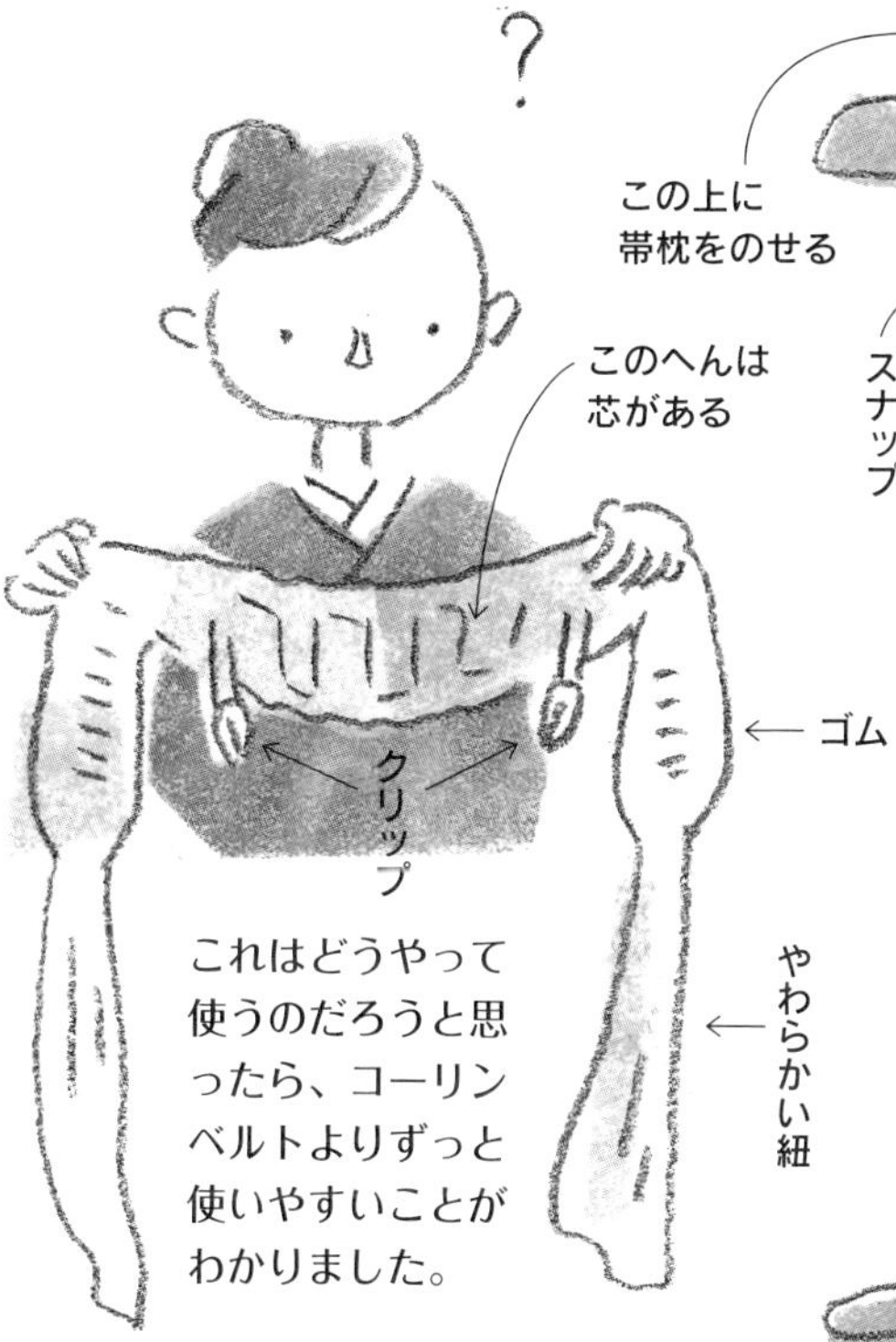
このへんは芯がある
ゴム
クリップ
やわらかい紐

これはどうやって使うのだろうと思ったら、コーリンベルトよりずっと使いやすいことがわかりました。

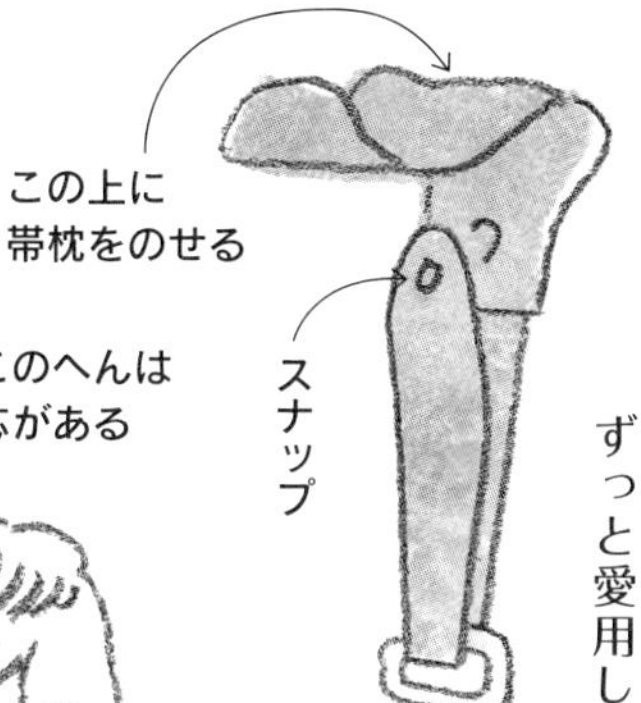
この上に帯枕をのせる
スナップ

着物を着始めた20代の頃、ずっと愛用していました。

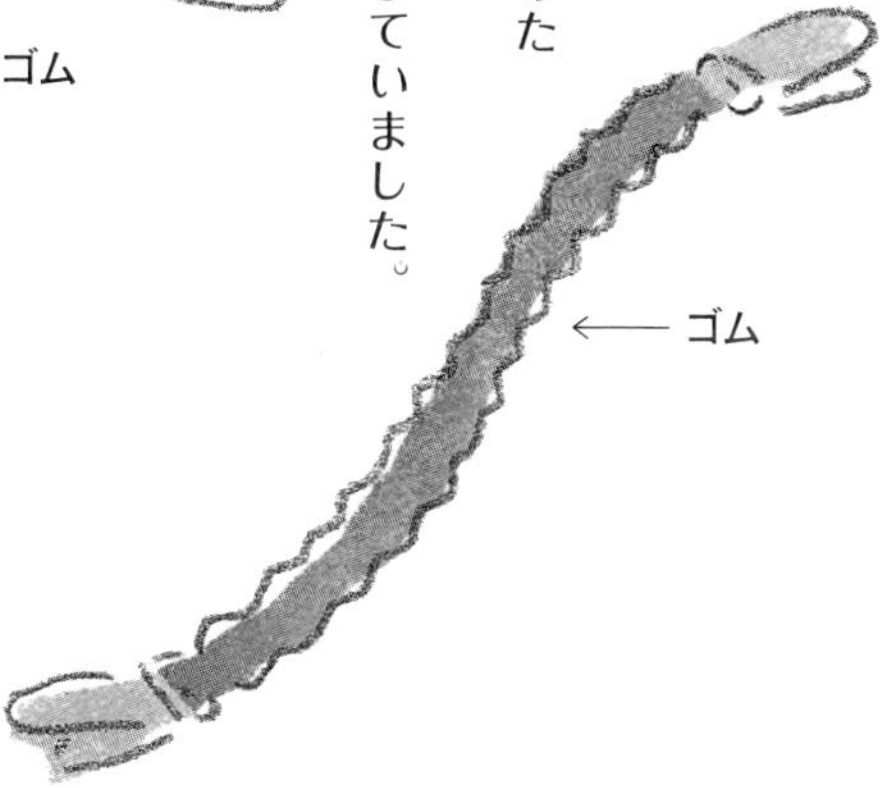
ゴム

ナルホド！
襦袢《じゅばん》の上に付けて

着物を着たら身八つ口からクリップを出して留めるのだ！

※ 簡単に着るために ※

長襦袢《ながじゅばん》をうそつきにすれば楽

作り方

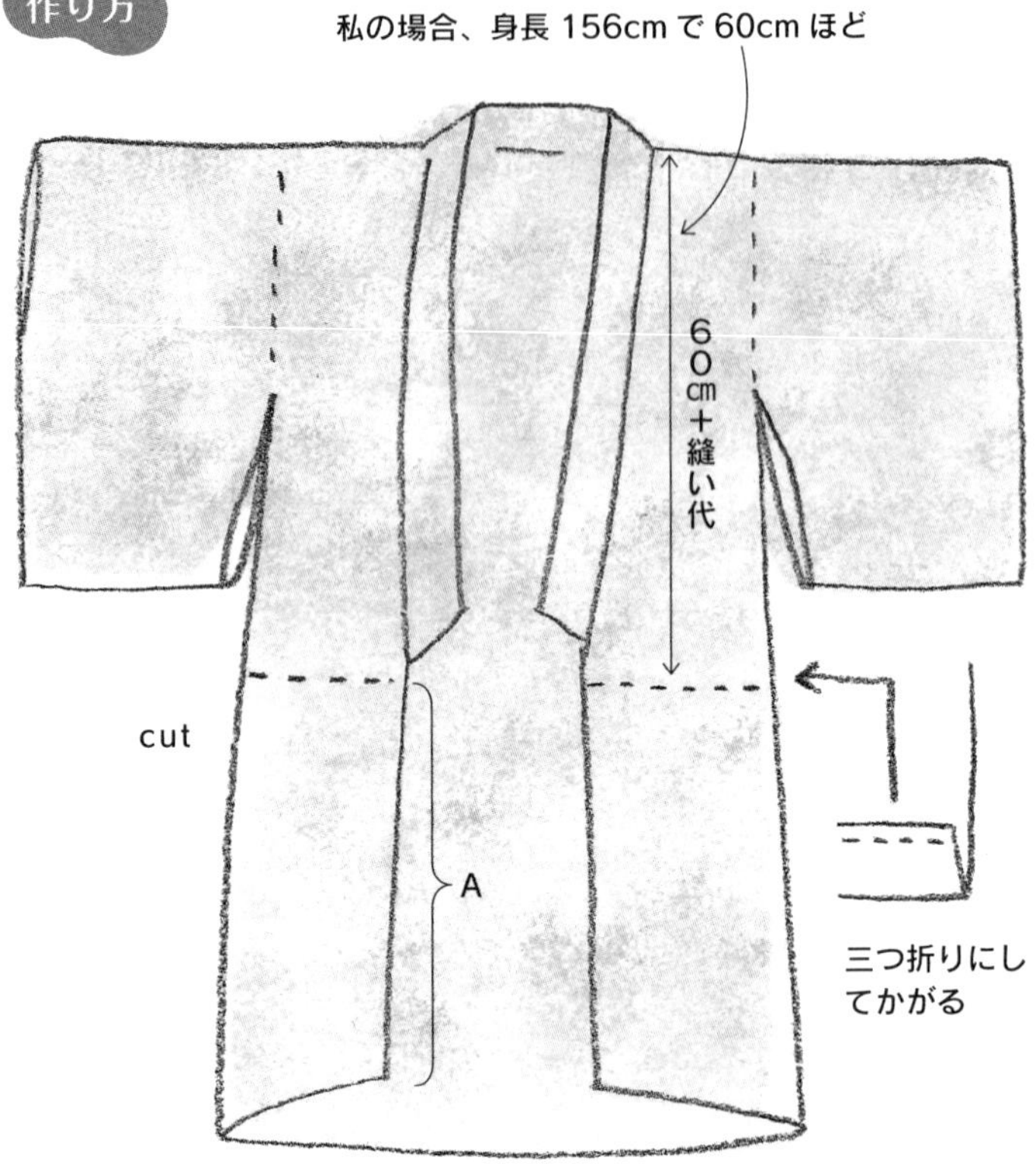
私の場合、身長156cmで60cmほど
60cm＋縫い代
cut
A
三つ折りにしてかがる

着物を着始めた当初は、長襦袢とセパレート型、同じくらいの枚数を持っていました。

今はセパレートタイプばかり愛用しています。丈が短いので洗濯のときにネットに入れやすく、干すのもブラウスみたいで楽。アイロンもかけやすいです。

半衿を付けるとき、長襦袢のように床に引きずらないし、軽くて扱いやすい。衿を付けたらシャツのようにハンガーに掛け、腰巻きをたたんで一緒にクリップで吊しておきます。

長襦袢はどうしたかというと、半分に切ってセパレートにして使っています。

上着部分の長さをきっちり取ると、下の腰巻き部分の長さは足りなくなります。足りない分は上部に布を足します。直線縫いですから簡単です。

さらに腰巻きは筒状に仕立て、横にスリットを入れるともっと楽になります。

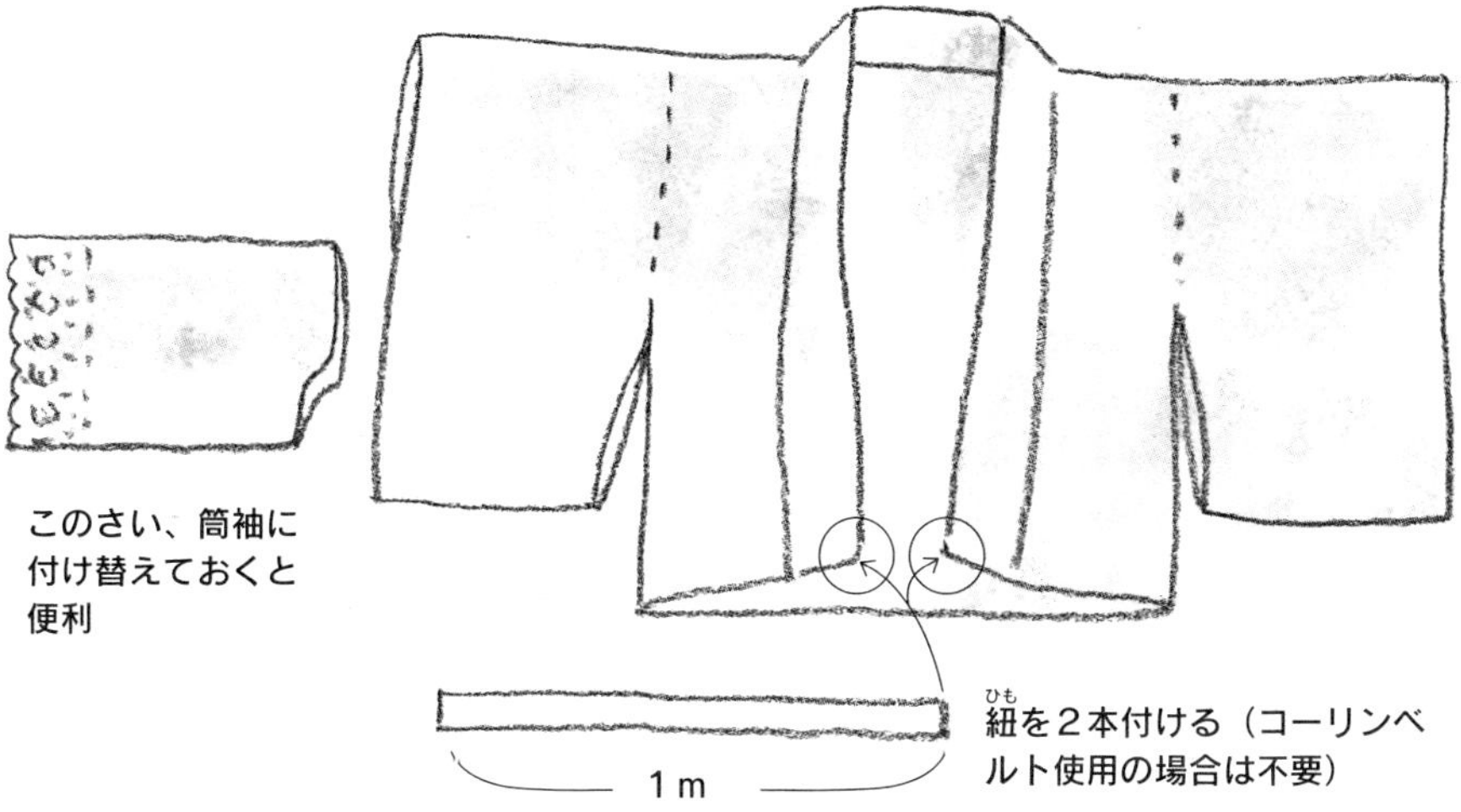
このさい、筒袖に
付け替えておくと
便利
紐《ひも》を２本付ける（コーリンベルト使用の場合は不要）
１ｍ

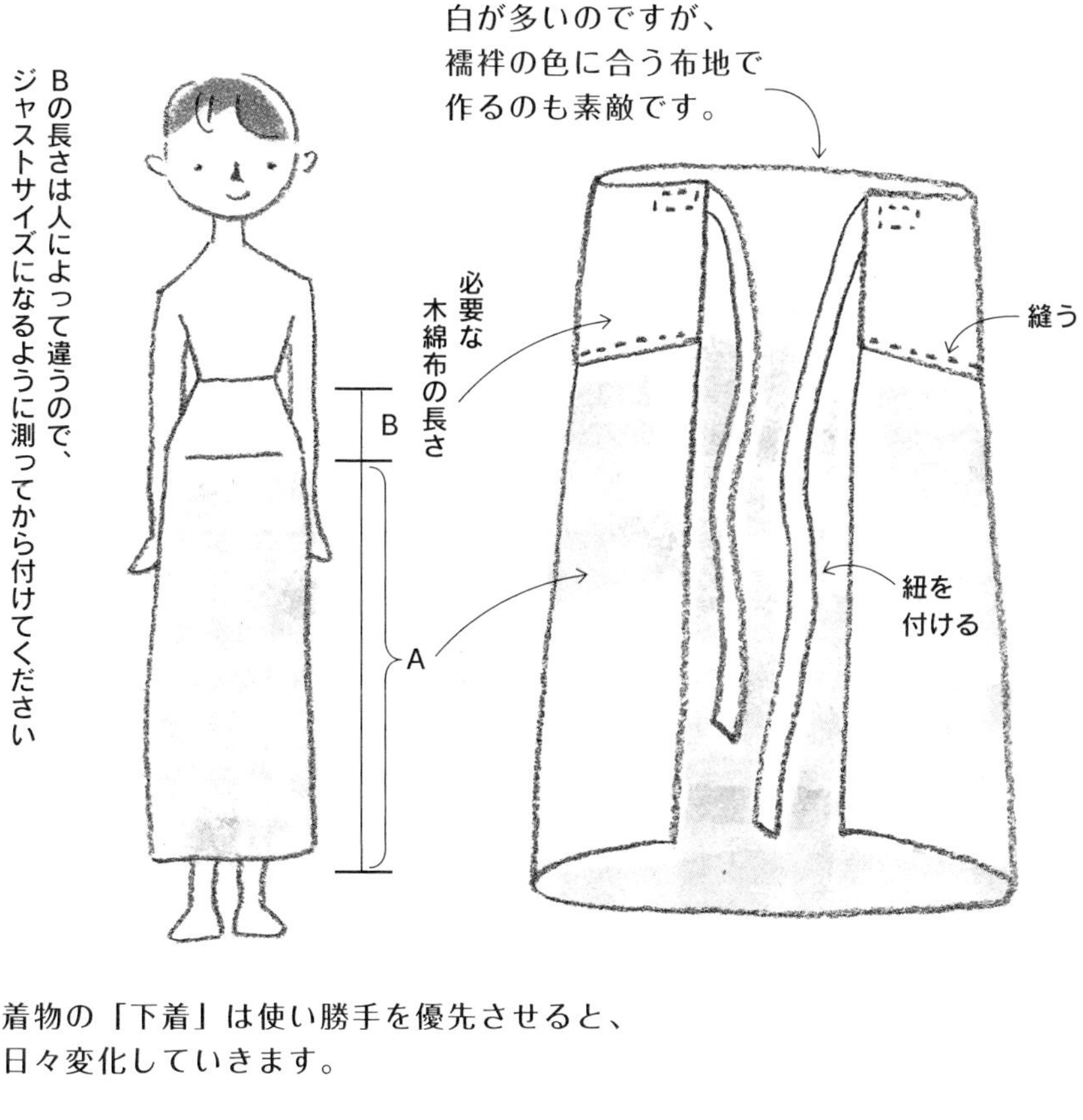
Ｂの長さは人によって違うので、
ジャストサイズになるように測ってから付けてください
白が多いのですが、
襦袢の色に合う布地で
作るのも素敵です。
必要な
木綿布の長さ
縫う
B
A
紐を
付ける

着物の「下着」は使い勝手を優先させると、
日々変化していきます。

※簡単に着るために※

どうしてますか。半衿付け

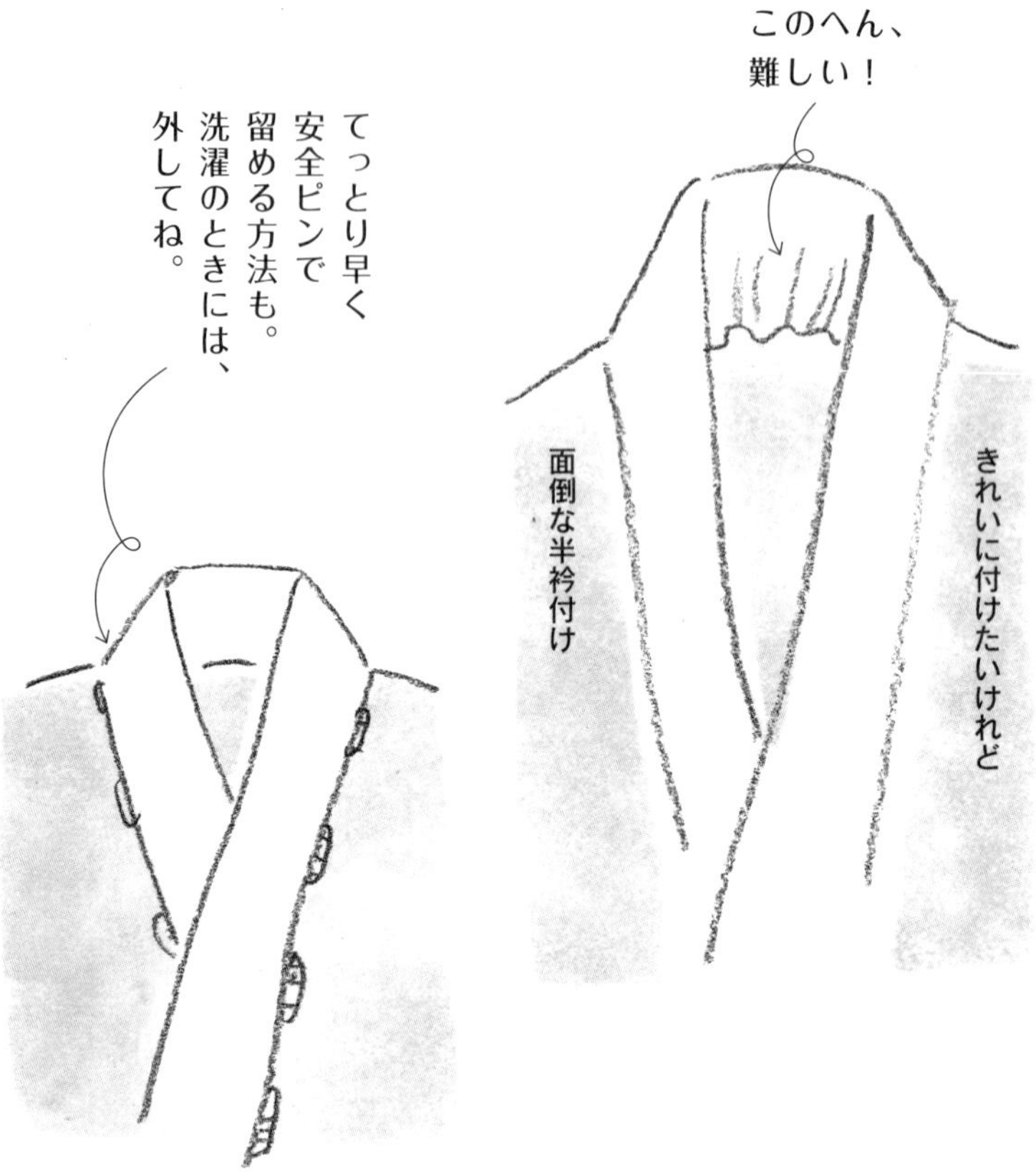
このへん、
難しい！
てっとり早く
安全ピンで
留める方法も。
洗濯のときには、
外してね。
きれいに付けたいけれど
面倒な半衿付け

私は今まで「半衿付けが好き！」という人に会ったことはありません。

私も苦手。なんとか簡単にすませる方法はないかしらといつも考えています。

小さな安全ピンで留める方法、ざくざくと裏表一緒に縫うやり方、マイクロステッチを使ってみたり、いい加減に付けてもきれいなラインが出るように、正バイヤスの半衿まで作ってしまいました。

手持ちの襦袢《じゅばん》にすべて半衿を付けてスタンバイ、という方も。完璧です！　衿を付けたまま洗濯してしまうそうです。

私は一度に三枚の半衿付けを相変わらず続けています。

正直に言いますと、半衿の付け方は以前と変わりました。便利なマイクロステッチを使うことが多くなりました。六ヵ所留めて、約一分でできあがり。

縫い目が目立つのは衣紋《えもん》ですが、ここだけ手縫いにしています。

気が向くと基本の半衿付け。
やっぱりきれいです

バイヤス半衿

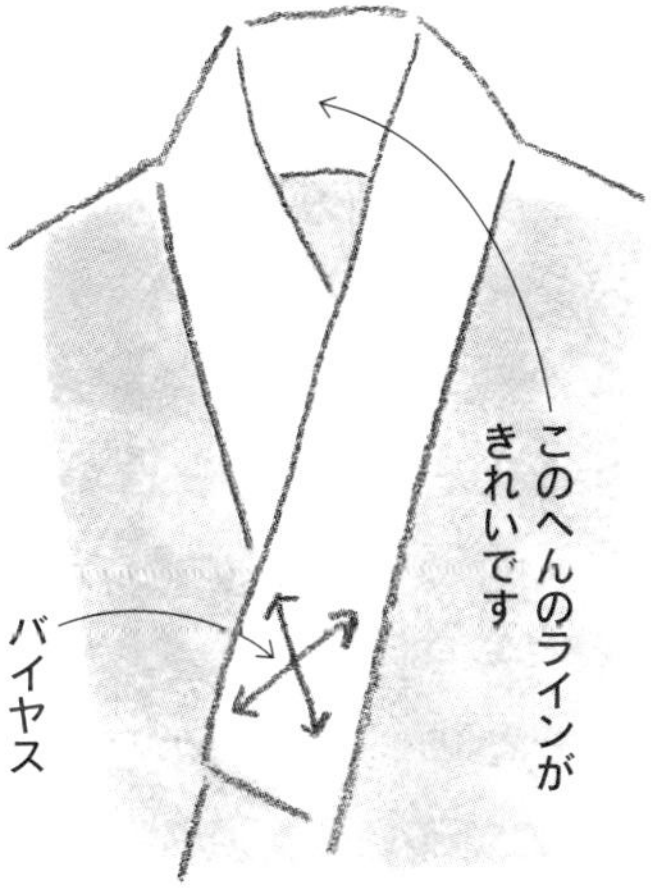
このへんのラインがきれいです
バイヤス

マイクロステッチを使って*

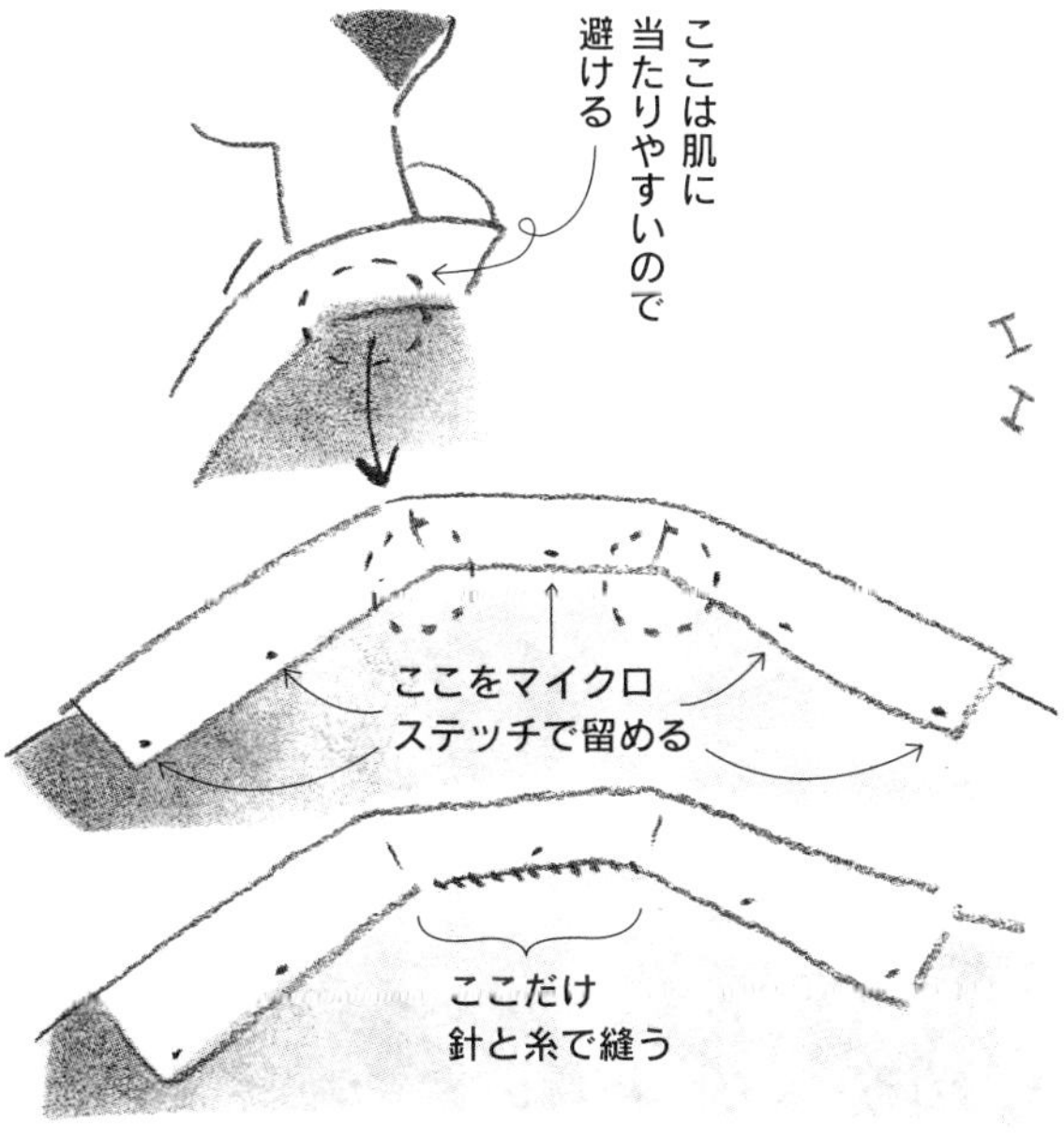
ここは肌に当たりやすいので避ける
ここをマイクロステッチで留める
ここだけ針と糸で縫う

急いでる時大だすかり!

*マイクロステッチは和キッチュで販売しています（P175 参照）

✻簡単に着るために✻

セパレート着物から始めても

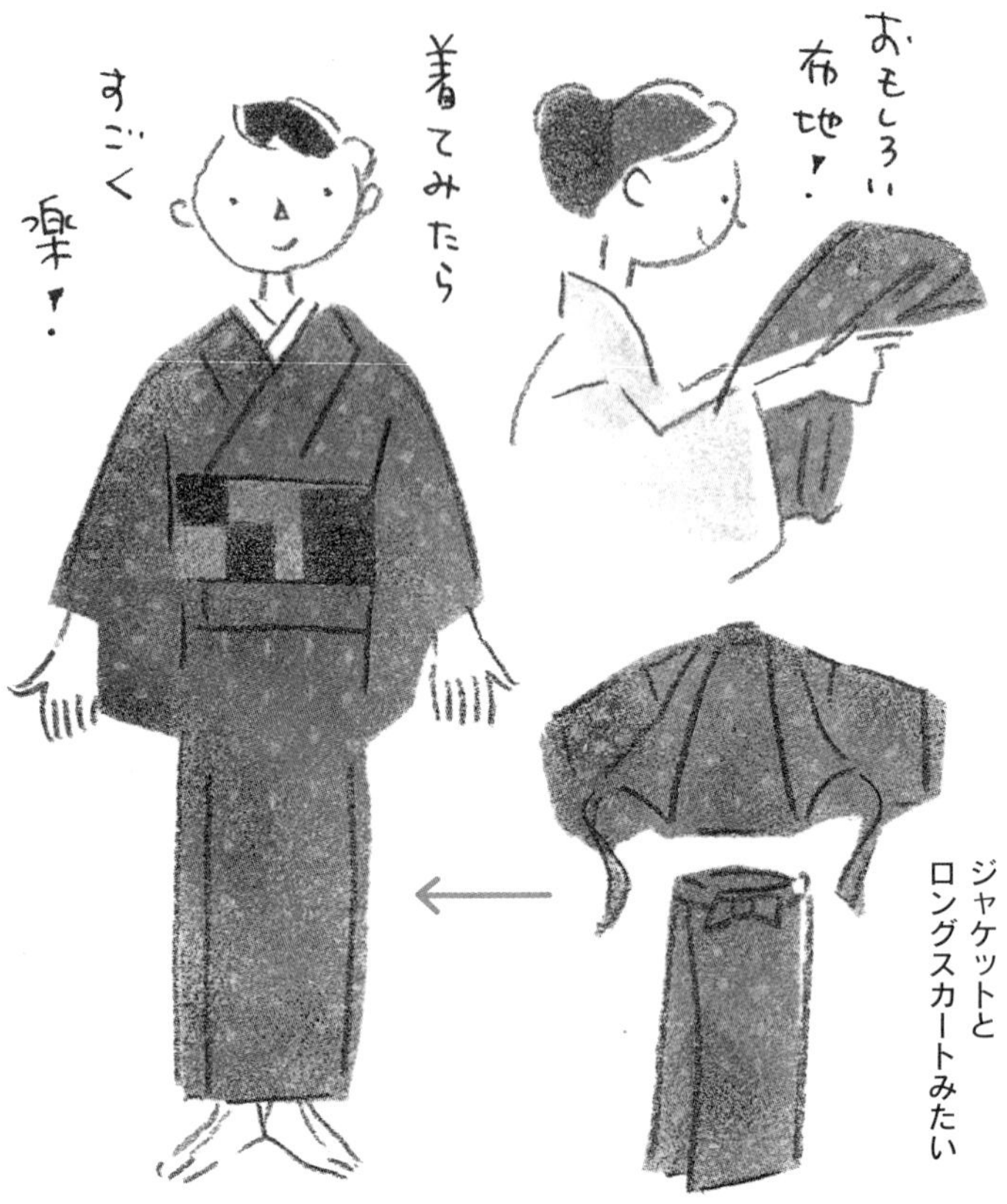
おもしろい布地！
着てみたら
すごく楽！
ジャケットとロングスカートみたい

　着物を着るときに難しいのは、帯を結ぶことと、お端折《はしょり》の取り方ではないでしょうか。お端折の取り方で裾《すそ》がすぼまってきれいなシルエットにもなるし、裾広がりの残念なドカン型にもなります。

　着付けに慣れていない方におすすめなのはセパレートの着物です。着物というよりも、ロングスカートにジャケットやブラウスを着ている感じで、とにかく楽なんです。厚手の単衣《ひとえ》のセパレート着物を持っているのですが、家着物&ちょっとした外出もできる着物として、冬、出番の多い着物です。

　ネットショップの「はじめてきもの小梅」さんのセパレート着物は、従来の着物では出会えなかった布を使っていて、洋服感覚で着こなせるのが楽しいです。

　着物の上にセパレート着物の上だけをジャケット感覚で重ねて着るのも面白いですよ。寒い日の防寒用になります。

こんな着こなしも

家で仕事をするとき、帯なしのこともあります。

そのときは横で結ぶ

外出するとき、上着みたいに着ることもあります。

※ きれいに着るために ※

裾《すそ》留《ど》めは外出時のお助け小物

着物で外出するときに、荷物がたくさんで困ったことありませんか？

風の強い日は裾がまくれるのを右手で押さえながら歩くのですが、荷物とカバンと日傘……すでに手が足りません。

そこで、裾を押さえるお助け小物を作ってみました。ゴムの太さで引っ張る強さを変えられます。クリップを付ける位置は、ご自分のストレスのかからない箇所を選んでください。

ゴムに着物と色みの合った、もしくはアクセントになるビーズを通して作るとおしゃれな小物になります。

じつは、ここに至るまでの過程で、裾をピンで留めてみたことがあります。まくれなくなってよい感じ、と思ったのですが、そのことをすっかり忘れて、棚の上の物をおろそうと台に乗ったとたん「ビリッ！」。これもまた「失敗は発明の母」のケースとなりました。

作り方

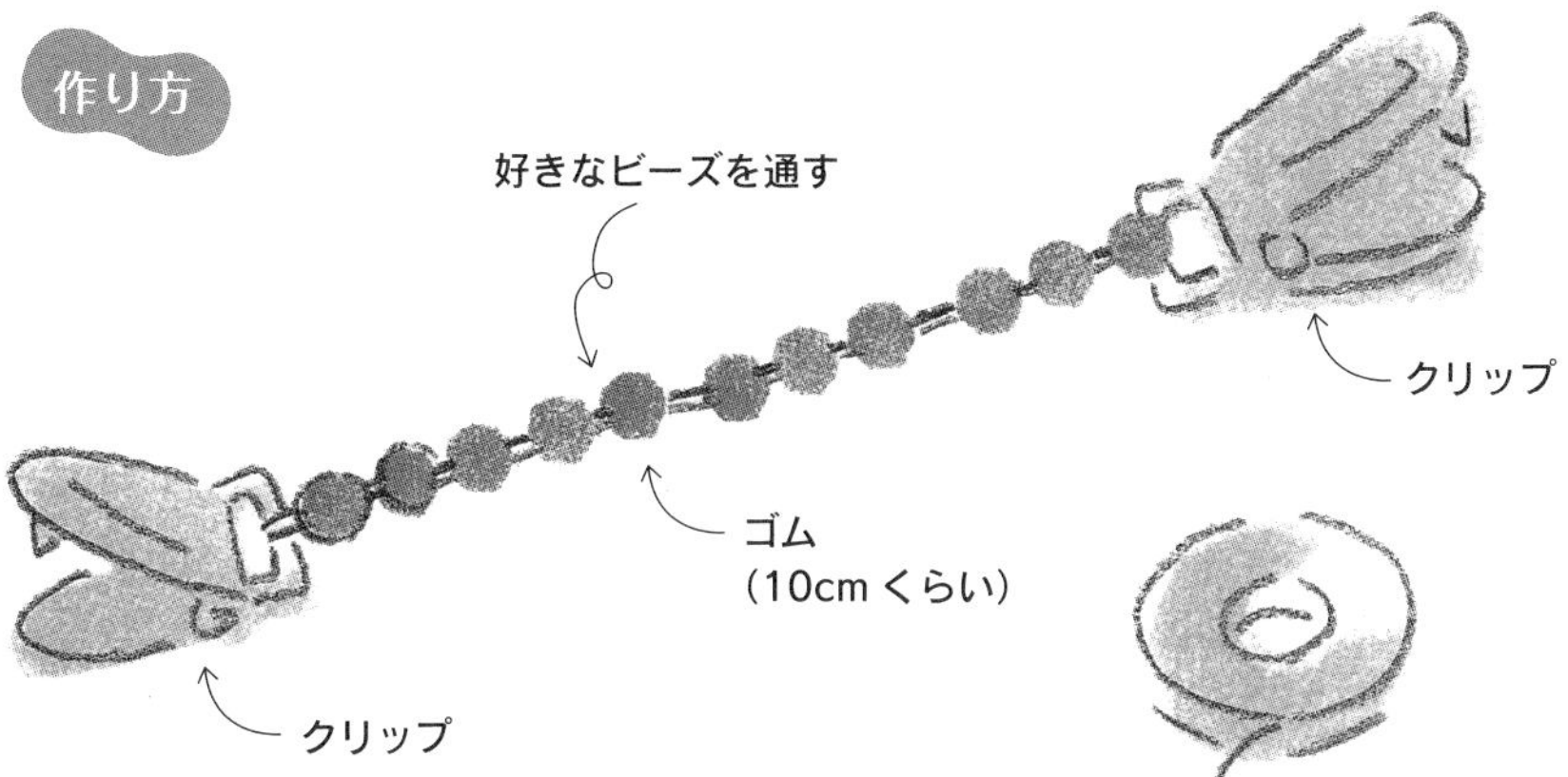

好きなビーズを通す
クリップ
ゴム
(10cm くらい)
クリップ

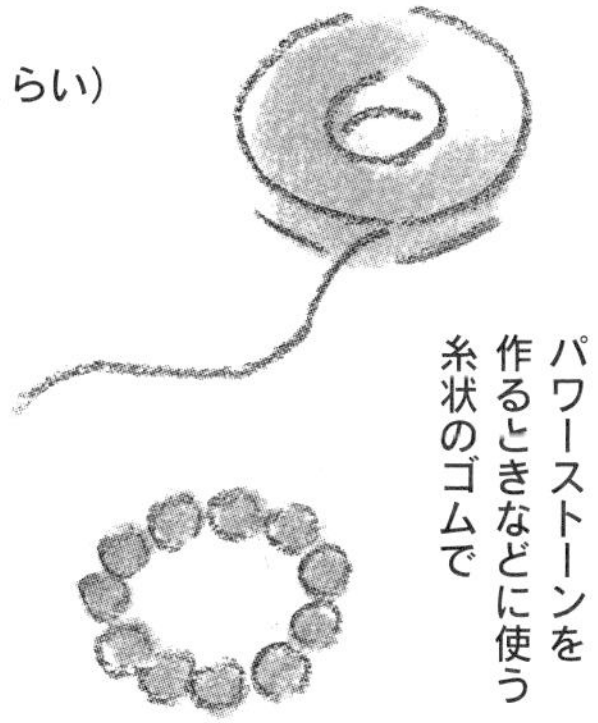

パワーストーンを
作るときなどに使う
糸状のゴムで

つけ方

外に付ける
中に付ける

仕掛りは簡単なのですが、試してみると案外使えます。

絶対に足を出したくない

洋服では
平気だったのに。
着物のときに
足が見えると
恥ずかしいのは、
なぜ?

風の強い日は苦手。突風にあおられて裾《すそ》がまくれてしまうのが気になります。荷物を持っていると瞬間に手が行かなくて足があらわになりはしないかとヒヤヒヤします。スカートやショートパンツで足が見えても平気なのに、どうして着物だと恥ずかしいのか不思議なんですが。

白や薄い色の襦袢《じゅばん》から足が見えるのが、生々しくて照れてしまうのかもしれません。アジアの布で作った濃い色の裾よけのときはロングスカートを二枚はいているみたいで、襦袢が見えてもわりと平気でした。

同じように、襦袢の下だけ筒状になるように縫ってみました。足も丸見えにならないし、足した布の幅だけ余裕ができます。とっさのときに足を一歩大きく踏み出しても、襦袢が邪魔しないのもよいと思いました。筒状襦袢と裾クリップ、どちらも風の日には便利です。

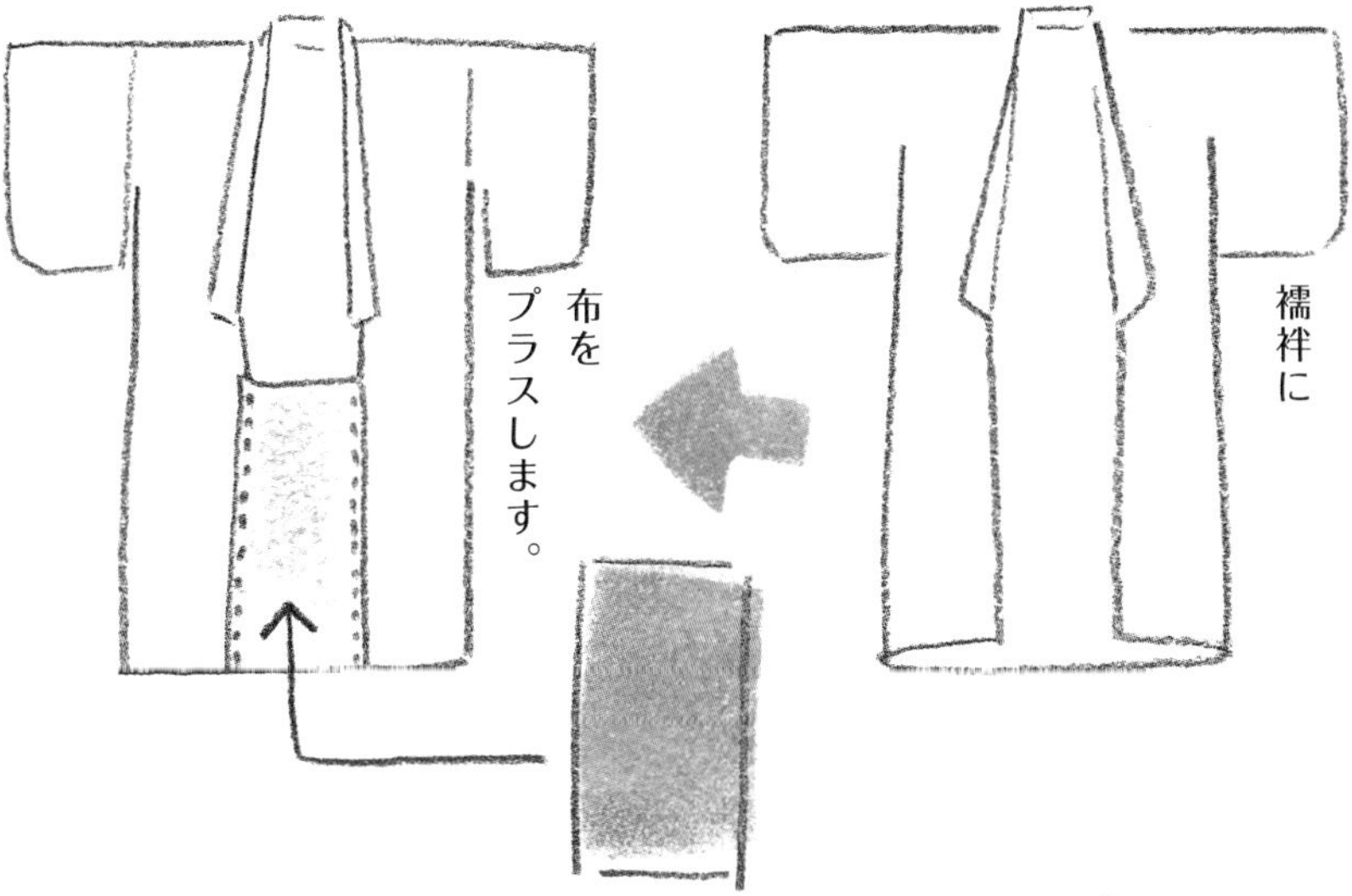
襦袢に
布をプラスします。

はき方にコツがいります
よいしょ
ままあかな。
スカートみたいです。
あとはいっしょ

❊きれいに着るために❊

雨ゴートの丈を長くする

これは
ダメだ
お買い得品
だった

着物フリマに行くと安い着物用雨ゴートを見かけます。サイズが合えばラッキーなんですが残念！　たいてい短め。

雨ゴートは「つい丈」ですから、短いと使い物になりません。着物の裾《すそ》が汚れるし濡れてしまいます。

でもあきらめないで。短めでも直せるかもしれません。裾の部分をチェックして折り返しが多かったら直せます。

裾をほどきます。身丈に合わせて（着たときに着物より若干長め）アイロンで折り目をつけてまつり縫い。裏は折り返しが一センチくらいでも大丈夫です。

裾の折り目がすり切れていたら、ししゅうを足してカモフラージュ。ラインを隠すためのししゅうですが、雨ゴートの可愛いアクセントになります。

雨の日だって、着物で出かけたい。雨の日が待ち遠しくなるようなコートを、ぜひ作ってください。

作り方

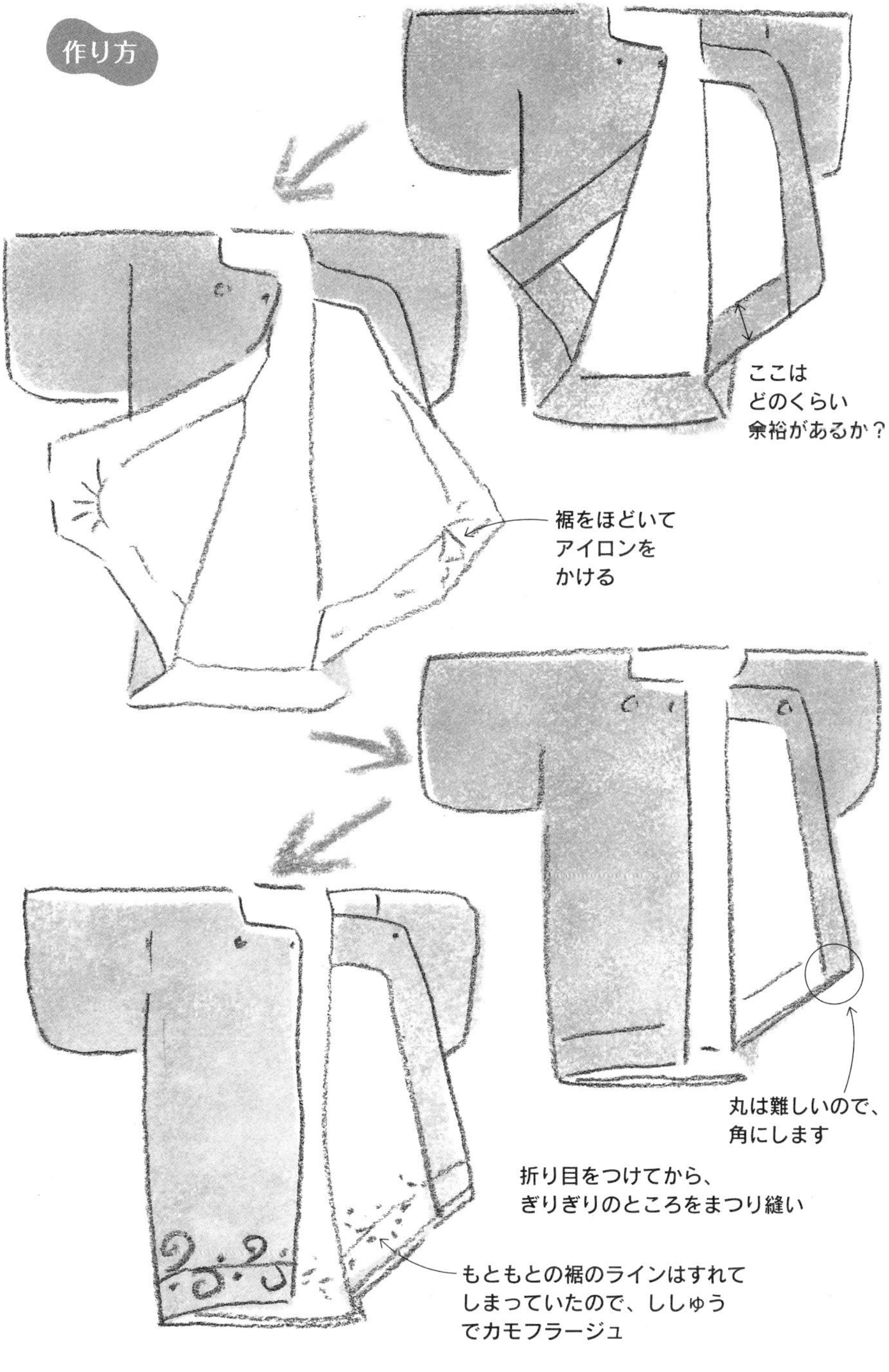
ここは
どのくらい
余裕があるか？
裾をほどいて
アイロンを
かける
丸は難しいので、
角にします
折り目をつけてから、
ぎりぎりのところをまつり縫い
もともとの裾のラインはすれて
しまっていたので、ししゅう
でカモフラージュ

❊ きれいに着るために ❊

腰紐《こしひも》をいつも気持ちよく使う

新しい朝なのに
すでに負けた
感じがする
よれよれ〜

毎日使う腰紐ですが、帰宅後など着物を脱ぐときには疲れていることもあり、ぞんざいに丸めて引き出しやカゴに放り込んでしまいがちです。

一夜明けて、昨日の腰紐はみごとによれよれ。さあ今日も一日がんばるぞという気持ちが、みるみる萎《な》えていきます。

使うときに気持ちよくするには、しまうときが肝心で、腰紐もきちんとたたんでしまいましょう。

おすすめはやはり五角形にたたむこと。たたみ方は単純で、見た目もよく収納しやすく、しまっている間にしわも伸びてきれいな状態になっています。

これだと次に使うときも気持ちがいいですね。可愛い箱に収まった五角形の腰紐は、引き出しを開けるたびにちょっとうれしい景色です。長めの腰紐はたすき掛けにも使えますので、着物でお出かけのときはカバンに入れておきましょう。

五角形のたたみ方

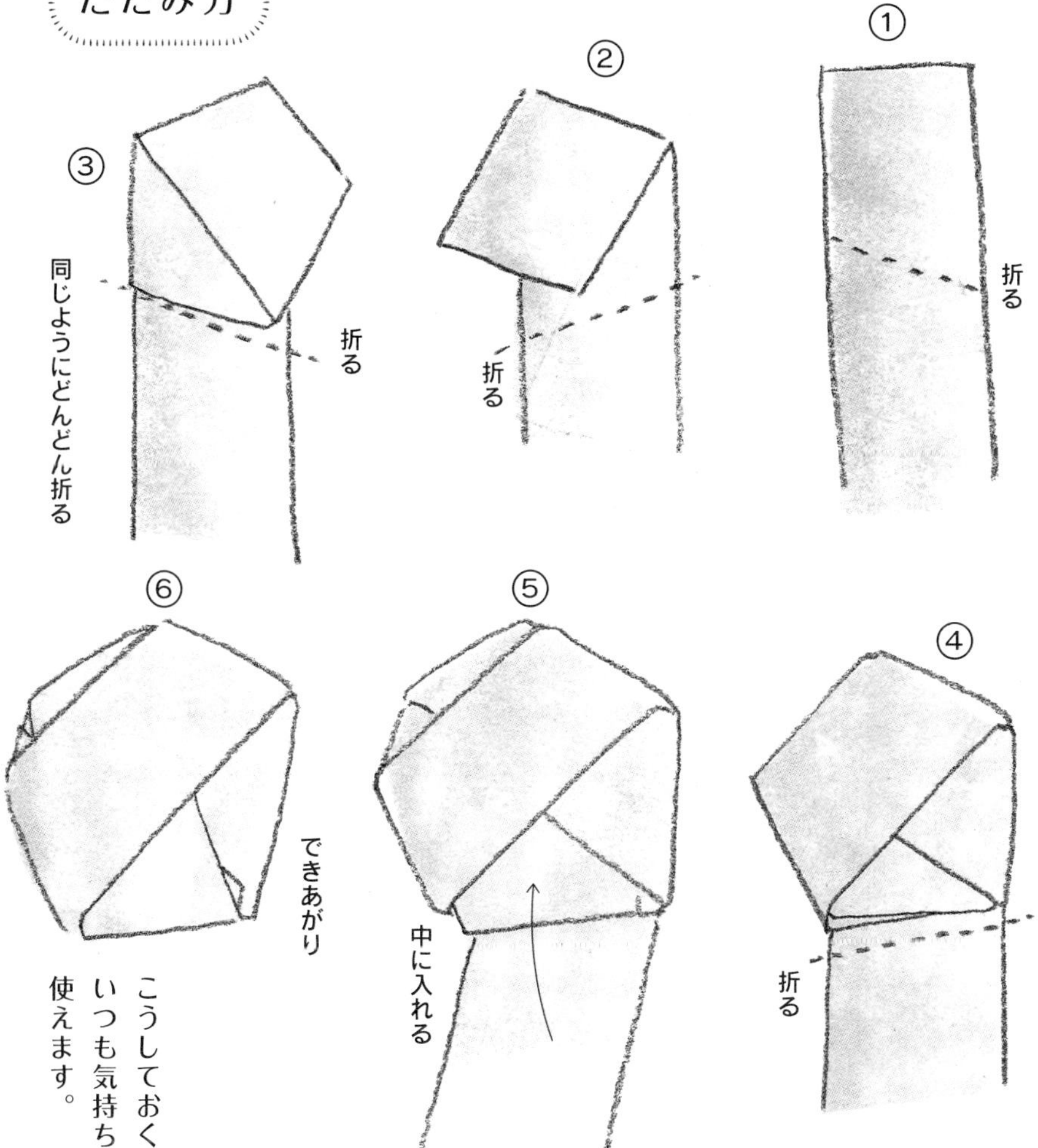

①
折る
②
折る
③
折る
同じようにどんどん折る
④
折る
⑤
中に入れる
⑥
できあがり

こうしておくと、いつも気持ちよく使えます。

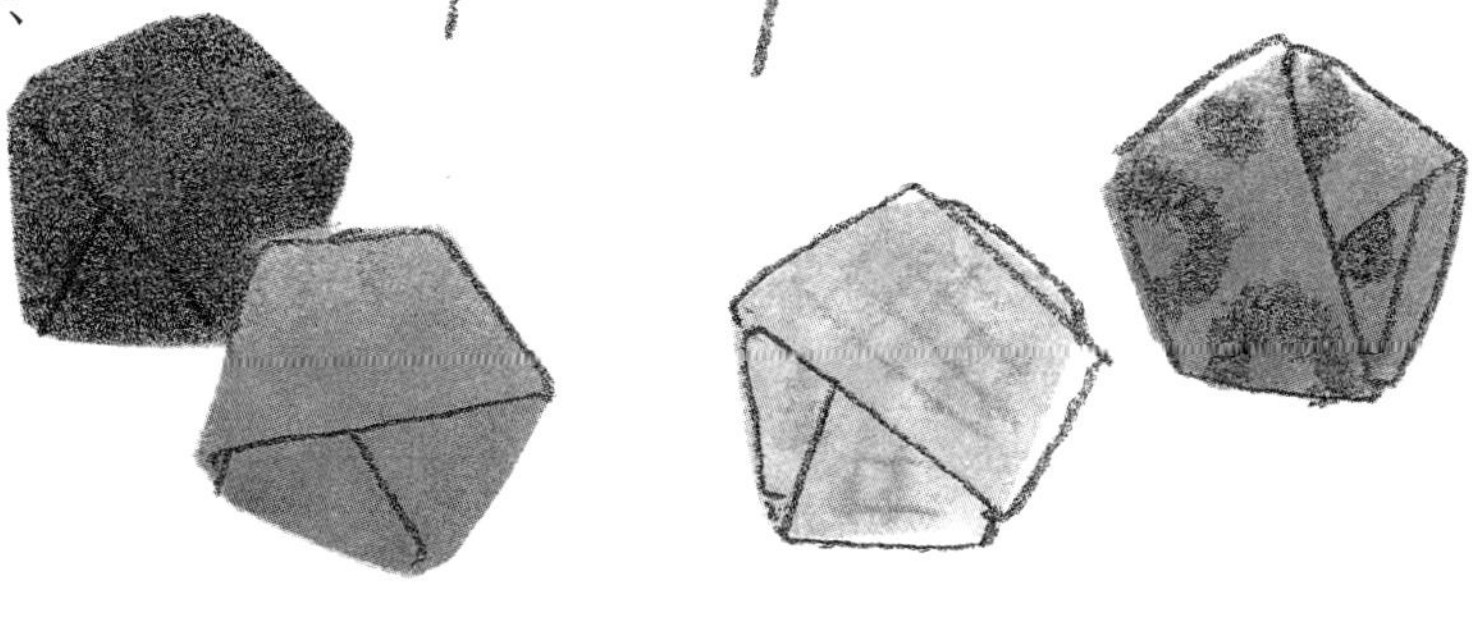

※ 少しの手入れで復活 ※

裾《すそ》のすり切れを直すヒントは

歌舞伎を見ていたら……
裾がすれてきた。穴があいている。
あっ
この手があったか！

毎日着物を着ていると、よく着る着物ほど裾の部分がすり切れてきます。

多少のすり切れは見て見ないふりをしてしまいますが、それがだんだん大きくなってきたらどうしましょう？

歌舞伎を見ていたら、役者さんの着物の裾にぐるりと着物とは別色の布が付いているのに気づきました。これは「ふき」といって、着物の裾に綿を入れて重しのように、裾がまくれてバタバタしないためのものです。ここまで露出しなくても、裾にテープを付けて補強するのはいいかもしれません。

手芸材料にガロンテープというものがあります。これを着物の裾部分の裏に付けておくと、裾が傷むのを抑えることができます。切れてしまった部分の補強にもよいのですが、できればまだ傷む前に付け、すれてきたらテープだけ外すというのが着物にはいいようです。

裾がすれる前に
付けます。

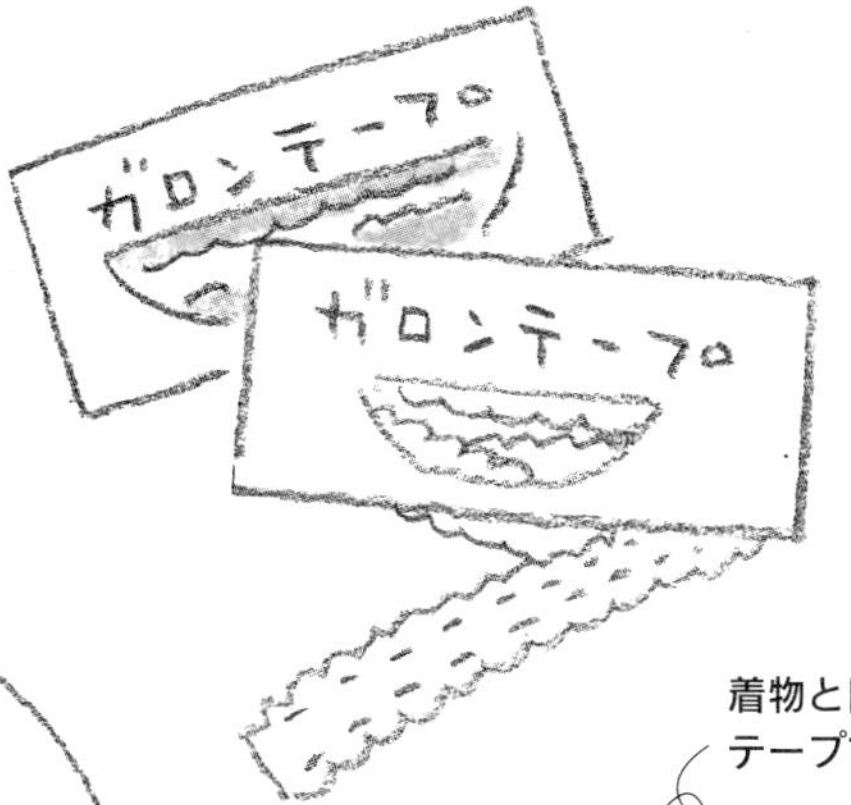

いろいろな
色があります

着物と同色の
テープで

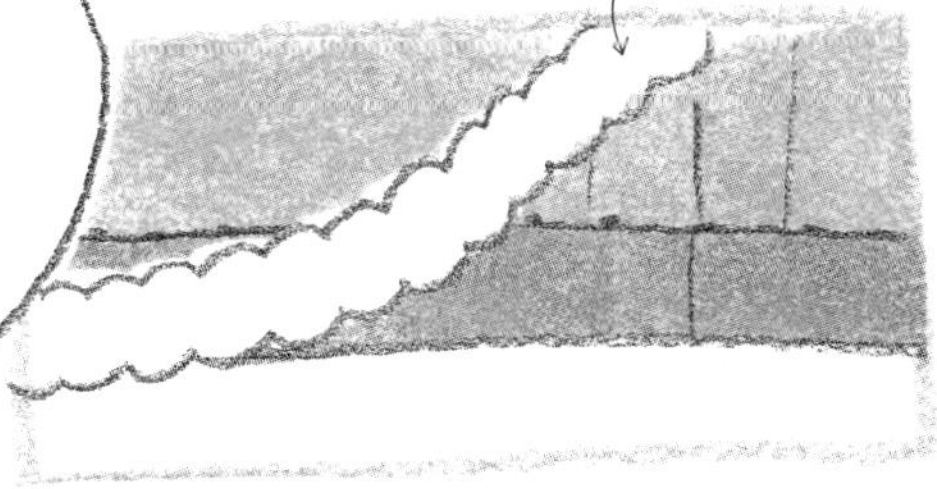

裏に縫い付ける

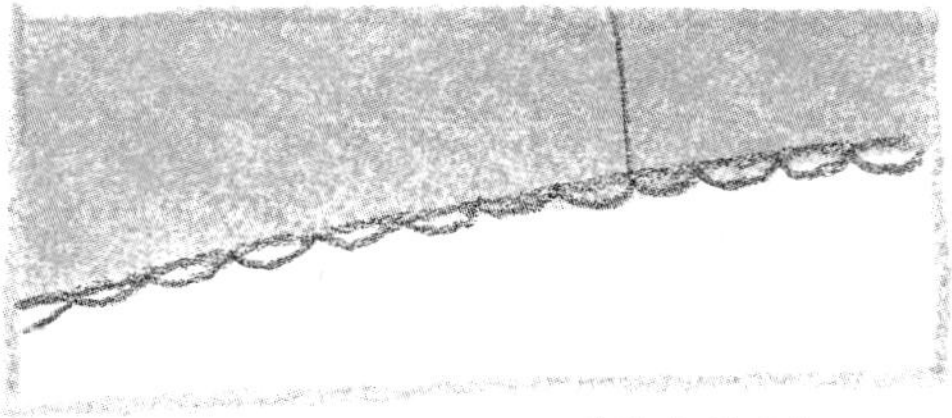

表から見ると、
ほんの少し出る感じ

ガロンテープが
すれてきたら、
取り替えます。

少しの手入れで復活

すり減った足袋《たび》、捨てる？

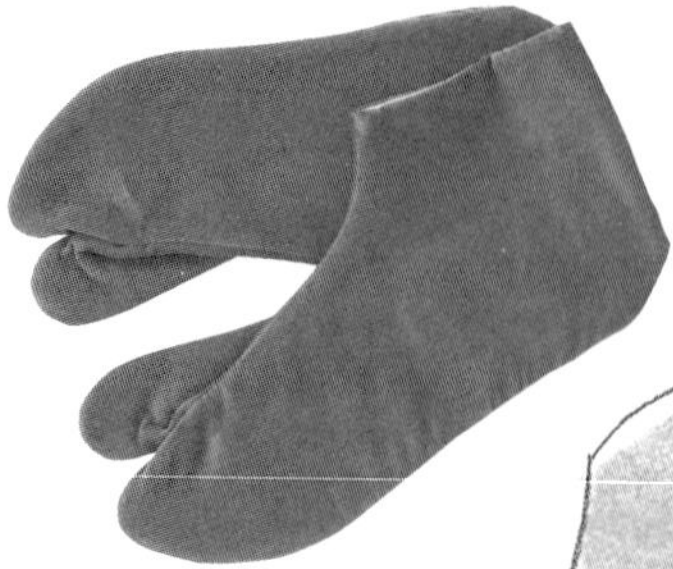

新品の足袋

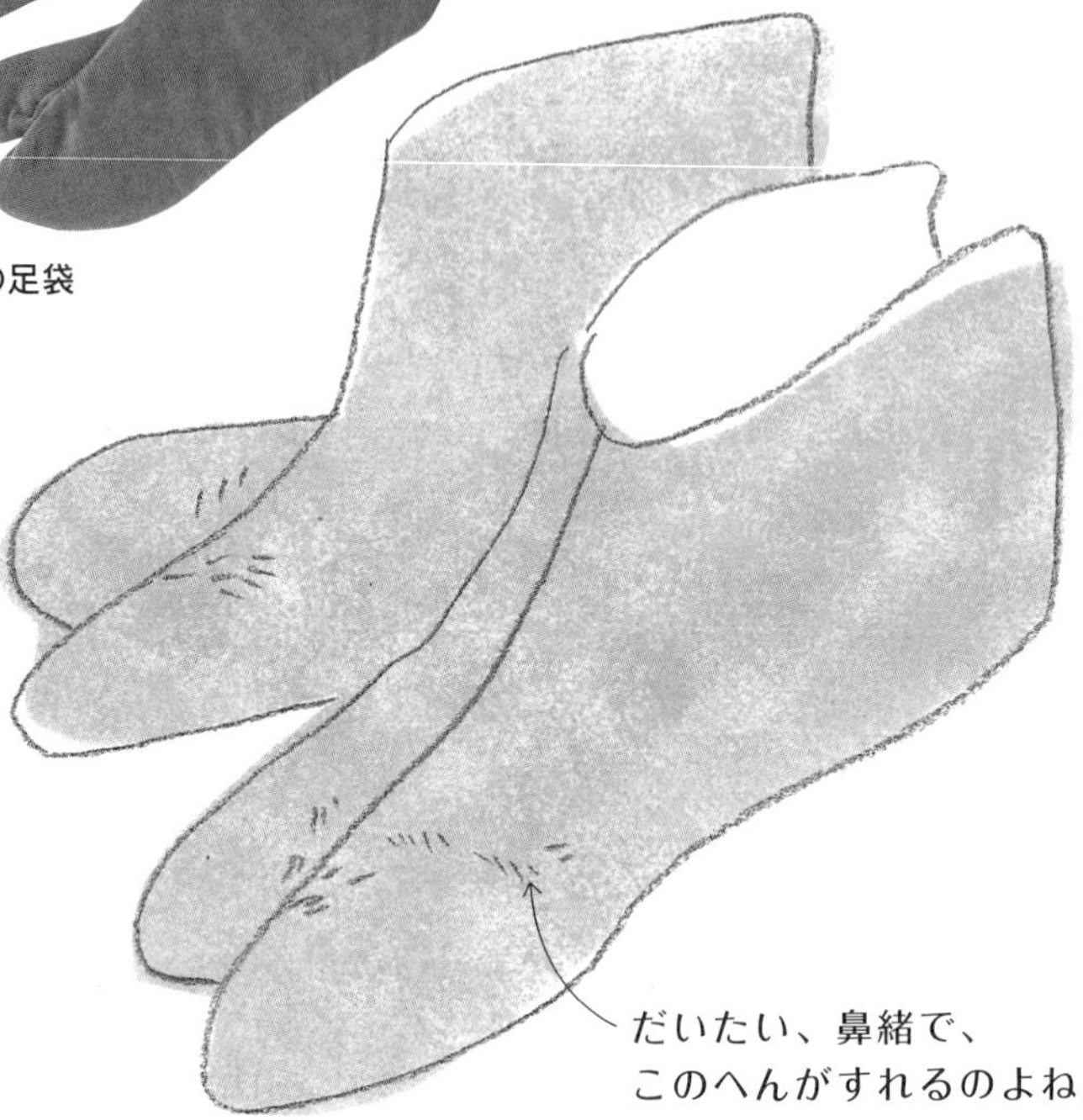
だいたい、鼻緒で、
このへんがすれるのよね。

足袋は値段が靴下より高いけど、何倍も丈夫で長持ちします。そのぶん、あきらめ時が難しい。

白足袋を愛用している友人は、少しくたびれてきたなと思ったらしまっておき、それがいくつか集まったらまとめて染めるのだとか。玉葱《たまねぎ》の皮や紅茶などで染めるとやさしい色足袋になります。

新しい足袋は外出用、くたびれてきたら家履《ば》きにします。私の場合、すり減るのは決まって鼻緒が当たる部分で、ししゅうをして繕います。どこから始まっても、つなげてもおかしくない形、たとえば水玉や花びらなどを縫い、別の部分がすり切れたら縫い足していきます。

たかが足袋、でもししゅうを重ね手をかけると、愛着もわいてきます。

いよいよ底との境目がほつれてきた！　捨て時でしょうか？　でも捨てにくい。悩ましいところです。

ごまかしやすいモチーフを
ししゅうします。

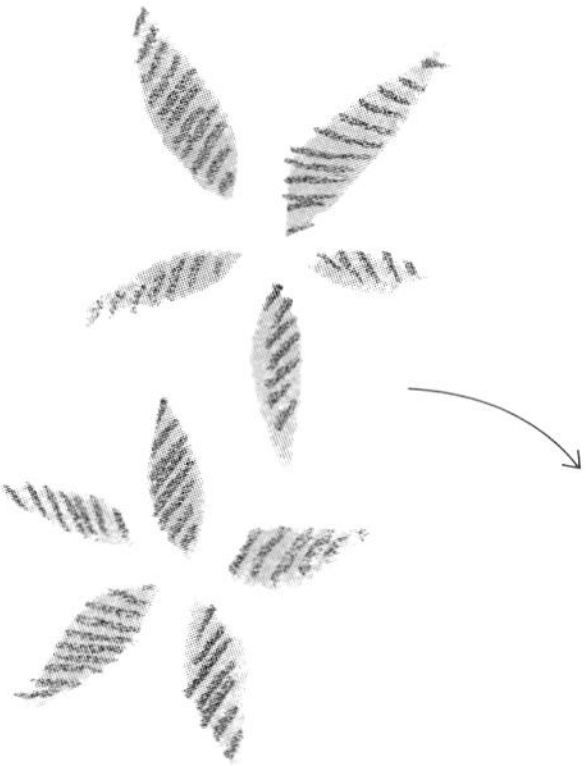

右と同じ足袋

ししゅう糸も、同系色で２～３色使うと
ごまかしやすい

染め方

足袋を玉葱で黄色に染める。

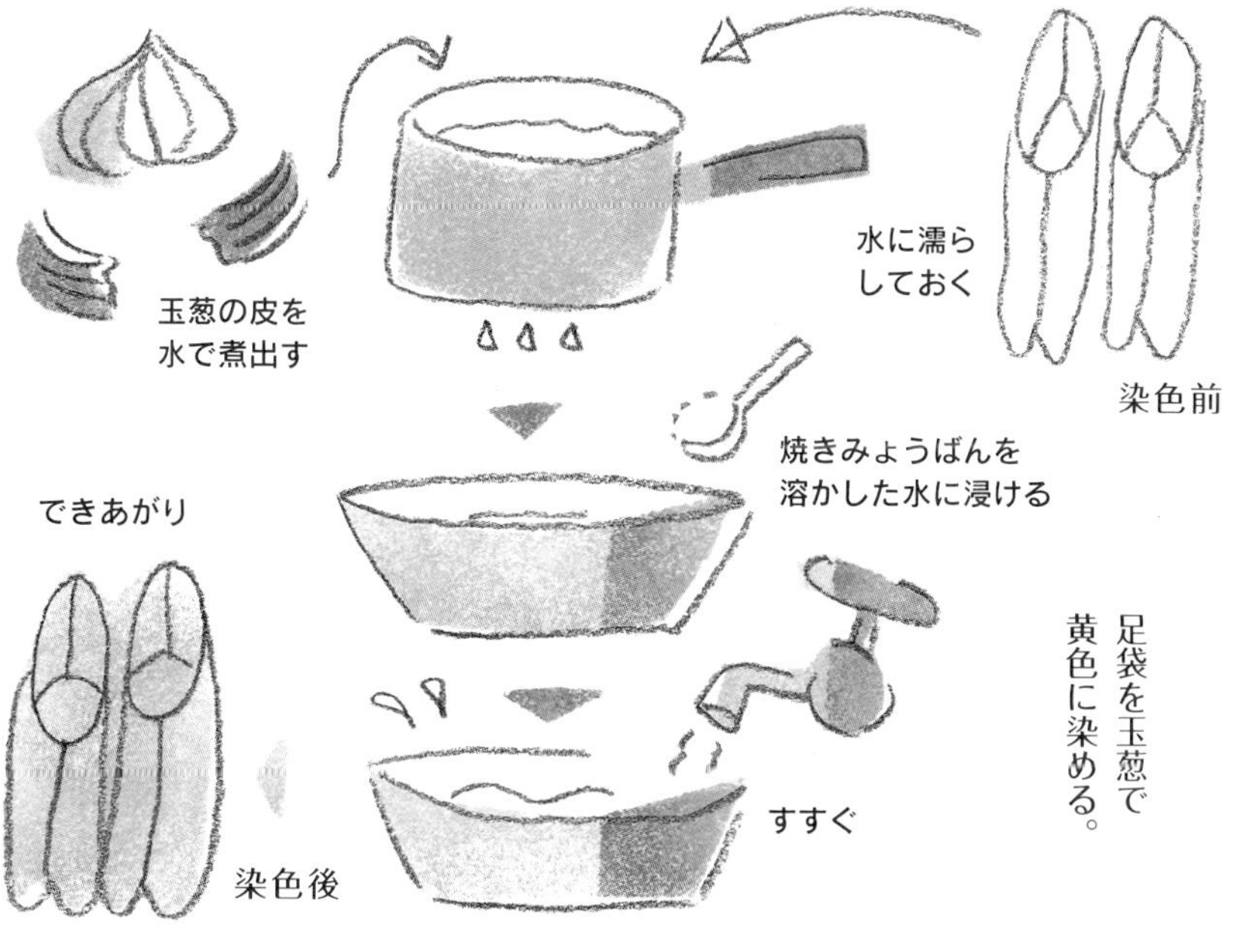

水に濡らしておく
染色前
玉葱の皮を水で煮出す
焼きみょうばんを溶かした水に浸ける
すすぐ
できあがり
染色後

❊ 自分に合わせて直す ❊

長い着物を紐《ひも》二本で調節する

身長の高い人の着物は、
丈が長い
直さないでも
着られますヨ

丈《たけ》が長い着物は、お端折《はしょり》をたくさん取ると、着ることができます。

お端折が大きく出るのがいやでしたら、腰紐《こしひも》を二本使えば大丈夫。

反対に、短い着物は、お端折なしの、つい丈で着ればいいのです。つい丈は着崩れるという人がいますが、平気という人もいます。これは体型による差かもしれません。

カットしてセパレートの着物にする方法もあります。まず着物の長さを測ります。腰巻部分が上着に隠れるサイズに作れるかどうか確認してくださいね。上着、腰巻き部分が取れそうならカットします。カットする長さは、上着の寸法を優先して取ります。お端折のぶんと縫い代として一センチ加えて布をカットします。

腰巻き部分の上部に、足りないぶんを別布で足します。ここは目立たせたくないので、同色の布がいいと思います。

長い着物を短く着る方法

腰紐2本にすると
腰紐1本だと
こうなります
ほどよいお端折
こうなるところを
お端折たっぷり

※自分に合わせて直す※

衿は付け替えることができる

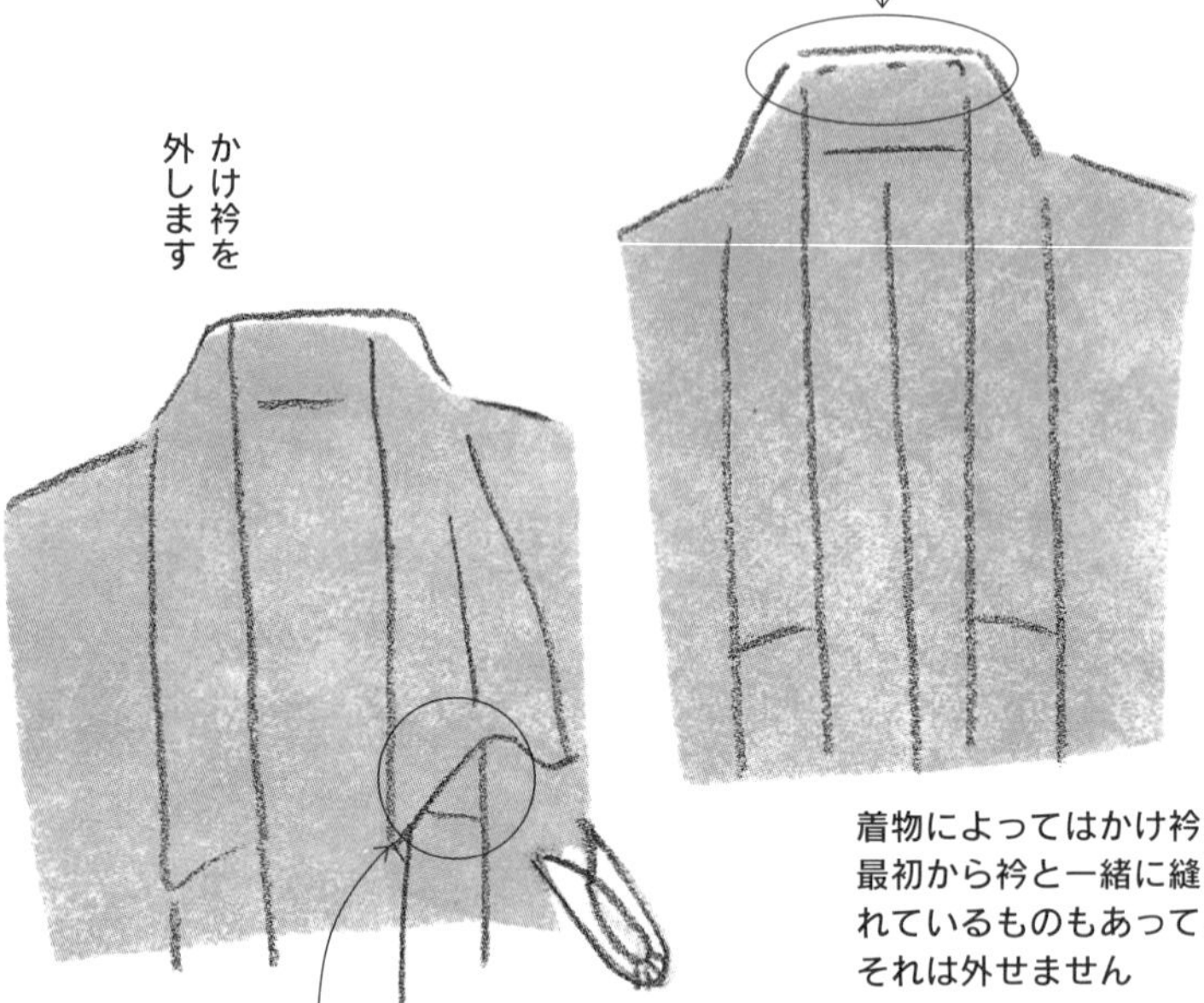
このあたりが
すり減ってきたので
かけ衿を
外します
着物によってはかけ衿が
最初から衿と一緒に縫わ
れているものもあって、
それは外せません
ここに糸2本どりでしっかり衿先留めが
されていて、ちょっと外しにくかった

衿は汚れるので、かけ衿として共布が最初から縫い付けられています。衿が汚れたら、かけ衿だけを取り外して洗い、また縫い付けられるようになっています。洗っても汚れが取れなくなるほどになってしまったら、衿の山の部分の汚れた面を内側にずらして、縫い付けます。

かけ衿は糸を外すと上の一枚だけが取れるようになっていたのですが、最近の縫製では一緒に縫ってしまっている着物も多いとか。自分の着物のかけ衿が外せるかどうか、よく見てくださいね。

衿を外して洗い、アイロンをかけてぴんとさせたら、縫い付けます。図はばち衿の場合を説明しましたが、広衿でも同じようにかけ衿の手入れができます。

ただ、大きめの柄がある着物は、縫い付けるときにご注意を。逆に付けてしまうと柄が合わなくなり、着てから「なんか変だ」ということがありますので。

衿のすり切れ補修法

方法その①
残り布があれば、
それで衿を新しくする

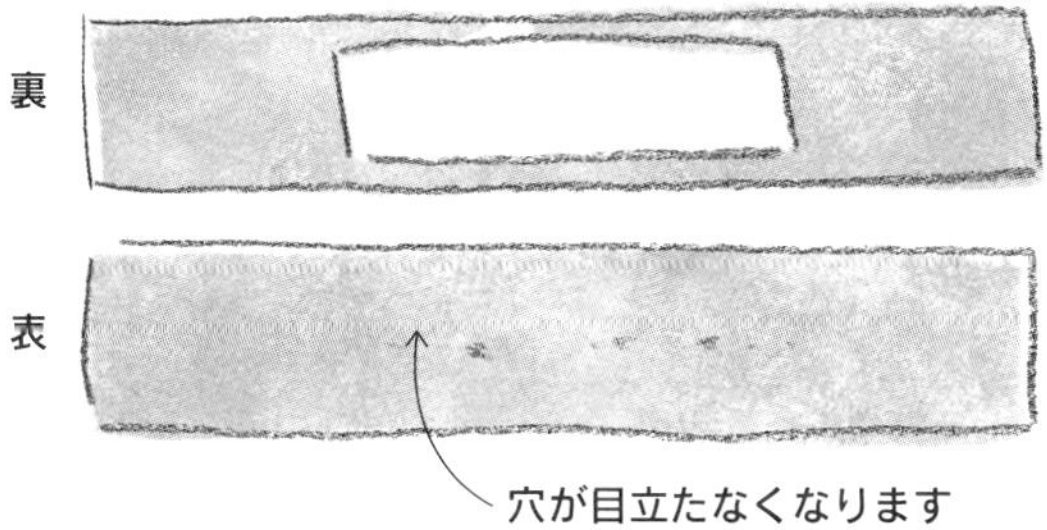

方法その②
外したかけ衿に
薄手の接着芯を貼る

方法その③
レースを付ける

私は②の方法で
付けましたが、
①がベスト。
③も面白いですね

※自分に合わせて直す※

つんつるてんの裄《ゆき》を出す

単衣《ひとえ》の場合
布に余裕があるか、まずチェック
手首がにゅっと出てしまう
アイロン
同色の糸

着ると手首が出てしまう着物。裄を長くしたいですね。裄を出す方法としては

①袖を外す
②身頃の袖付部分を広げる
③袖の幅を広げて縫う
④袖と身頃を縫い合わせる

という手順になります。

難しい順にいうと、縫い目が目立つ④、③、②です。縫うときに袖を両方とも外してしまうとお手本がなくなってしまうので、できれば片方ずつ試してみるほうがいいと思います。

袖付部分の内側に布が折り返されておらず布の余裕がないもの、折り山の部分が傷んでいて、直したあとにその部分が目立つ、もしくは日焼けしている着物は残念ながら裄が直せません。

裄の短い着物は、タートルネックを着た上に着たり、アームカバーを付けて着ると短さが目立たず、おしゃれです。

縫い方

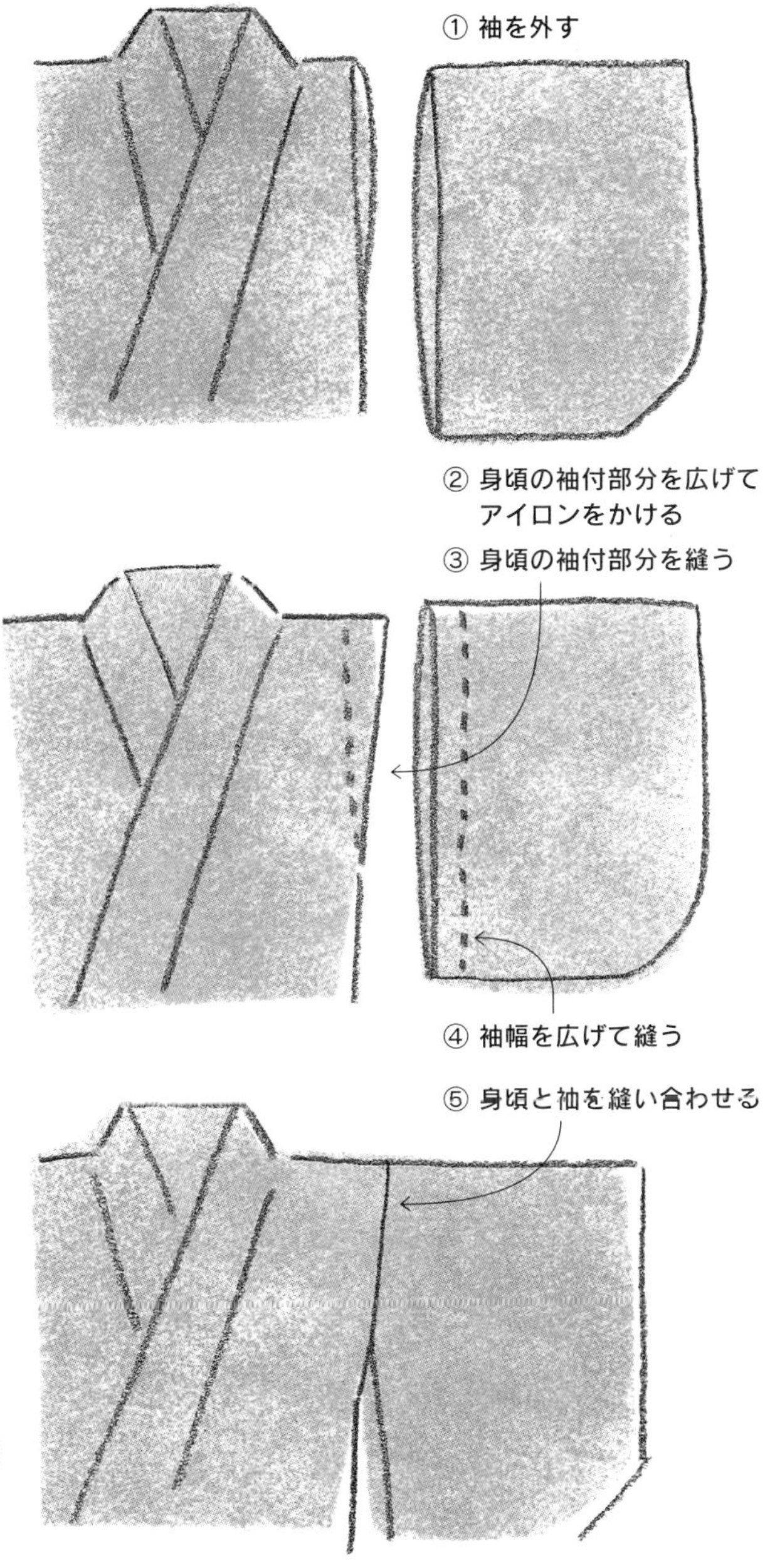
① 袖を外す
② 身頃の袖付部分を広げて
アイロンをかける
③ 身頃の袖付部分を縫う
④ 袖幅を広げて縫う
⑤ 身頃と袖を縫い合わせる

両方いっぺんに外さないで、
片方ずつやりましょう。
ゆっくり針目を揃えるのが
成功のポイントです。

ちょっと
むづかしい

自分に合わせて直す

着物から上っ張りを作る

作り方

単衣《ひとえ》の着物
好きな長さでカットする
長め？短め？どっちが好き？

作業着にするときは、洗濯のことを考えて、洗いやすい木綿や麻で作るといいですよ。

着物で暮らしていると、着物をいただく機会が多くなります。

いただくのはいいけれど、私には色が派手すぎたり、着物の素材としては好みではないものも交ざっています。ほんとうにいろいろなタイプの着物があるんだなあと思います。

せっかくいただいた着物ですから、なんとか活用したい。そんなときには人に差し上げたり、リメイクします。

リメイクのおすすめは上っ張り。着物としては派手だけど上っ張りだったら着られますし、着物に合います。

作り方は簡単です。着物から丈を好きな長さに切ってまつり、身八つ口をふさぎ、袂《たもと》を三角に縫って、紐《ひも》を付けます。

作業着の上っ張りは、ひざまで隠れるくらいが便利です。袖の太さもお好みで。袖口にゴムを入れると割烹着《かっぽうぎ》感覚で水仕事もできます。

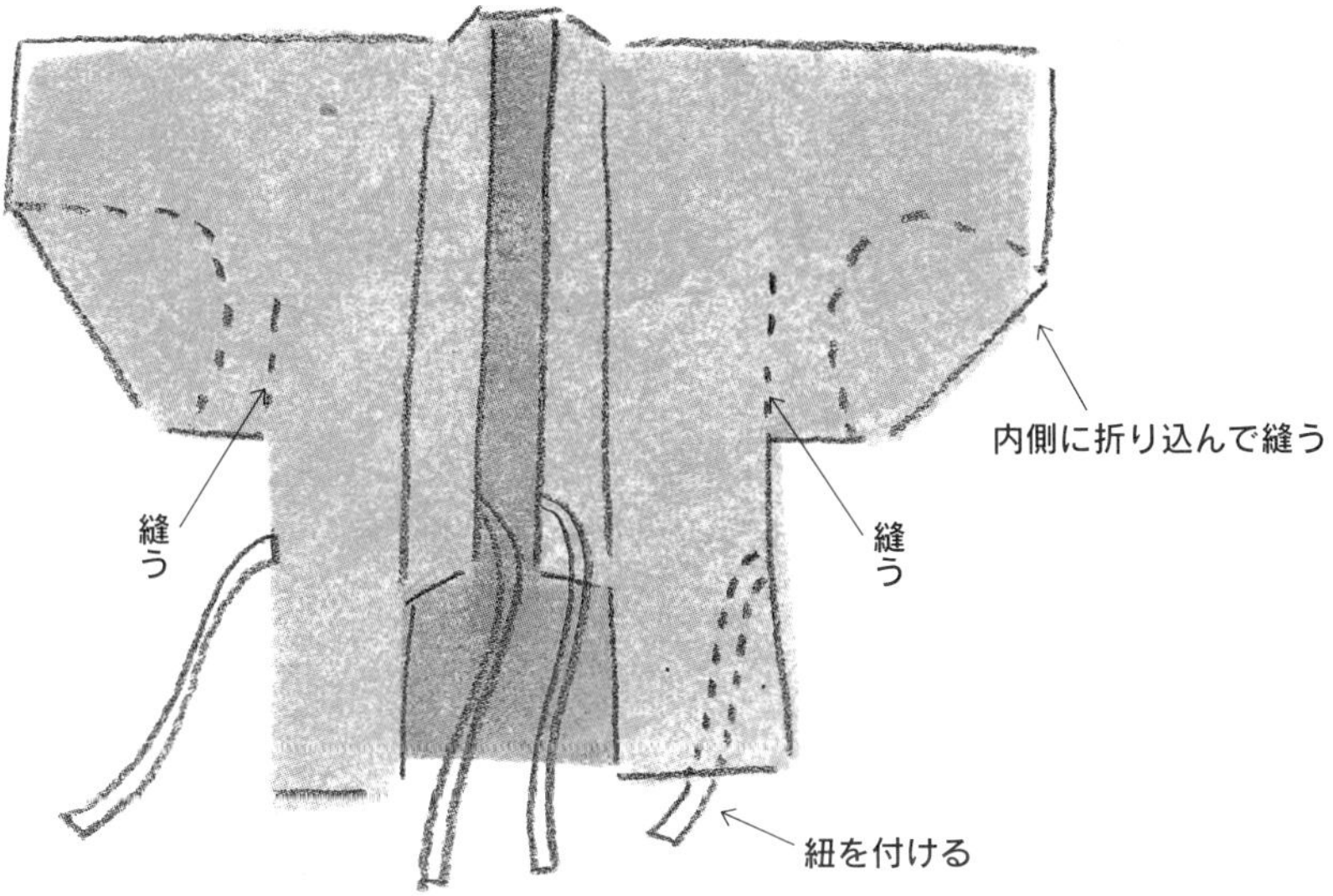
内側に折り込んで縫う
縫う
縫う
紐を付ける

紐の位置は合わせてみて、
ベストポイントを探してね

お買物も
行っちゃう
よごれても
気にしない♪

これが本当に
具合がいいです。

※着物を洗う※

足《た》袋《び》の超簡単な洗い方

さ、どうぞ
お座敷落語会だった！
もー、気になって気になって
そんなときに限って

足袋の裏って、なぜあんなに黒く汚れてしまうのでしょう？　真っ白に洗いたいのに、足跡みたいな黒い汚れは落ちにくくて厄介《やっかい》ですね。

この汚れ、どうやったら落ちるでしょうか。洗濯機に入れる前にタワシでこすったり、履《は》いたままお風呂のタイル面でこすったり。いろいろ試しました。

ふと思いついて足袋をはいたまま人工芝のマットの上でこすってみました。もちろんせっけんをつけて。すると、みごとに足跡シミが落ちたんです！

足袋をすすいで干すとき、その後の作業が楽なように足袋のしわを伸ばします。足袋の底の部分を半分に折って引っ張るとしわが伸びやすいことを発見。

アイロンかけのときも同様に。布目に添って伸ばしてアイロンをかけます。

ただ今いちばん気に入っている、足袋の扱い方です。

いろいろ試したけれど、いちばん汚れが落ちた方法はこれ。

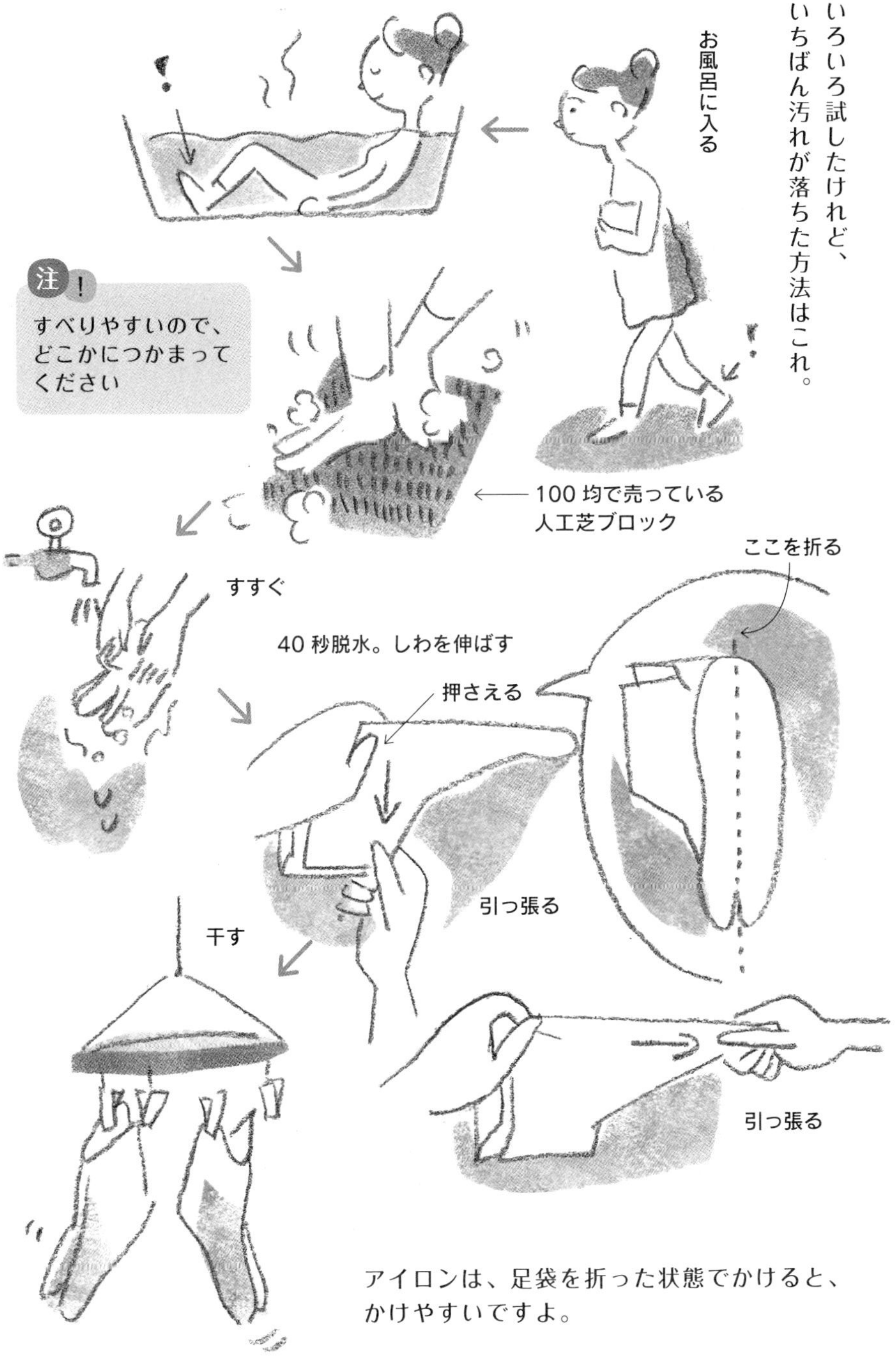

お風呂に入る
注！
すべりやすいので、どこかにつかまってください
100均で売っている人工芝ブロック
すすぐ
40秒脱水。しわを伸ばす
押さえる
引っ張る
ここを折る
干す
引っ張る

アイロンは、足袋を折った状態でかけると、かけやすいですよ。

洗濯機で着物を洗う

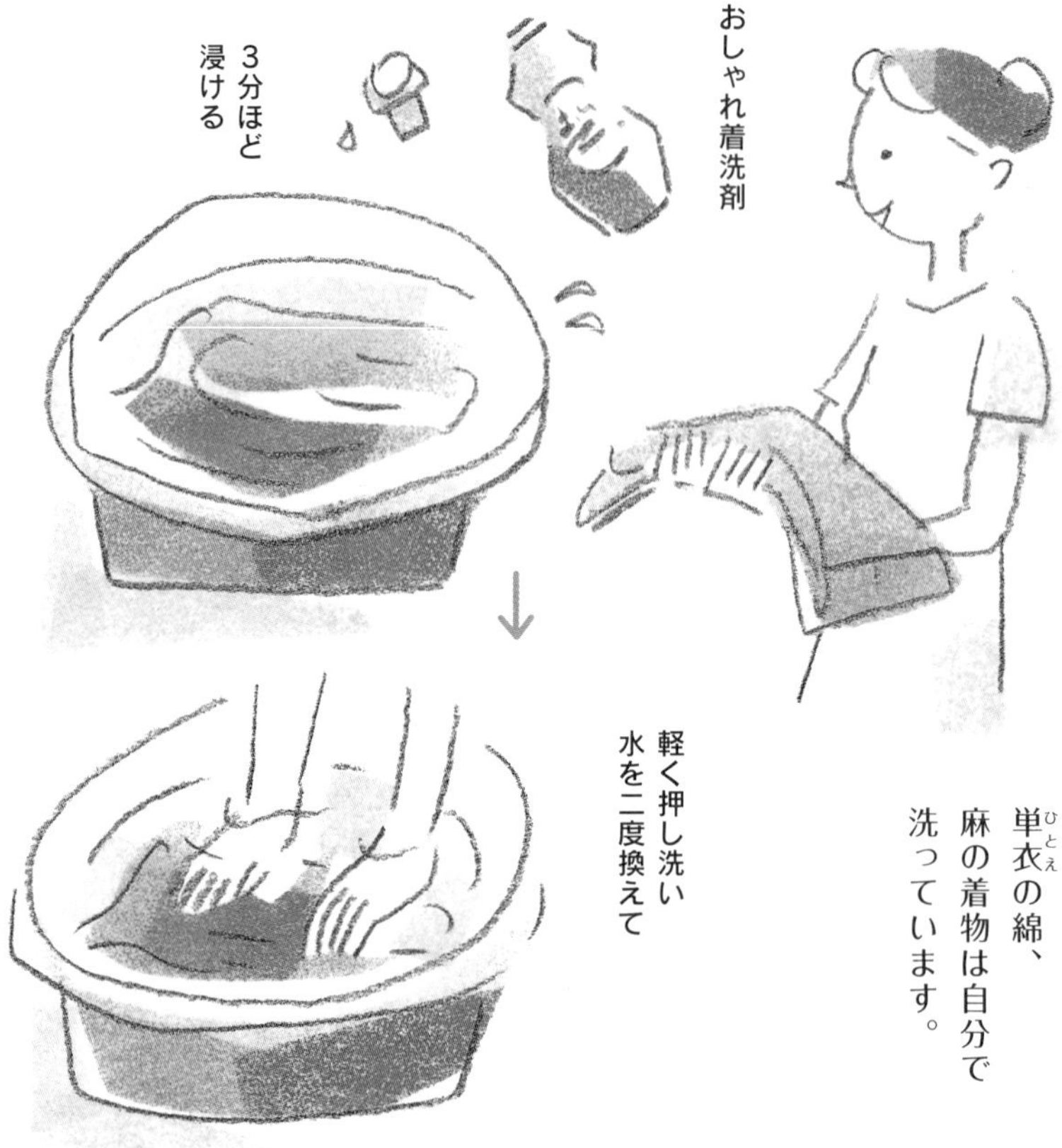
単衣《ひとえ》の綿、
麻の着物は自分で
洗っています。
おしゃれ着洗剤
3分ほど
浸ける
軽く押し洗い
水を二度換えて

汗をかく季節の着物、木綿の浴衣《ゆかた》は着るたびに洗います。洗いたての浴衣はサラッとして、気持ちがいいものです。

麻の着物も同様です。洗面器に水を張って、おしゃれ着洗い洗剤を薄めに入れ、たたんだ着物を浸けて軽く押し洗い。二度水を換えてすすぎ、洗濯機で四〇秒（それ以上はダメ！）脱水。取り出したら、手のひらで二回パンパンとたたきます。

竹竿のような棒に広げて、手アイロンをかけておしまい。

生乾きのときにアイロンをかけてもよいのですが、浴衣やシボのある麻などは洗いたての風合いもいいものです。

洗濯といえば、古い着物を洗うと、ナフタリンのような濃い臭いが強く出てくることがあります。長く箪笥《たんす》にしまわれていた着物に多いのでご注意ください。臭いは、風に当て、何度も「着て洗って」をくり返すうちに徐々に薄れてきます。

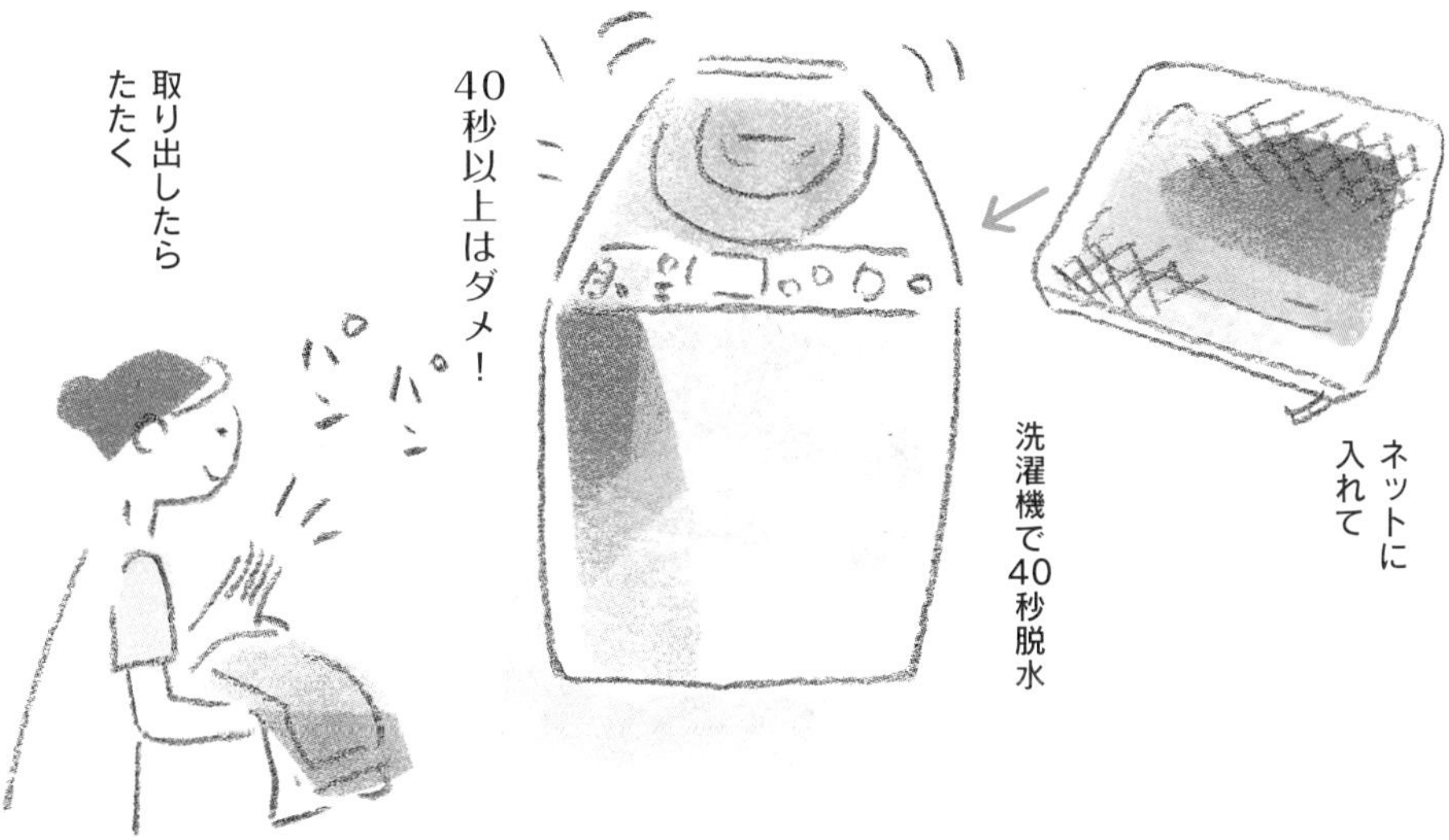
ネットに入れて
洗濯機で40秒脱水
40秒以上はダメ！
取り出したらたたく
パンパン

ばち衿は乾きにくいので注意
長い竿に干します
パンパン
これで次も気持ちよく着られます。
着物によっては、縮む場合もあります。
1cm くらいなら、私は気にしないで
洗ってしまいます

✻着物を洗う✻

着物を洗うタイミングは

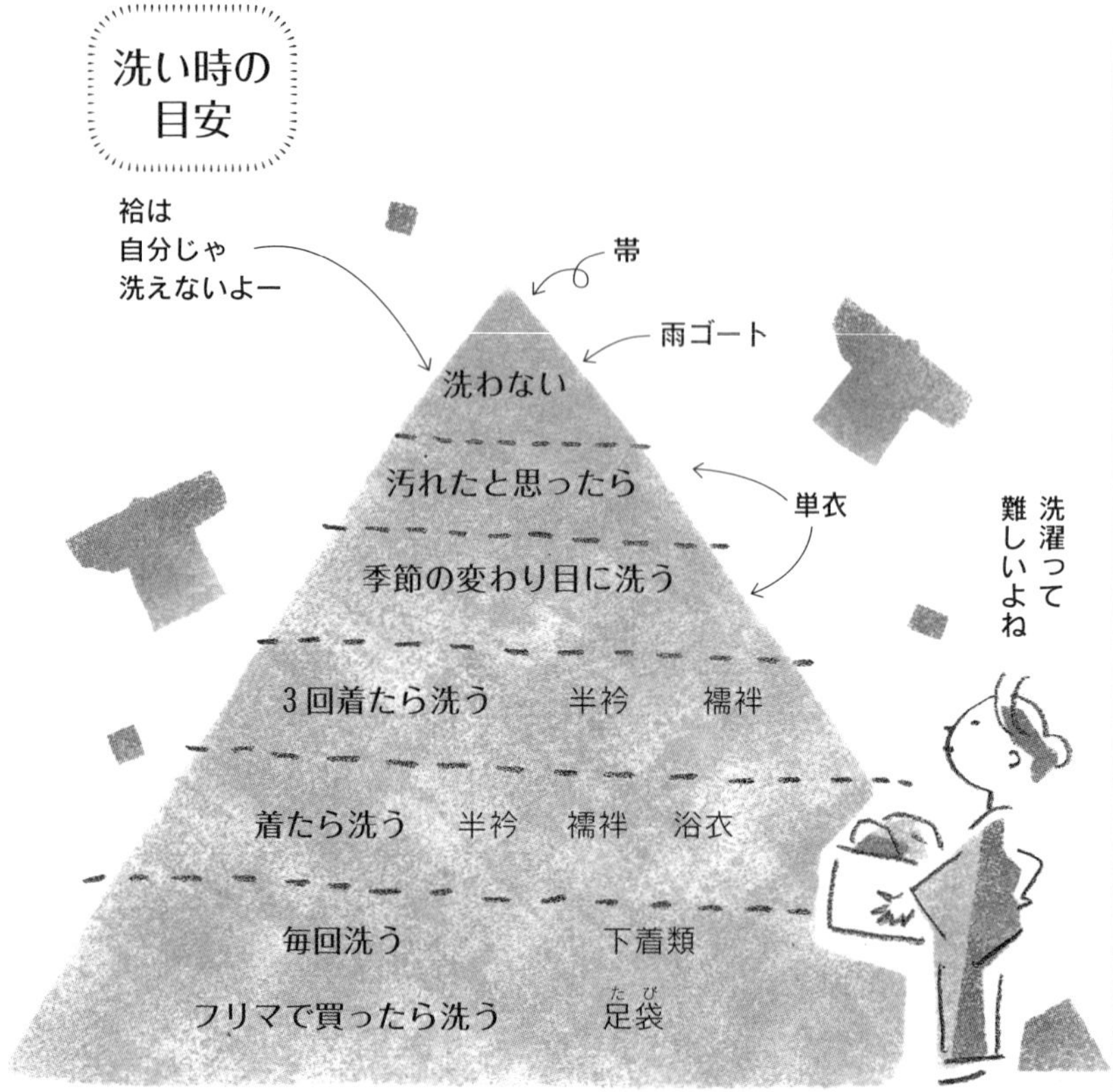
洗い時の目安
袷は自分じゃ洗えないよー
帯
雨ゴート
洗わない
汚れたと思ったら
単衣
季節の変わり目に洗う
3回着たら洗う　半衿　襦袢
着たら洗う　半衿　襦袢　浴衣
毎回洗う　下着類
フリマで買ったら洗う　足袋《たび》
洗濯って難しいよね

洋服は更衣《ころもがえ》ごとにクリーニングし、次のシーズンまでしまっておくのですが、着物（袷《あわせ》）はちょっと違います。

洗うと風合いが変わったり、縮み、裏地と表地のずれ、色移りなどもあるので、注意が必要です。洗ったことによる、思わぬアクシデントは避けたいところです。ですから袷は自分では洗いません。

自分で洗っている単衣《ひとえ》の場合、洗濯のタイミングは着用頻度と比例します。着る回数、汗をかいた回数などで毎日洗うか、月に一度か、シーズンが終わるときかを判断します。

毎日の普段着よりも、箪笥《たんす》に眠っていて、ときどき日の目を見るという着物のほうが要注意。シミ、カビ、虫食い、臭い、焼けなど取り出したときにびっくりすることもあります。防虫剤の臭いも消えませんから着るときは前もって箪笥から取り出し、チェックしてください。

というわけで、自分で手入れできる単衣が多くなります。
出かける直前に引っ張り出すのは危険ですよ。
袷
単衣
ごめんくださーい
よろよろ
しっかいやさん
ああ、でも……こうしてサボっていると、いつかしっぺ返しがきそうでこわい……。

もう一言

洗い張り

古くて傷んだり、陽に焼けて変色してしまった着物は「洗い張り」をすると、よみがえります。

着物は直線でできているので、ほどけばすべて平らな布になります。洗って糊をつけ、一枚ずつ板に張ったり、伸子針という道具を使って布をピンと張り、乾燥させます。そのとき、色を染め直すこともできます。

洗い張りをして仕立て直せば、新品同様。まさにリメイクの技です。

昔は多くの家で洗い張りをしていました。今もネット上には、自宅でがんばって洗い張りをしているというブログもあります。伸子針も購入できそうです。

子どもの頃、自宅に張り板があったことを覚えているという人も。すべり台代わりにして遊び、母親や祖母に怒られたなどという話も聞きました。

※プロに頼む※

着物のお助け所・悉皆屋《しっかいや》さん

この着物
○○したいのですが
大丈夫ですョ
具体的にわかる
色見本や写真などを見ながら
相談できる
染めのサンプル
ビフォー＆アフター

私が行ったのは、東京下神明で営業している「着物ふたば」さん

悉皆屋さんは身近な着物のよろず相談事にのってくれる強い見方です。

でも、お金もかかりそうだし敷居が高い。誰かの紹介じゃないと自分から足を運ぶことなんてないだろうなと思っていましたが、偶然知り合った人がなんと悉皆屋さん。

これはチャンス！　悉皆屋さんは、どんな職業なのか、何ができるのか、そして気になるお値段は？　さまざまに浮かぶ疑問を聞いてみました。

最近の悉皆屋さんは、従来の直す、洗うはもちろん、お客様の多様なニーズに合わせて、日本での仕立てから、リーズナブルなベトナムでの作業まで、コンシエルジュのように応えてくれます。気になるお値段は、悉皆屋さんによってはホームページに目安表を載せています。予算を先に言って相談というのもアリです。ちょっと気楽になりました。

着物のリメイクも

パッチワーク風に
帯に生かす
ぶっちゃけ
この予算で
どこまで
できますか？
なんて聞くのも
いいそうですヨ
柄はそのままで
地色を染める
黒く染めて
紐《ひも》状にして
ショールに
草履《ぞうり》にしたり
鼻緒にしたり
バッグにも。
がま口タイプ
やわらか
サンプル形から
選ぶだけ
かっちり
信玄袋

✼プロに頼む✼

行きつけの下駄屋さんをつくる

着物で暮らしていると下駄は消耗品です。歩けば歩くほどすり減って鼻緒がゆるみます。近所に気軽にすげてくれる下駄屋さんがあれば理想なんですけどね。

履物《はきもの》はネットで買えますが、鼻緒すげなどは、実際に要望を伝えましょう。鼻緒の締め具合、きつさの好み、足の形などは人それぞれです。履き具合を見て、微調整してもらい、歩きやすい一足にしてもらいましょう。

以前、畳表《たたみおもて》の草履《ぞうり》を、デパートに出展していた下駄屋さんから購入しました。毎年同イベントに出店している方です。

履き古しの下駄を持参して底を直したり、鼻緒を新調したり。プロが相談にのってくれるのは心強いものです。近所にいなければ、イベントなどで出店している履物屋さんに会いに行きましょう。一度会っておけば、以降はメールや宅急便を使って相談ができます。

information
お知らせ
出かけます
鼻緒をすげたいもの、
底の減ったものなど
定期的にデパートなどで
展示会をすることが多い
ので、そのときに合わせ
て用意しておきます。
帰ります
ついでに
デパチカのスイーツ
新しい草履も
新しい鼻緒を
すげてもらって
一番のお気に入り
鼻緒２本使いの
疲れない草履
作ってくれたのは
ketoy さん

※着こなしを広げる※

着物のご意見番を持とう

昔だったら
着物がほしいな
なんて言おうものなら
仕立ててあげるよ
買いに行こうかて
身近におせっかいさんがいたものですが。
ついでに私のも
私の着ないのをあげる！
見立ててあげますヨ
おばあちゃん
母
姉
おばさん
わらわら

着物を着たいなと思ったとき、昔だったら親を含めてまわりに一人くらいは詳しい人がいたものです。現代では親も着物を着ないし持っていないし、どこに着物のことを相談に行ったらいいのか……、という若い人もいるでしょう。

着物のハウツウ本はたくさん出版されていますし、着物ショップもデパートもあります。着付け教室、和裁教室、お茶、お稽古ごと。入り口はどこにでもあります。こんな着こなしがしたい！　この映画のシーンにあこがれて、といったイメージが着物の入り口かもしれません。

まずは、こうありたいと思う着物スタイルを持つ人、着物を含めたライフスタイルに共感を持てる人を見つけましょう。だんだん自分の着物スタイルの輪郭もはっきりしてくると思います。着物の指南、ご意見番と呼べる人との出会いも、その中で見つかるかもしれません。

あこがれの
着物スタイルは……。

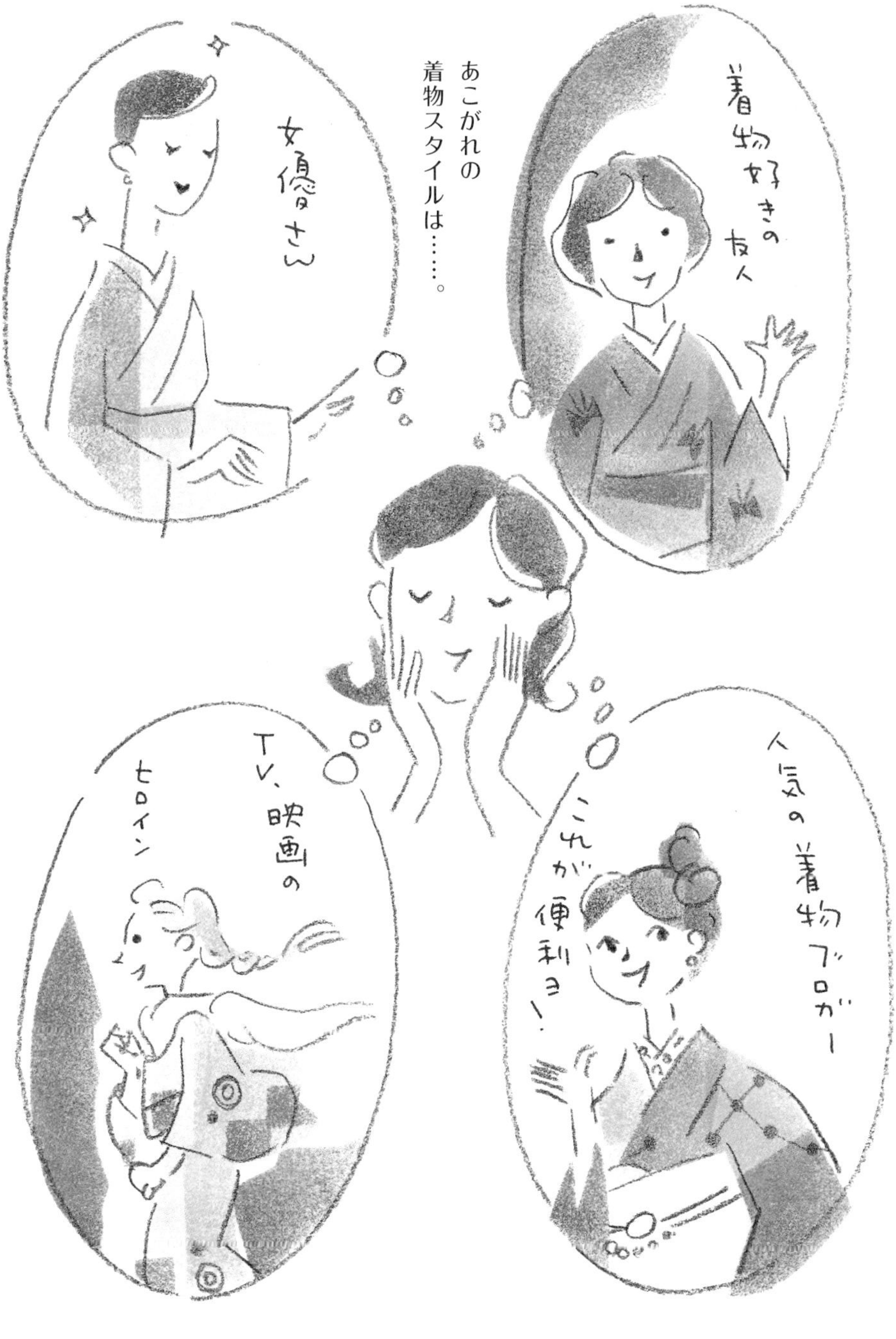
着物好きの友人
女優さん
人気の着物ブロガー
これが便利ヨ！
TV、映画のヒロイン

コラム

着物ノートを作りませんか

ぺたこからの提案

持っている着物は宝物。

一枚一枚に手に入れた経緯やストーリーがあり、アンティークであれば寸法やシミなどのチェック項目があります。

洗濯した回数や、書き残しておきたいことなど、一つにまとめたら便利だなと思い、着物ノートを作りました。

着物フリマに行って気に入ったものに出会ったら、すかさず着物ノートを広げ、同じようなものを持っていないかチェック！　手持ちの着物や帯に合うかどうかチェック！　フリマにいるお店の人や友達にも見せてチェック！　フリマに出品する人も、着物ノートに寸法やデメリット項目を添えて販売すると二重丸です。

あなたも着物ノートを作りませんか。ときどき眺めているだけでも、楽しいものですよ。必要なぶんだけ持ち歩けるように、カード式にしても便利です。

各ページをカードにしてクリアファイルに入れても

右ページには着物の寸法と合う季節、お手入れ内容、左ページには写真や残り布があれば貼っておく。着物の来歴も

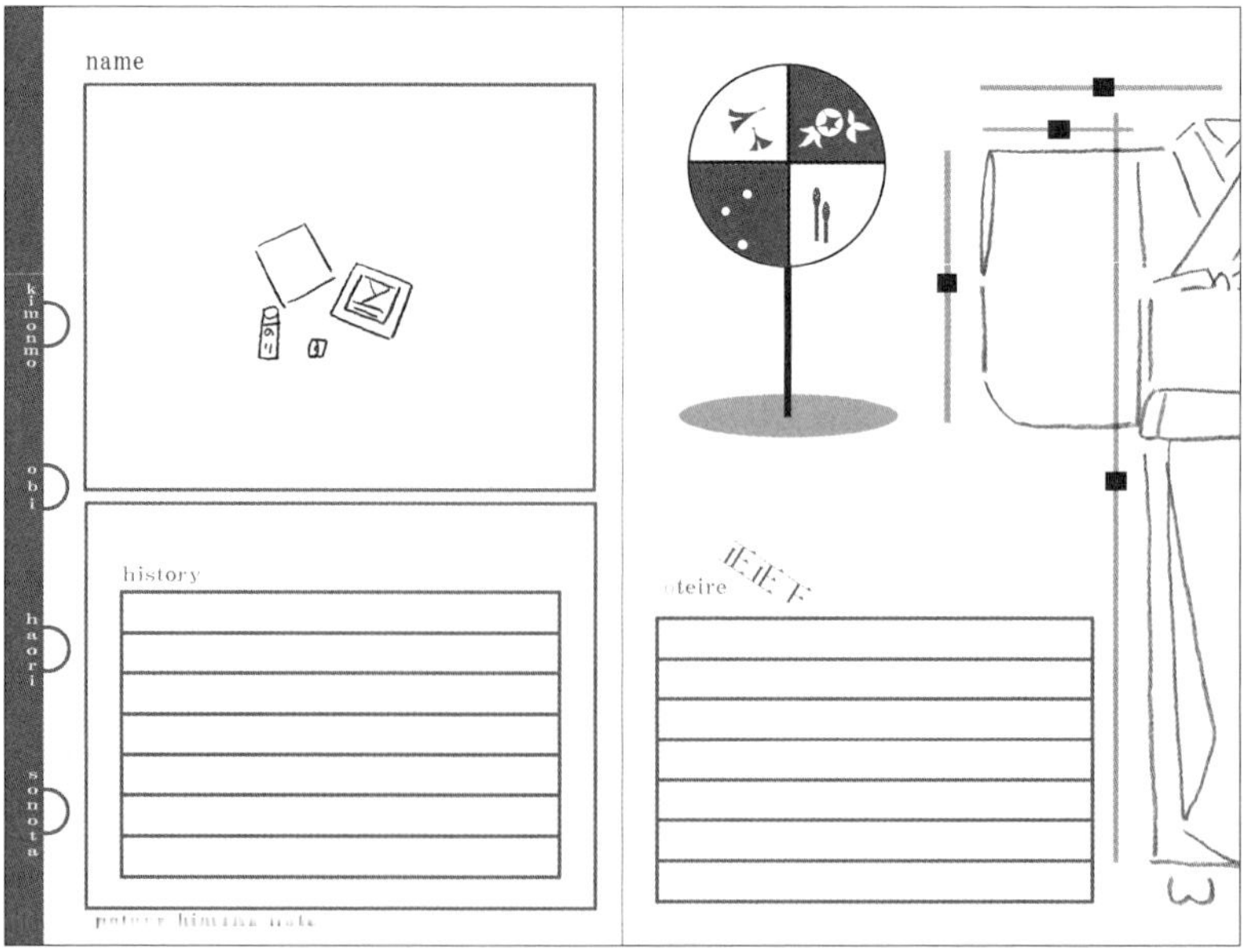

拡大コピーしてご活用ください

第四章

着物でおしゃれ、どこに行く?

着物フリマへ出かけよう

着物を着たくなった、買いたくなったら、あなたはまずどこに行きますか？

答えは着物フリマです。

着物の好みは十人十色。やわらかもの好き正統派、色柄を楽しむ銘仙《めいせん》派、独特のアレンジを加える個性派、夢二《ゆめじ》風大正ロマン派などさまざまです。フリマの売り子さんや着物で来場したお客さんのコーディネイションを見るだけで参考になり、着物のイメージも変わります。

いいなと思う着こなしから、自分に合う着物のヒントが見つかります。疑問は聞き、着物は試着してフリマ仲間を増やしましょう。人気イベントは同じ場所や時期に開催されることが多いので、通っていると出店者ともいつの間にか顔なじみに。着物で行くと着物を試着するのは難しいので、一目瞭然「マイメジャー」と一〇四ページで紹介した「着物ノート」を持って出かけましょう♪

持っていくのはこの二つ！

着物ノートとマイメジャー

着物のサイズ、お手入れのこと、布や写真を貼り、ヒストリーの記入もできる（P104で紹介したノート）

100均で売っている2mのものがgood！

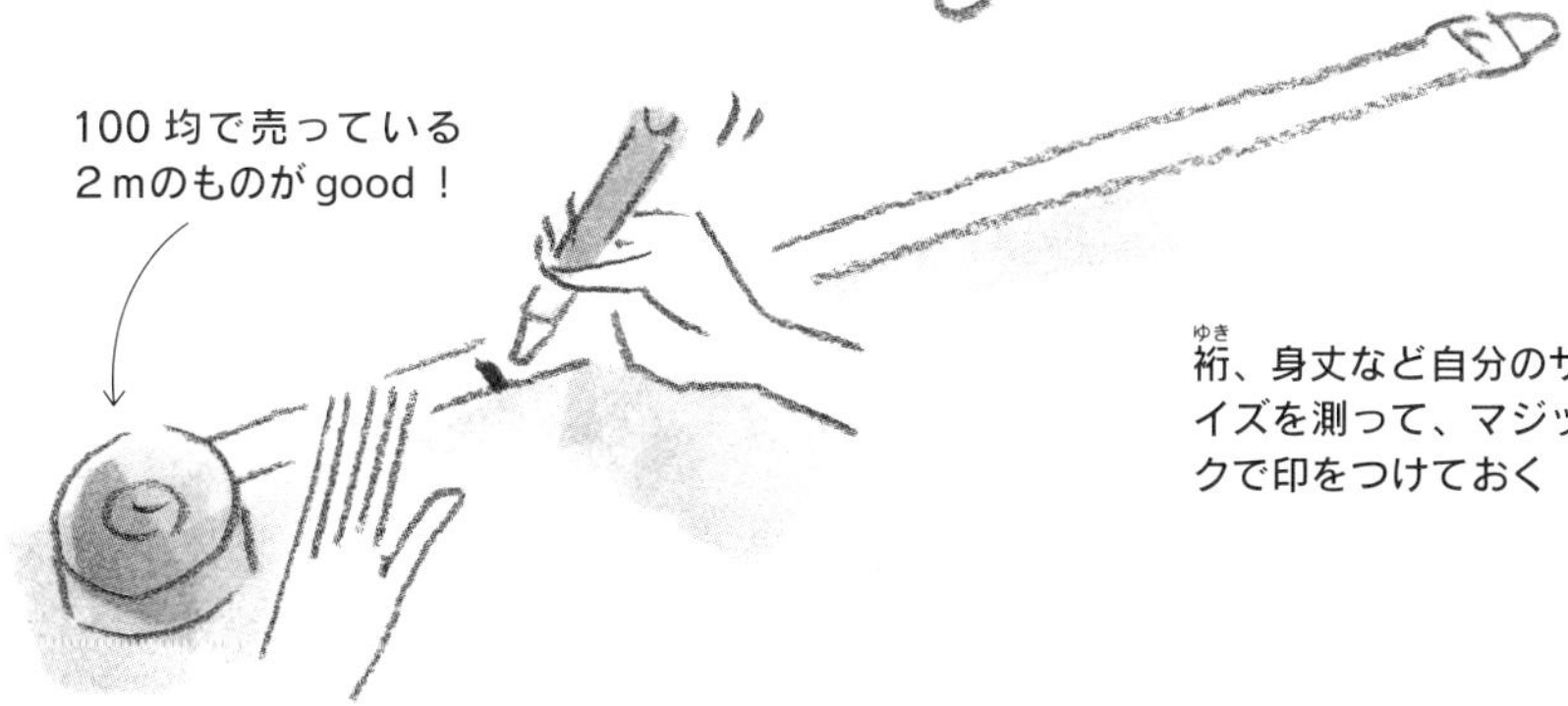

裄《ゆき》、身丈など自分のサイズを測って、マジックで印をつけておく

ほら！
この帯、私の着物にバッチリ！
この着物、袖丈が持ってる羽織にも合う！
用意いいねェ

インディーズの着物ショップ

着物を買うとき、皆さんはどこでお買い物をしますか？　ネットショップという方、多いのではないでしょうか。

自宅でいつでも買い物ができる手軽さは便利ですよね。同時に実際に触ったり試着できない不便さもありますが。

実店舗を持たず、ネットのみで販売しているインディーズ着物ショップというのも人気があります。

このインディーズ着物ショップ、年に何度か合同でイベントを開催しているのですが、これがじわじわと人気。

その名も「インディーズ着物ショップの井戸端・着物マーケット」。

昔の長屋の住人のように、井戸端に集まって、着物のことを話したり情報を交換したり。着物を着て出かけるチャンスです。ネットで見ていいなと思った商品を実際に手にしたり試着したり。仕立ても注文できて、値段も納得価格です。

大集合！

❊ 着物でお出かけ ❊

季節、場所……テーマを持って

次回の集まりは
テーマを
ハロウィンに
しましょうか
オレンジ色
こうもりの帯留め
黒ねこっぽい？
ショール

着物を楽に着られるようになる早道は着る回数を増やすことです。着る回数を増やすには口実を作ることです。

友達と着物で集まるというのはもっとも有効な口実です。集まる場所や着物のテーマなど考えて、着物を着るイベントを企画するのは楽しい！

新しくできたあのレストランに皆で食べに行きましょう、絵の好きな友達と展覧会に出かけようよ、話題の映画を見に行ってそのあと映画に合ったレストランやカフェでお茶しましょうなど、なんでも口実にしてしまいましょう。

着ていく着物はテーマを意識するとより楽しい集まりに。どの部分にこだわるか？　全面に、それとも部分？　見えないところ？　一見それとわからない謎かけで挑んでみる？　なぞなぞのように、お互い腕の見せどころ、ちょっと高度で楽しい着物遊びです。

着物好きが集まると、お互いの着こなしに目がいくもの。ちょっと気配りしたいのが、帯締めの房。バラバラに広がった房はだらしない感じ。紙を巻いてしまっておけば、ピンと揃います

※ 着物でお出かけ ※

野《の》点《だて》セットを持ってお散歩

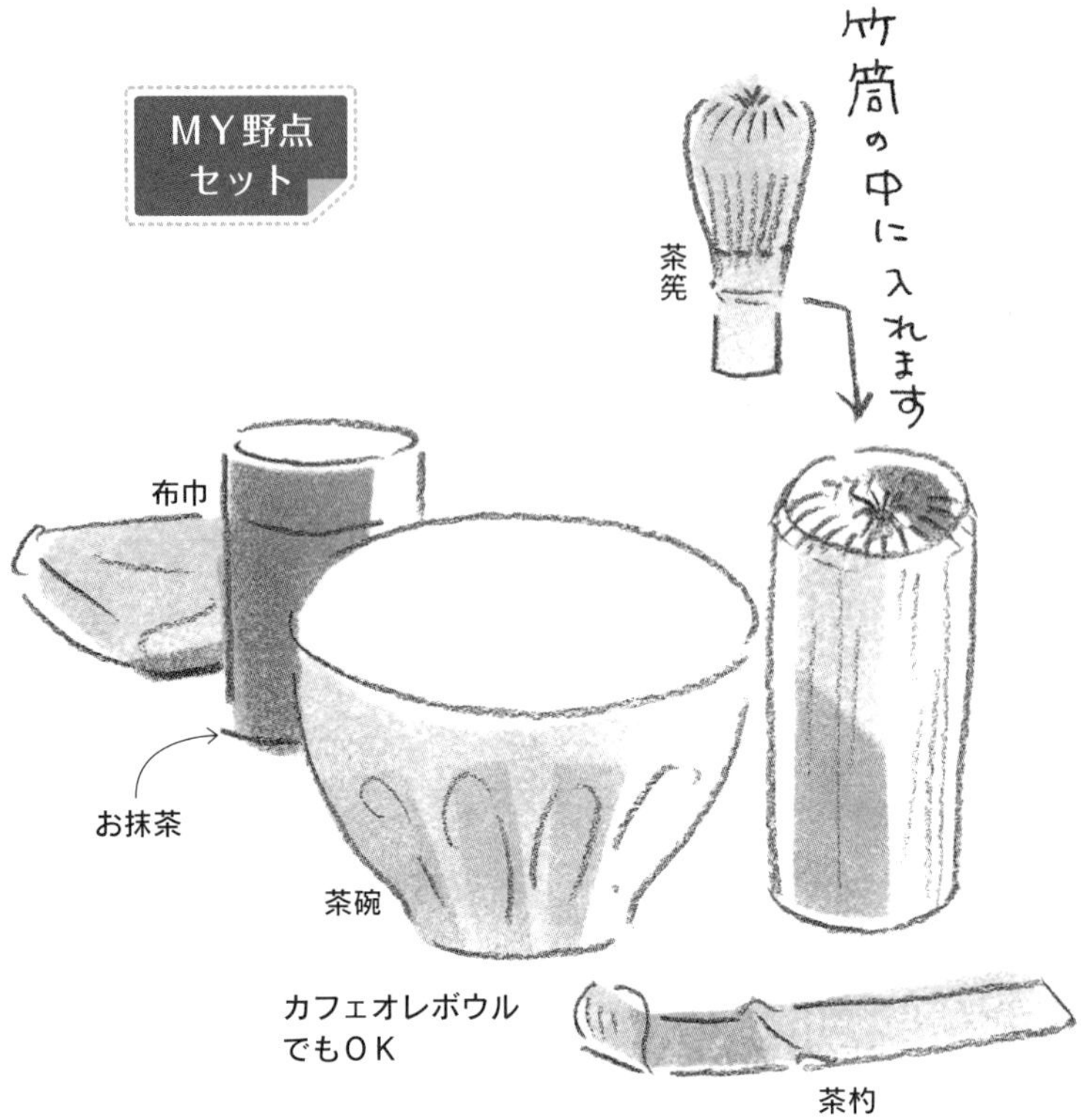
MY野点
セット
竹筒の中に入れます
茶筅
布巾
お抹茶
茶碗
カフェオレボウル
でもOK
茶杓

先日ちょっとよい野点セットを見つけました。茶筅《ちゃせん》と茶杓《ちゃしゃく》に工夫があって、茶杓は短め、茶筅は竹筒にすっぽり収まっています。これなら繊細な茶筅の先をしっかり保護してくれるので、持ち歩いても安心です。

これに茶碗と抹茶、布巾を揃えて適当な袋に入れれば野点セットができます。収納袋は手作りしてもいいですね。袋物は縫うのも簡単で、入っている物の大きさに合ったサイズは使っていて気持ちがいいものです。

お湯を入れたペットボトルとおいしい和菓子を持って出かけましょう。

お散歩の途中でちょっと一服、いい景色を見つけたらちょっと一休みして香りのよいお抹茶を点《た》てていただく。

コラム（三四ページ）で紹介した四季折々のお花見にいかがでしょう？　想像しただけでウキウキしてきませんか？

袋に入れて
まったり〜。
お湯
好きな時に一服しましょ。

❊ 着物でお出かけ ❊

出先で困らないための針と糸

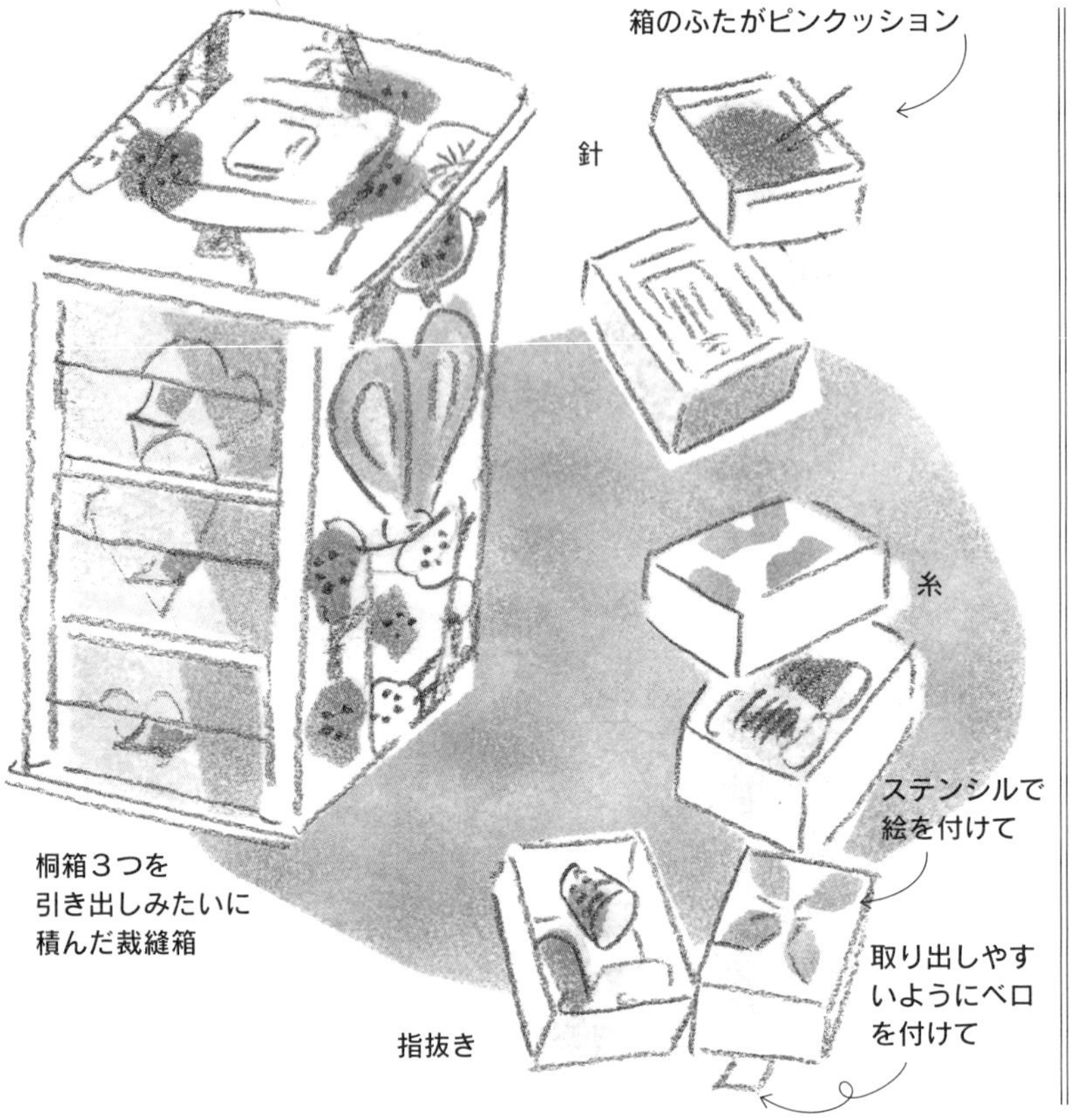
箱のふたがピンクッション
針
糸
ステンシルで絵を付けて
取り出しやすいようにベロを付けて
指抜き
桐箱３つを引き出しみたいに積んだ裁縫箱

忙しい毎日です。着物のほころびを発見しても、裁縫箱が別の部屋にあるからあとにしましょ、とそのまましまってしまったあなた。忘れた頃に大変なことを引き起こしますよ（それは私）。

外出用にと出した着物が例の「ほつれ着物」。けろっと忘れて支度してしまった……。出かけるまでに気がつけばセーフ。出先で気がついたら最悪。そのときはほつれ目がさらに広がっています。

見つけたときに繕いましょう！　裁縫箱を家の中に何ヵ所も置きます。小さな裁縫箱は、針と糸と小さなハサミがワンセット。洗面所、アイロン台のそば、リビングなどに置きます。時間がないときは、「とりあえず縫い」だけでもしておきます。

古い着物は糸がへたっているかも。ほつれた周辺の糸を引っ張り、糸が弱っていないか確認しましょう。

フェルトのポンポンを
重ねて作った
ピンクッション
箱やノートに
はさんでおける
ピンクッション
糸とハリミ
あ！と思ったら
すぐ直したい
のよ。
お弁当箱を
利用した裁縫箱
塗りの楊枝入れ
もミニ裁縫箱に
いいですね。

※便利な小バッグ※

手《て》拭《ぬぐ》い。ときどきバッグ

これに入れて下さい
あら便利

手拭いは使い勝手がいい万能選手。とくに綿布は拭きやすく、使いやすいサイズです。デザインも豊富、値段も手頃となれば、差し上げたり頂戴したり。

いつでも二枚はバッグにあり、ひざに広げたり、ハンカチ代わりに使ったり重宝しています。

外出先での買い物や、ちょっとした頂き物を入れる袋がないときも手拭いは持っていて、これが袋に変身したら便利だなぁとふと思い、さっそく作りました。

持ち手を付けたトートバッグや巾着《きんちゃく》型にしたら、手拭いの役目から離れてしまう。できれば手拭いがときどきカバンに変身する、そんな形にできたらと考えました。作るときに、余り布を出さないこと、きちっとたためることも条件です。

その結果、こんな袋ができました。プレゼントを入れて、このまま差し上げても面白いと思います。

手ぬぐいで作った便利な袋。
持ち手は中に隠れている

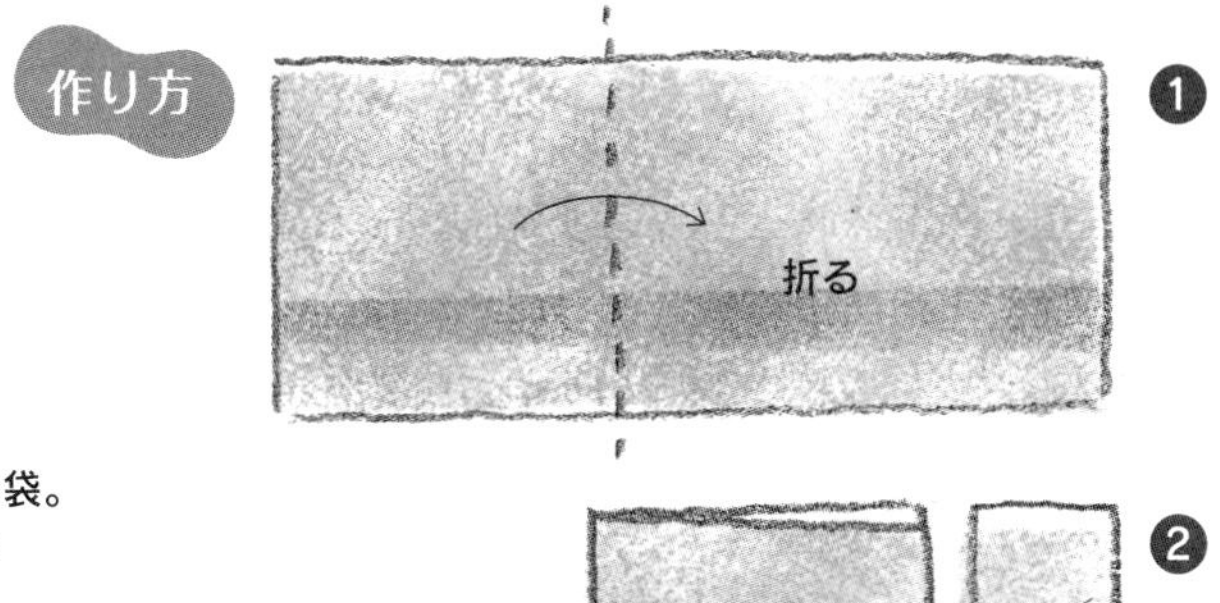

作り方
❶
折る
❷

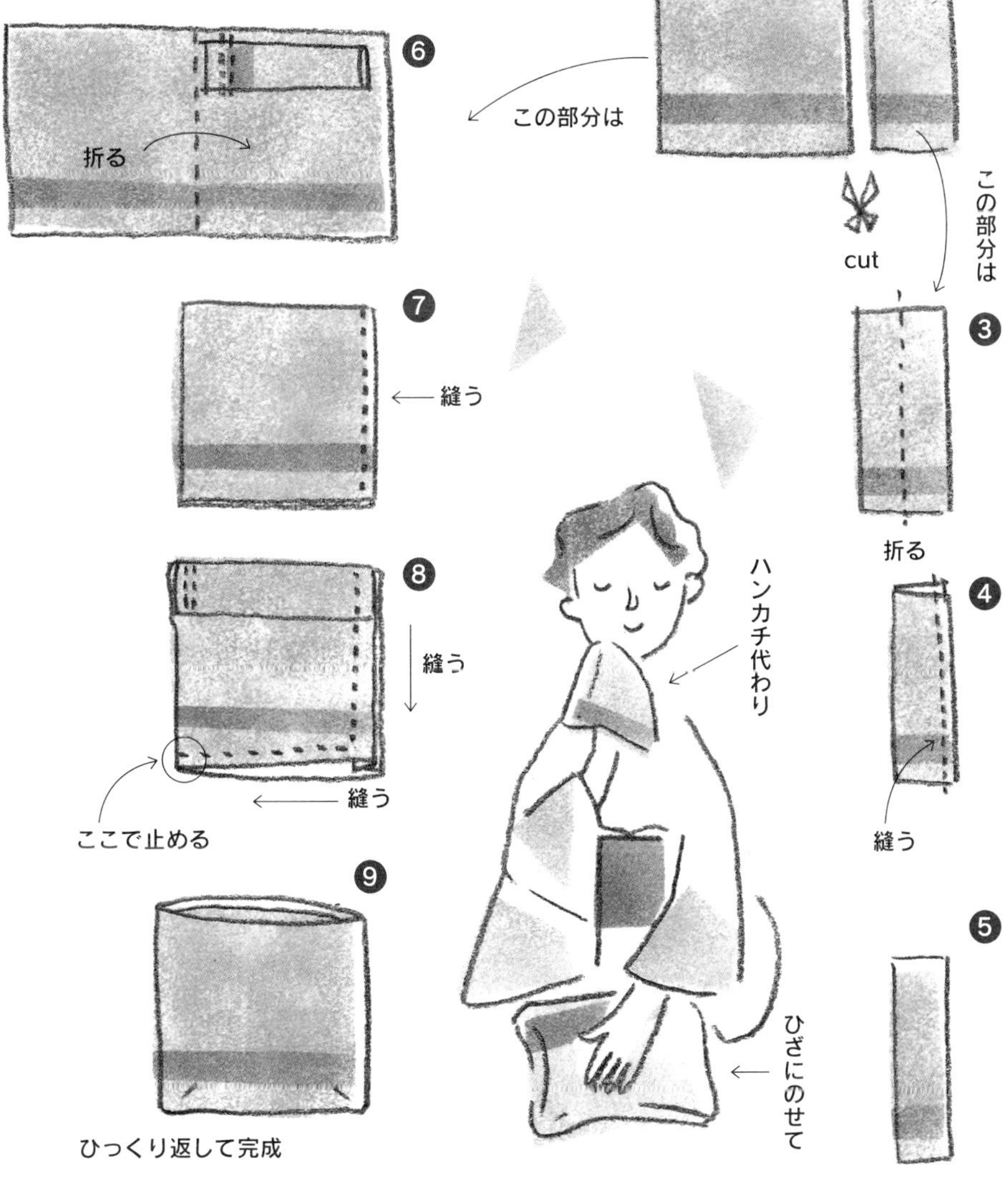

この部分は
この部分は
cut
❸
折る
❹
縫う
❺
❻
折る
❼
縫う
❽
縫う
縫う
ここで止める
❾
ひっくり返して完成
ハンカチ代わり
ひざにのせて

※便利な小バッグ※

引っかけ型の着物ポシェット

ごちゃごちゃ
ポロン
キャー
いくらいろいろはさめると言ってもねー
こんなポシェットを作りました

携帯電話で大失敗をしたことがあります。トイレに行って前屈みになったら、帯がゆるんだのか、帯にはさんでいた携帯がボチャン！ 一瞬のことでした。

いろいろな物をはさめて便利な帯ですが、油断できませんね。ポケットが付いている帯板や、二つ折りして結ぶ帯もあるのですが、それにしてもタイミングや間が悪いときってありますね。携帯に財布に、デジカメに名刺。いくら帯にはさめるといっても限界はあります。

肩に斜めがけの小さなバッグをしていたときもありますが、もっといいものを思いつきました。

昔の車掌さんが持っていたバッグみたいな着物ポシェットです。絶対落としたくない物を入れます（笑）。がま口型は片手でオープンできるのが便利。バイキングでも両手が使えて大助かりだし、盆踊りやイベントでも重宝しますよ。

羽織を着たら
パーフェクト
旅行にも♪

パーティーのときなど
便利です。
名刺、携帯電話、
お財布、デジカメ

引っかける金具とチェーン
付きのがま口は、ネット
（和キッチュ）にて販売

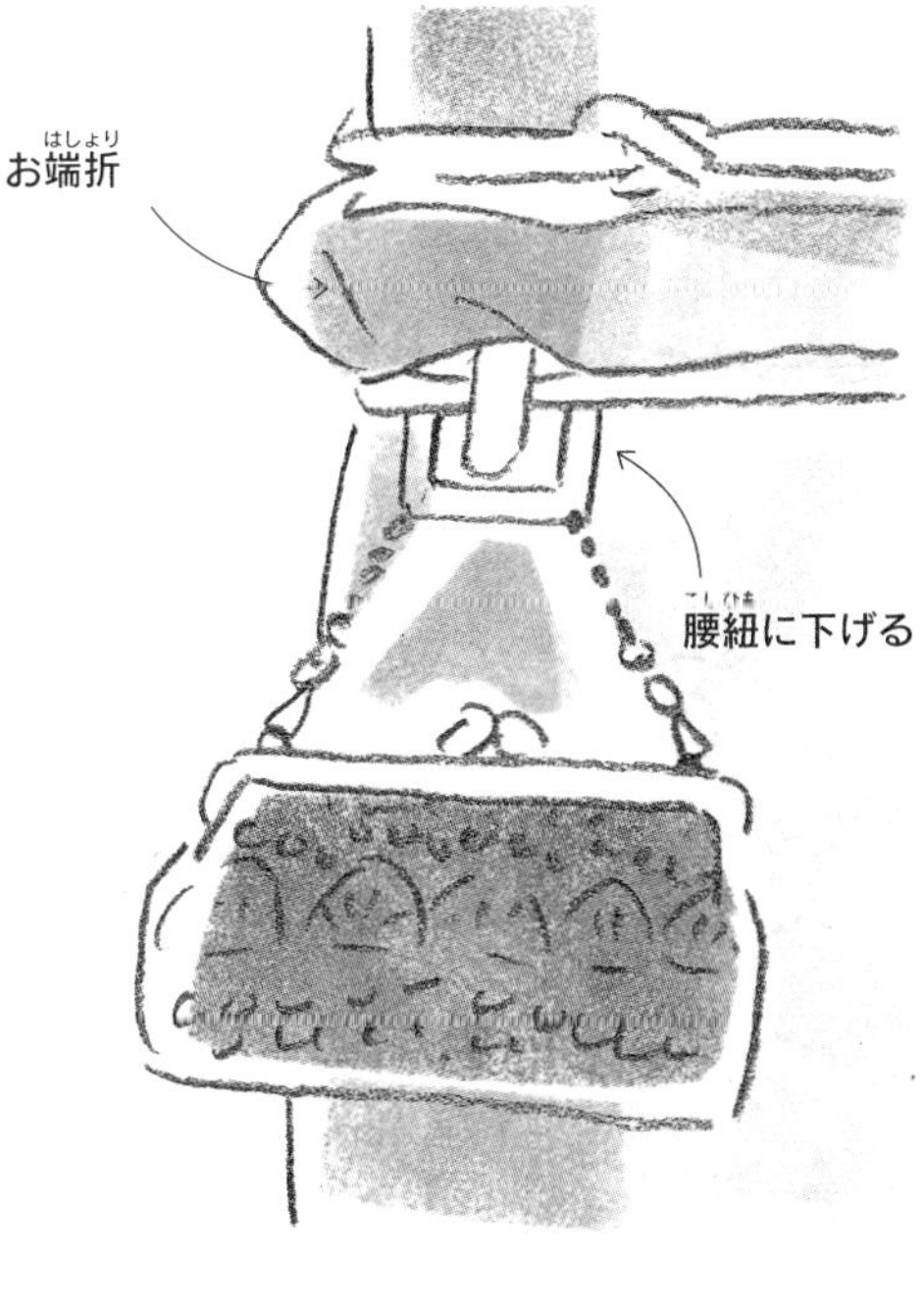
お端折《はしょり》
腰紐《こしひも》に下げる

※ あると便利 ※

薄手ポリの布で作る大判風呂敷

え？
300円？
300円
300円
こんなに大きいけれど、
薄いから
たたむと
小さくなります
カバンに入れておきます

生地屋さんの特売コーナー。ポリのスカート着分が三〇〇円です。安い！と買って帰りましたが、何にしましょう？

大判だけど薄地なので、丸めればスカーフほどです。バッグに入れて持ち歩いてもいいなと風呂敷にしてみました。

冷房の効いた車内や劇場では、肩からすっぽりカバーできるし、両側を結んで大きなバッグ代わりに。

正座が苦手ゆえ、しびれて足を崩すときは上から覆ってしまおう。もし着物の縫い目が破けたときは（そこまで考えるのは行きすぎ！）上から巻いて隠そうっと。外出先で着替えるときには、この上で着付けるのもいいし、屋外のベンチに座るときは、さっと敷こう。

突然の雨にも雨カッパになるかしら。防水スプレーをしておくと安心かな。

いろいろ楽しく想像します。特価のポリが見つかったらお試しください。

こんなふうに使えます

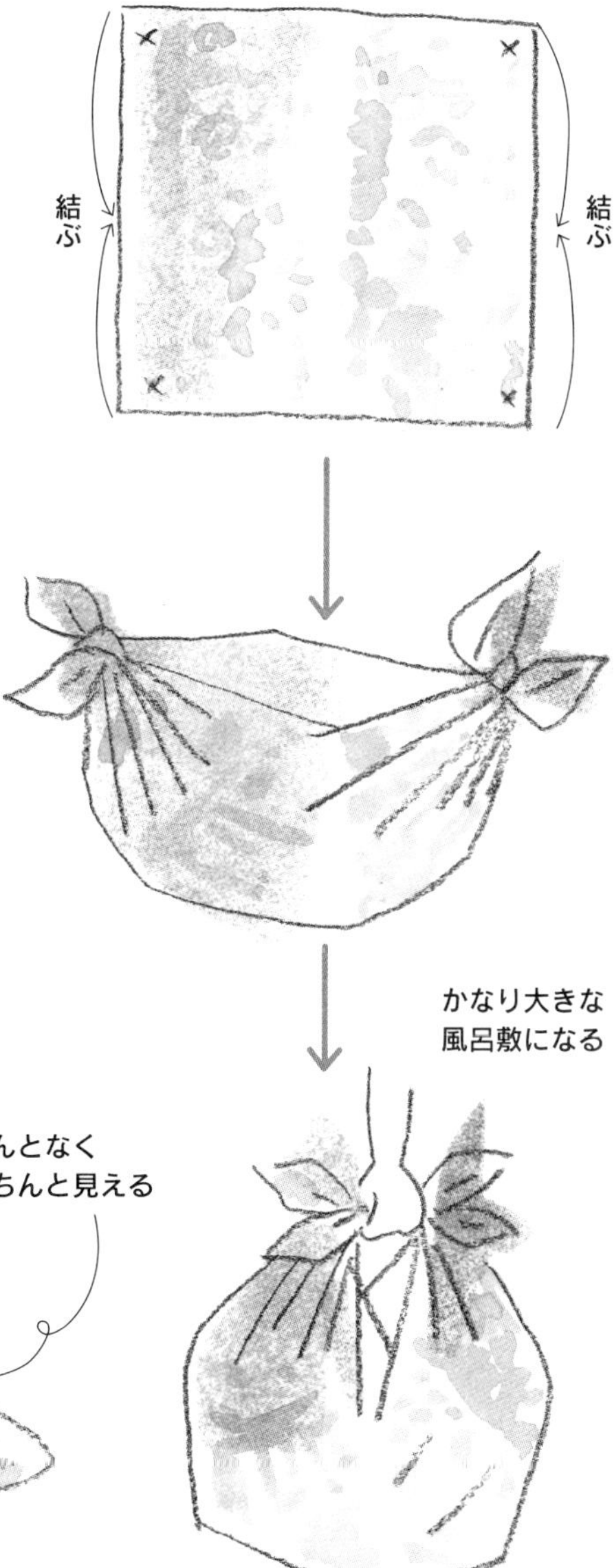

結ぶ
結ぶ
かなり大きな
風呂敷になる

冷房の効いた部屋では、体の冷えを防ぎます。

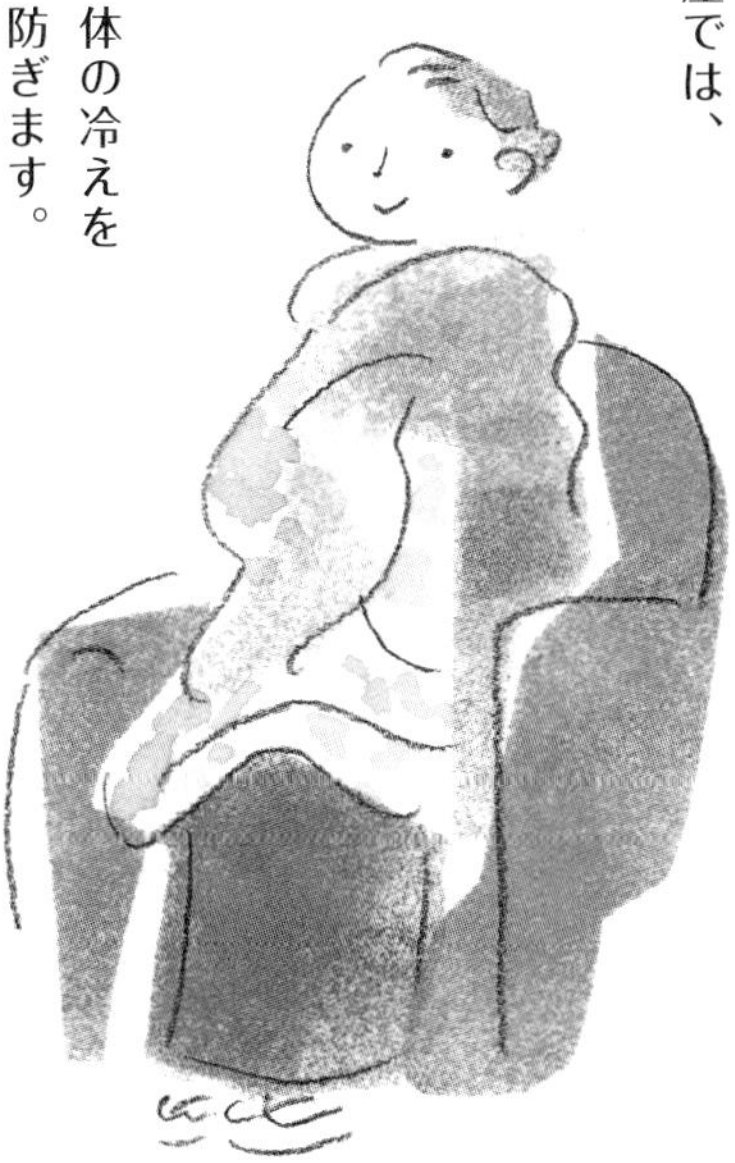

畳の部屋で足を崩してもカモフラージュできます。

なんとなく
きちんと見える

※あると便利※

やっぱり便利なS字フック

じつはS字フック
愛用者
椅子が傷つかないように工夫してあります

おしゃれなカフェやレストランは足下に荷物を置くバスケットを用意しているところが多くなりました。

居酒屋さんや立ち飲みなど、昔と変わらずの場所もまだまだありますので、いつも荷物たくさんの私は、S字フックが手放せません。

一〇〇均の金属のS字フックでは味気ないので、ちょっとおしゃれさせます。真田紐《さなだひも》は中が空洞になっていて、S字を通すのにちょうどいい。S字を通して両側を結んでカット。先を少しほどき、房にして整えます。

綿の細い紐も持っていると便利です。S字がかからないような小さなフックや椅子の背にも、紐を使えば取り付け可能。ショールや羽織などをはさめるのもいい。

紐は、鼻緒が切れたときの応急処置や、たすきにしたり、何かと便利。二メートルの紐を持ち歩いています。

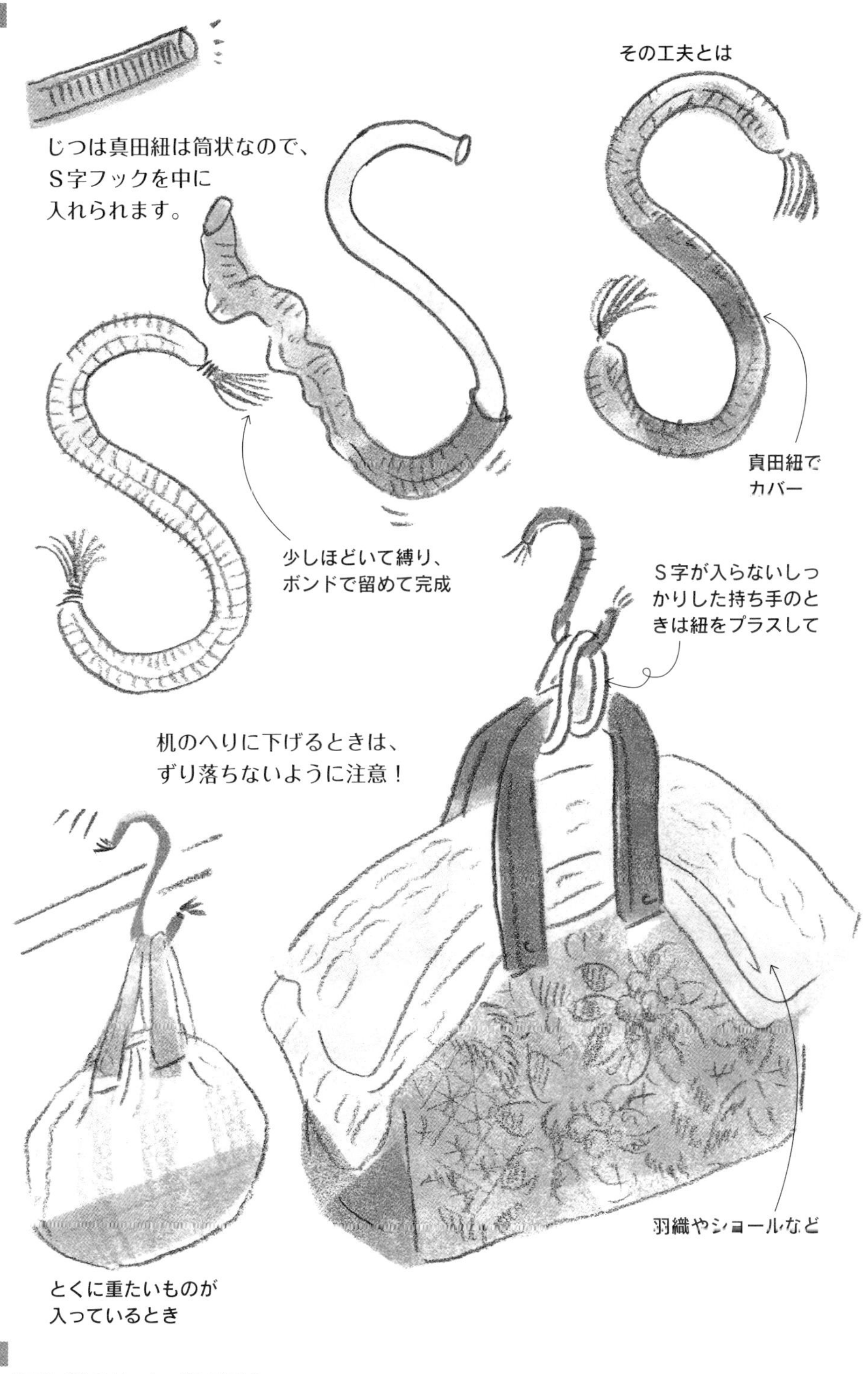
じつは真田紐は筒状なので、
S字フックを中に
入れられます。
その工夫とは
少しほどいて縛り、
ボンドで留めて完成
真田紐で
カバー
S字が入らないしっ
かりした持ち手のと
きは紐をプラスして
机のへりに下げるときは、
ずり落ちないように注意！
羽織やショールなど
とくに重たいものが
入っているとき

※あると便利※

懐紙をもっと活用しましょう

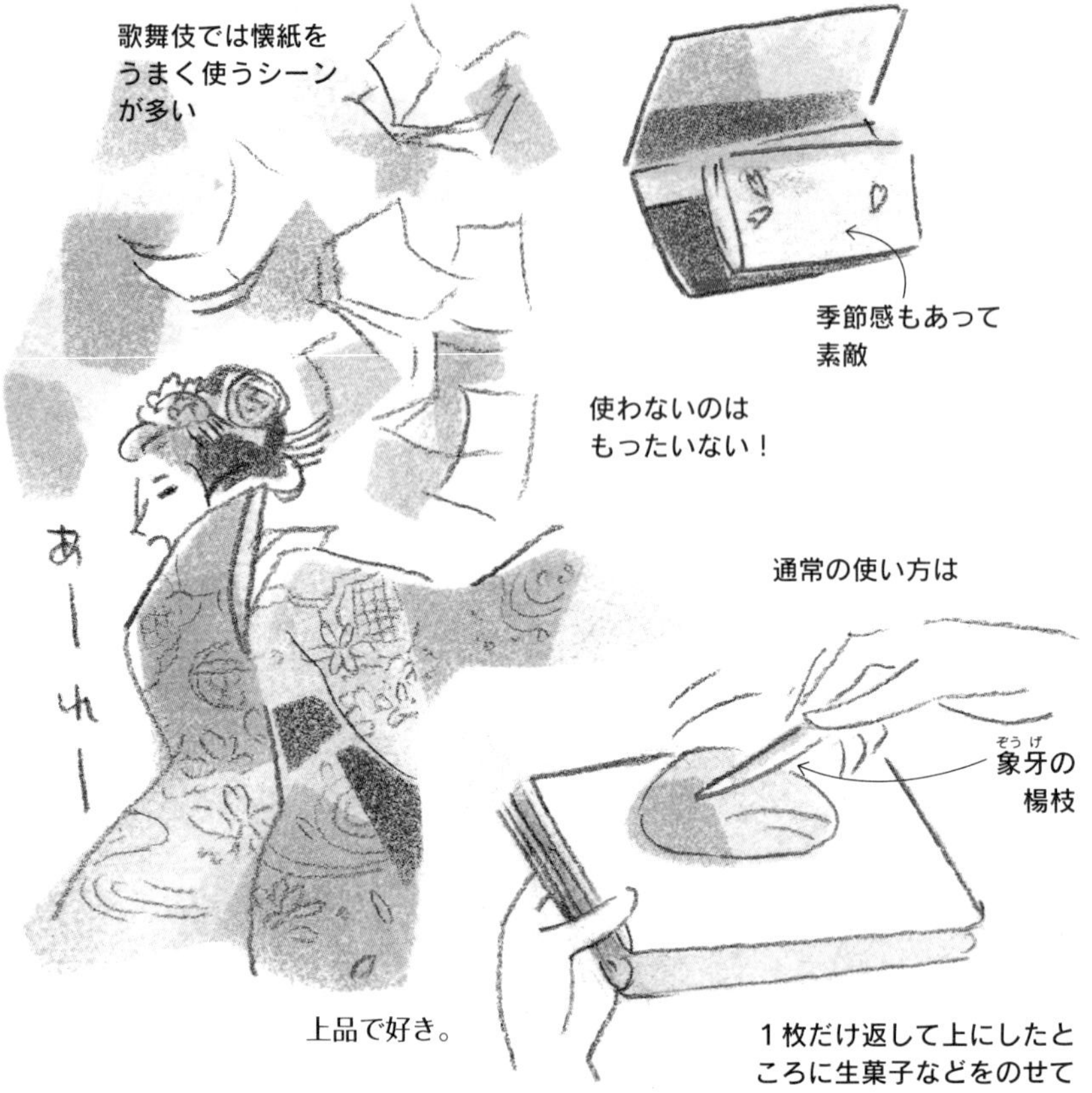
歌舞伎では懐紙をうまく使うシーンが多い
あーれー
上品で好き。
季節感もあって素敵
使わないのはもったいない！
通常の使い方は
象牙《ぞうげ》の楊枝
1枚だけ返して上にしたところに生菓子などをのせて

懐紙は懐に入れて携帯する和紙の束です。「ふところがみ」ともいい、はるか昔からさまざまな用途に使われていました。お茶をたしなまれる方にとっては身近な存在だと思いますが、出会う機会もなくすごす方も多いかもしれませんね。

これが、使わないと惜しいほど、魅力のある小物なんです。

和紙なので吸水性に富んでいますのでハンカチ代わりにもなり、よく揉《も》めばちり紙としても使え、便箋に使ってお品に添えて渡したり、さっと取り出してメモ用紙とする。化粧直しやあぶらとりに、リップを押さえたり。折ってたたんでぽち袋、簡易ゴミ箱、こよりを作る、もちろんお菓子をいただくときのお皿として使うなど、用途はかぎりなく。

持参しているとポイント高し。使うしぐさがあなたを美しく見せ、女っぷりを上げてくれますよ。

便利な使い方

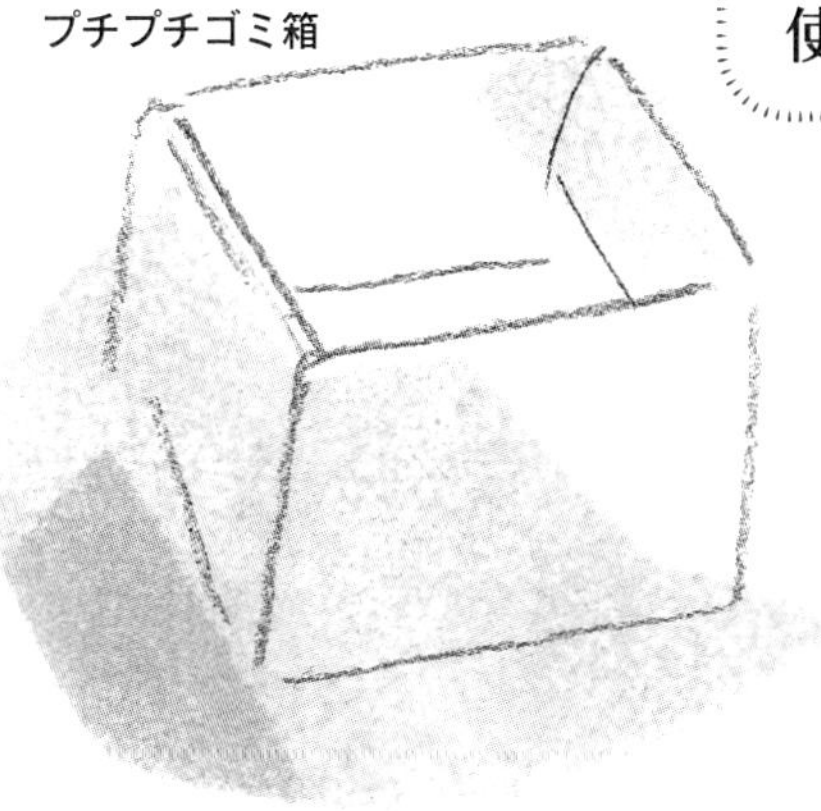
プチプチゴミ箱

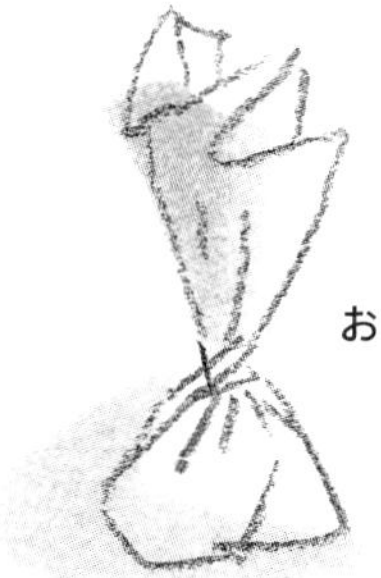
おひねり

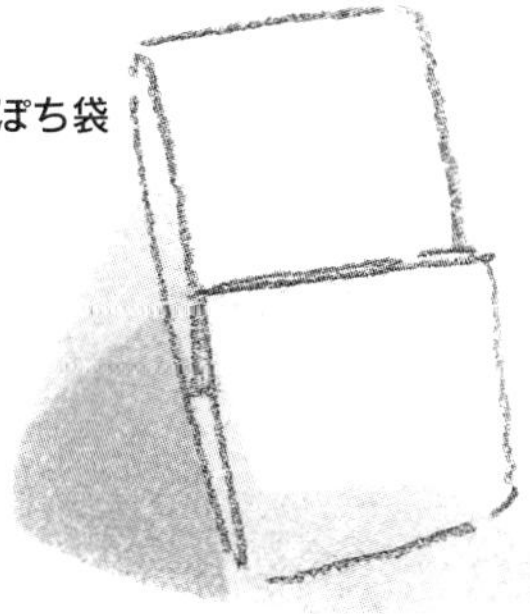
ぽち袋

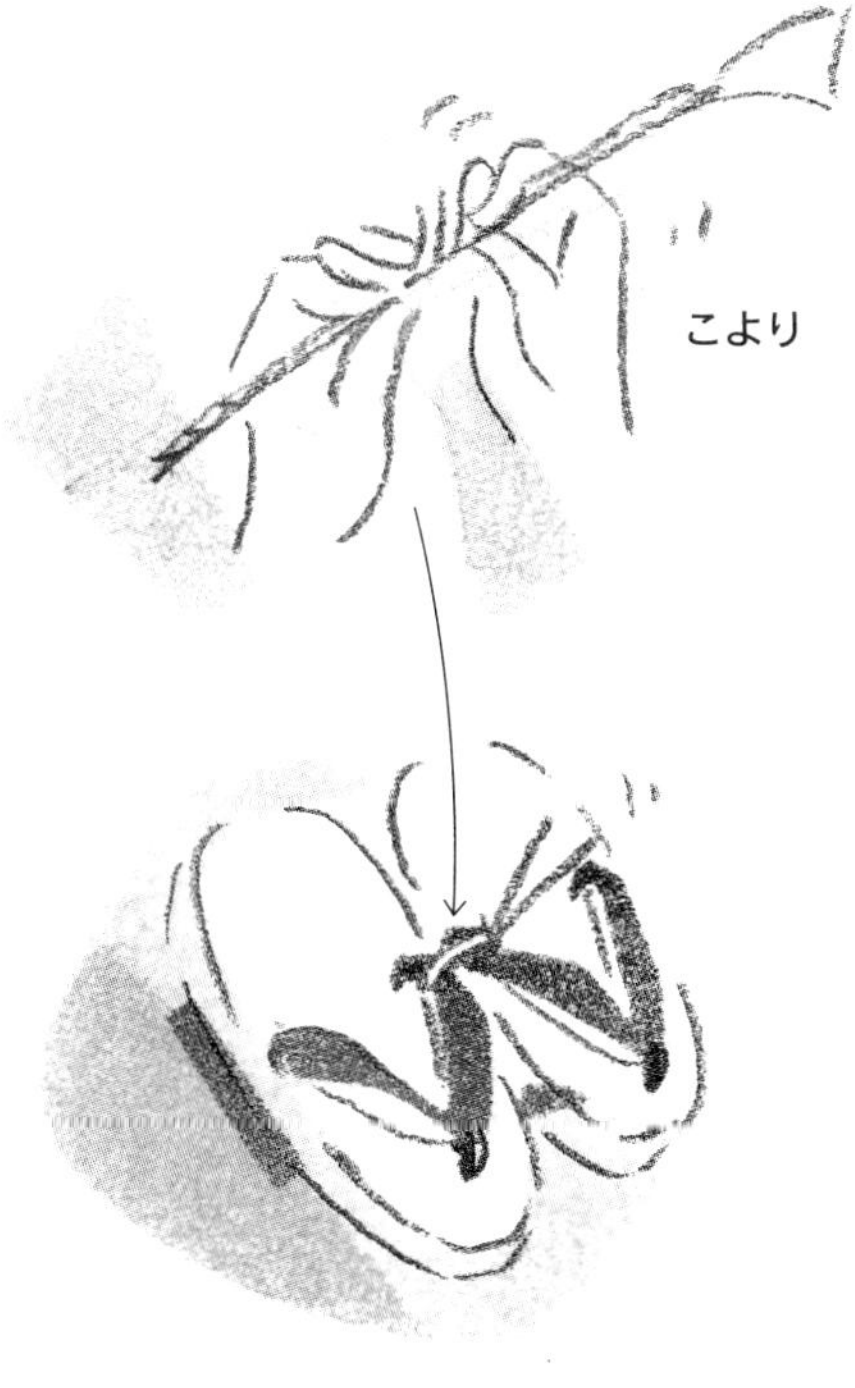
こより

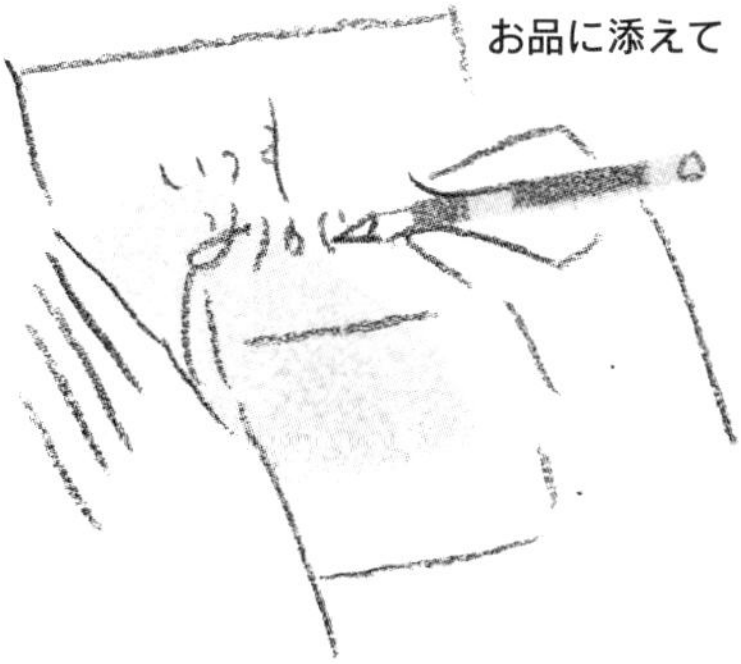
お品に添えて

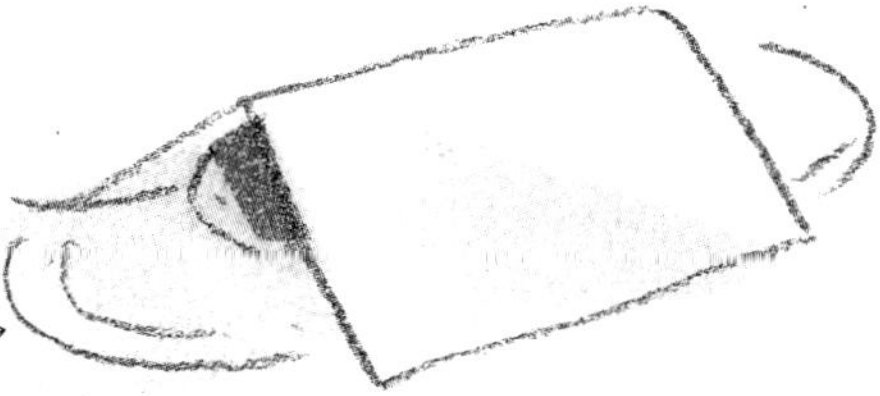
お菓子などに
かぶせておくとか

※ あると便利 ※

いざというときの用意も考える

あの日
3月11日の銀座
よーし
なんとしてでも
家に帰るぞ!
ぞろぞろ
ぞろぞろぞろ
とりあえず、
靴下を買いました

前著『着物と暮らす』で紹介した外出時の七つ道具が、東日本大震災のあと、さらに増えました。

余震があったときは、なるべく外出は控えましたが、限度があります。出先で大地震にあったとき、万が一にでも歩いて帰れるようにと購入したのは地下足袋《じかたび》。家の中で履《は》き心地を確かめると、ゴム底もしっかりしていて歩けそう。安心のアイテム数が増えると心強いです。

一晩夜明かしするには体を覆う布が必要かと大判の風呂敷も準備しました。

今カバンに入っているのは、紐《ひも》、裁縫道具、絆創膏《ばんそうこう》、大判の風呂敷、アーミーナイフ、アルコール手指消毒剤、それに携帯電話、お財布、名刺、デジカメ、スケジュール帳、ハンカチ、鍵、S字フック……。ときどき思い出したように、地下足袋や傘などが加わります。

どうりでカバンが重いわけです。

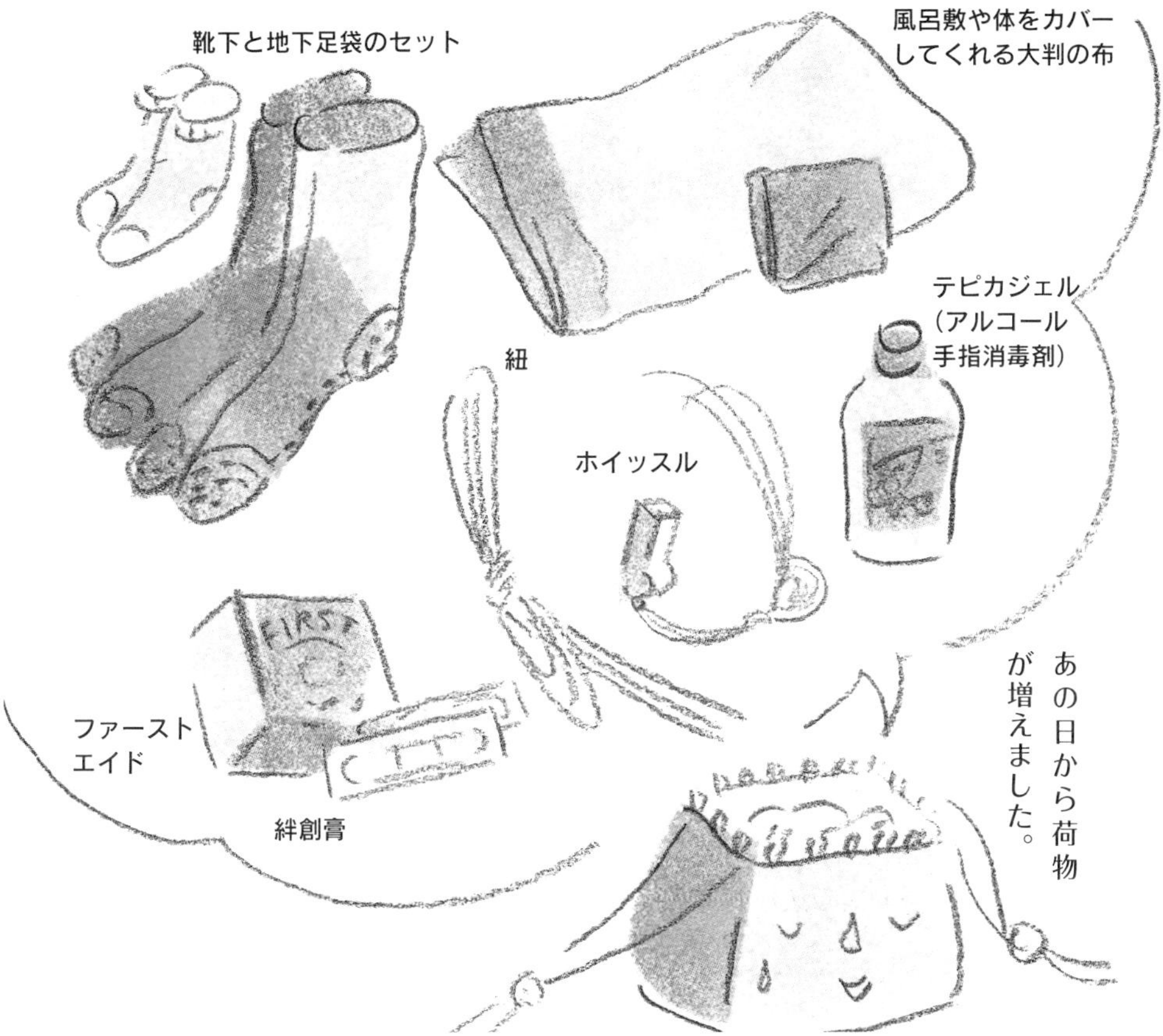
靴下と地下足袋のセット
風呂敷や体をカバー
してくれる大判の布
テピカジェル
（アルコール
手指消毒剤）
紐
ホイッスル
ファースト
エイド
絆創膏
あの日から荷物
が増えました。

もう一言

福島県の子どもの着物

知り合いの方のお話です。震災の少し前、ふと気が向いて都内のデパートで催されていた福島物産展に行き、子どもの着物だった端切れを購入し、きれいなので額に入れて飾っていました。

震災の日、都内にいた彼女が世田谷の自宅に戻れたのは深夜。食器棚、花瓶などなにも倒れておらず、被害なし。ところが寝室にあった着物の額だけが落ち、枠もガラスも壊れていて、びっくりしたそうです。その着物の持ち主だった子（今は大人？）の身代わりになったのかしら。そんなことってあるんですね。

新しい額に入れたのがこれ。可愛い柄は七五三に着せたのかな

※海外旅行へ※

フランスへの旅は荷造りから

2週間
バリエーションを考えないと！
雨の心配。
夏のような陽気で
ちょっとはなやかに。
レセプションあり
イベント参加
飛行機の中
仕事
とにかく歩くだろう。
動きやすいこと
おフランス
おしゃれ
さて、何を持っていく？

ひょんなことから勢いから、二週間の予定で南仏を旅することになりました。

着物で旅行したらどんなだろう？　前からとても興味があることでしたのでワクワク、ドキドキ。

季節は六月、場所は南仏。目的（イベント参加）や私の体調（あまり無理はダメ）、ウィークポイント（足）から、何を入れるか持っていくか。組み合わせで何通りにも着まわしができて、コンパクトに。ぎゅぎゅっとトランクに詰め込んで出発。家を出てから帰国まで着物です。寝るときだけは着物じゃないという普段のスタイルはそのままに。

単衣《ひとえ》と半幅帯を持って行きます。初夏の南仏の風景に合いそうな紅花染めの麻、黒の麻、紺の絣《かすり》など。何度かパーティーがありそうなので準備も怠りなく。

フランスの人たちに、着物はどんなふうに映るのでしょう？

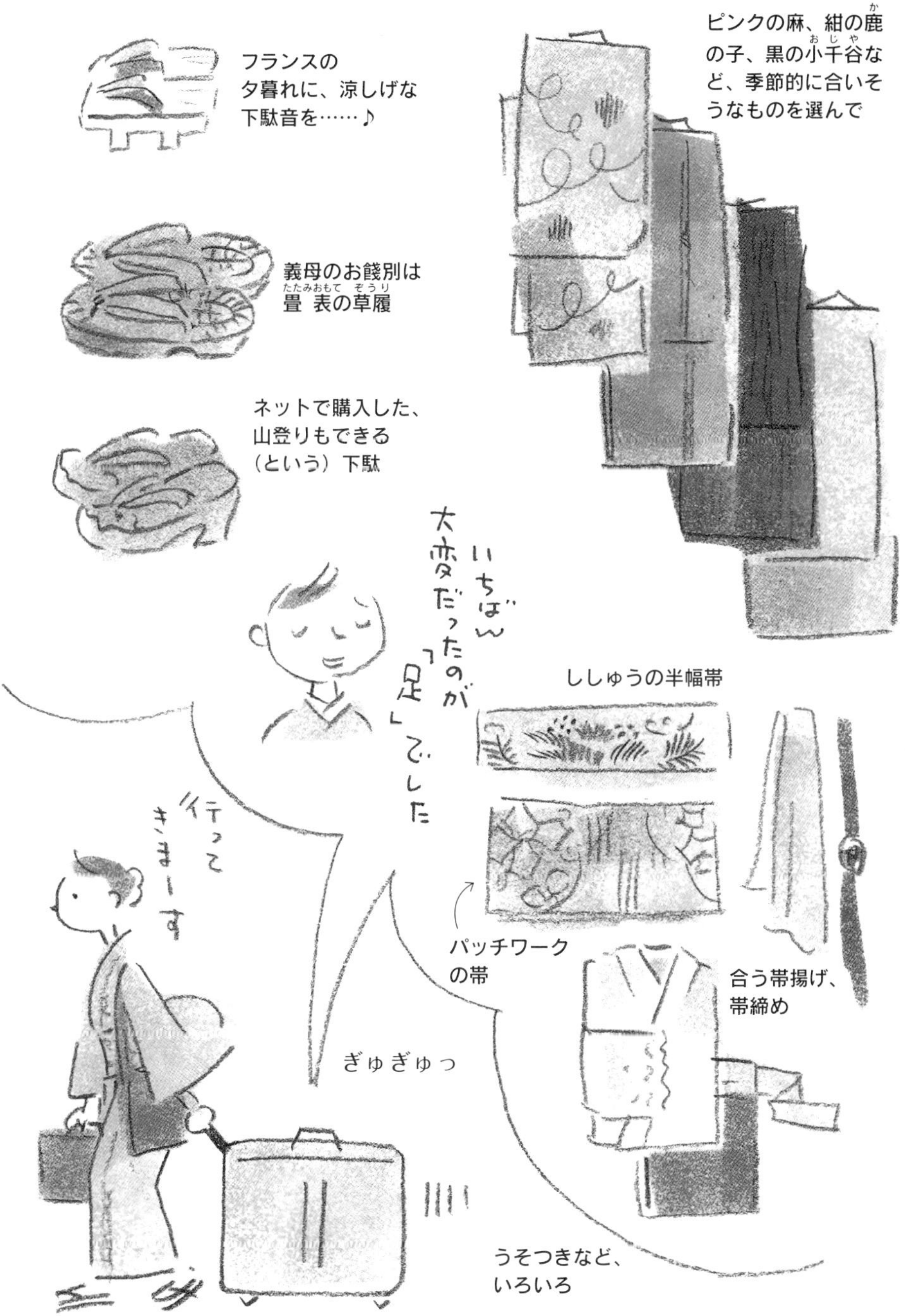

フランスの
夕暮れに、涼しげな
下駄音を……♪
ピンクの麻、紺の鹿《か》
の子、黒の小千谷《おじや》な
ど、季節的に合いそ
うなものを選んで
義母のお餞別は
畳 表《たたみおもて》の草履《ぞうり》
ネットで購入した、
山登りもできる
（という）下駄
いちばん大変だったのが「足」でした
ししゅうの半幅帯
パッチワーク
の帯
合う帯揚げ、
帯締め
行ってきまーす
ぎゅぎゅっ
うそつきなど、
いろいろ

✲海外旅行へ✲

飛行機に乗る前の一苦労

テロの警戒から、国際便は搭乗時のチェックが厳しいと聞いていました。

ニューヨークでは靴を脱がされ靴裏まで調べていたと友人が言い、下駄も裏を見るのかしらと考えながら金属探知器を通過すると、案の定鳴りました。

どこが鳴ったかというと、髪留めと足《た》袋《び》のこはぜです。コーリンベルトはプラスチック。金属だったら着物まで脱ぐところでした。

フランス国内への乗り換えはさらに厳しくなり、男性は全員ベルトを外すように指示されます。私の帯を指さし「ベルト?」と問われ、あわてて「違う!」と言うと、帯板を外して台に乗せ、赤外線のチェックとなりました。

機内では着物のおかげで待遇がよくていい気分。長時間座りっぱなしだったのに、機を降りるときも紺紬は疲れを見せず、しっかりしゃんとしていました。

ニホン！
キモノ！
キレイデス
けっきょく
頭についてた
クリップも
取ったよー。

持ち込みチェックのところで、
二度髪を結い直すこととなりました

着物でも着崩れ
なかったヨ
マダーム♡
帯を前に
回していた

※海外旅行へ※

困ったこと。石畳に負けた

南仏の古い街並みは美しい。起伏と変化に富んだ石畳、ドライな空気、カラッと晴れた青い空。ウインドウを見て歩くだけで楽しい……はずでした。

くせものは石畳、私の足弱。

ちょっとした遠出さえ足が痛くなるので、今回は用心して履物《はきもの》は多いかなと思いましたが四足持参しました。

しかし惨敗。石畳を歩くたびに脳天に衝撃が！　高低差のある不安定な石畳を歩くたびに右に左に足がすべって、足の裏が靴ずれになり、悲鳴を上げて薬局に駆け込むことになりました。足の裏には生涯でいちばん大きな水ぶくれです。

足の悩みは旅行中ずっとついて回り、毎晩絆創膏《ばんそうこう》で手当てしました。

次の旅行は万全の対策を。草履《ぞうり》や下駄にこだわらず着物に合うスニーカーも探してみよう。東京の道は、歩きやすくて最高！　再認識することになりました。

日本の道はやわらかく
て平らで、本当に歩き
やすいですヨ

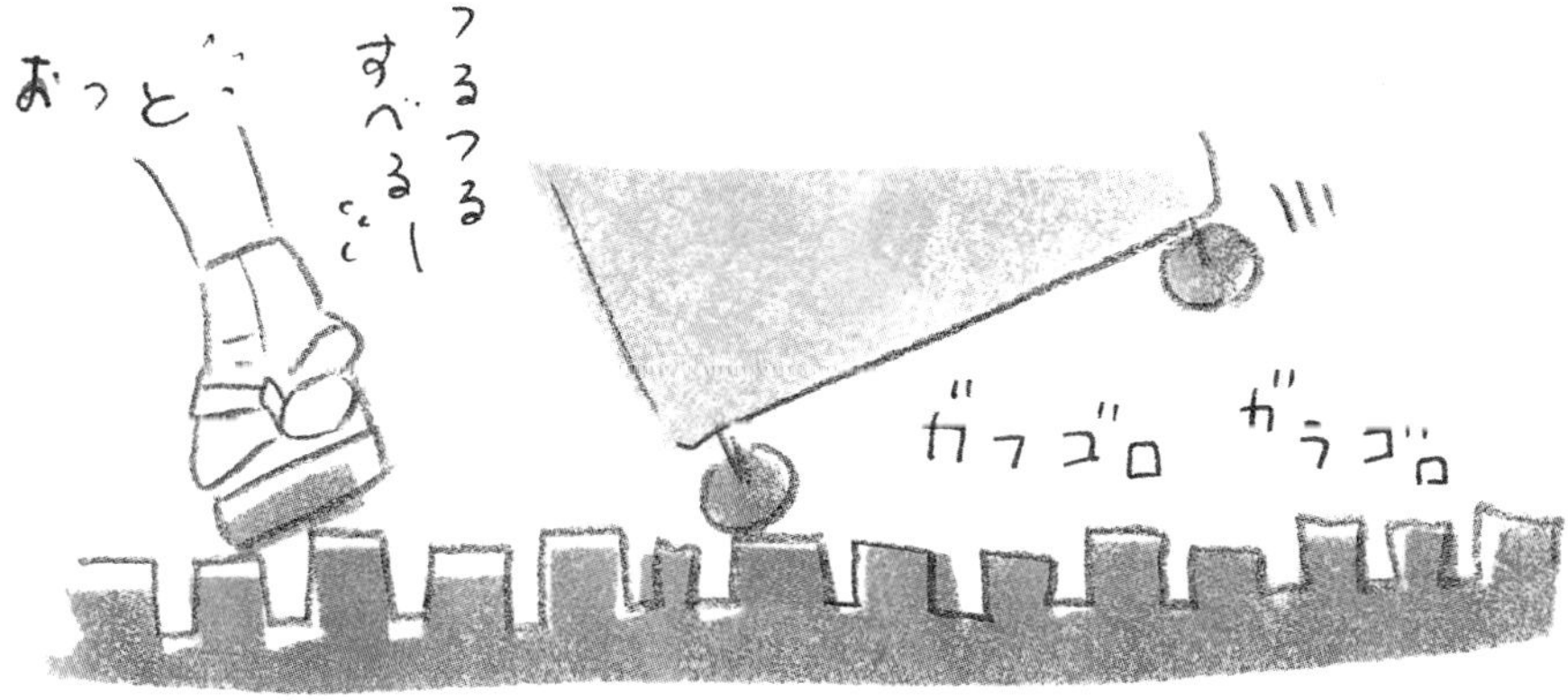
おっと
つるつる
すべる
ガラゴロ　ガラゴロ

ふんばろうとして
足首に力が入り、
かなり疲れた

信頼の畳 表《たたみおもて》の下駄。
なんと石畳の段差で
足が横にすべる

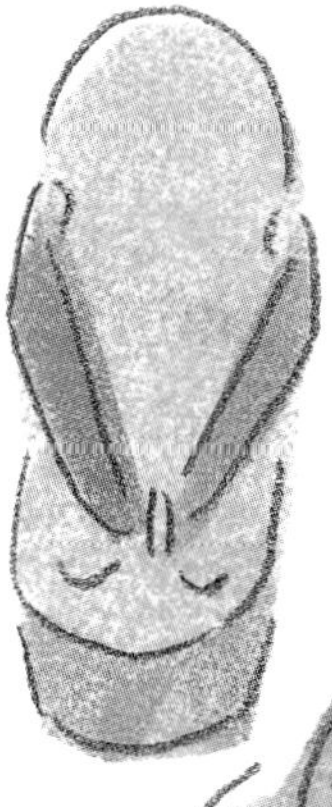

「山も登れる」という
キャッチで買った下駄
もだめだった

石畳を一歩歩く
ごとにツキー！
と脳天に衝撃が

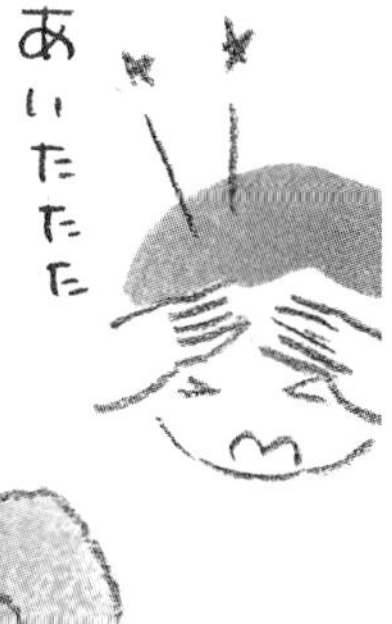
あいたたた

※海外旅行へ※

持っていったもの総括・反省

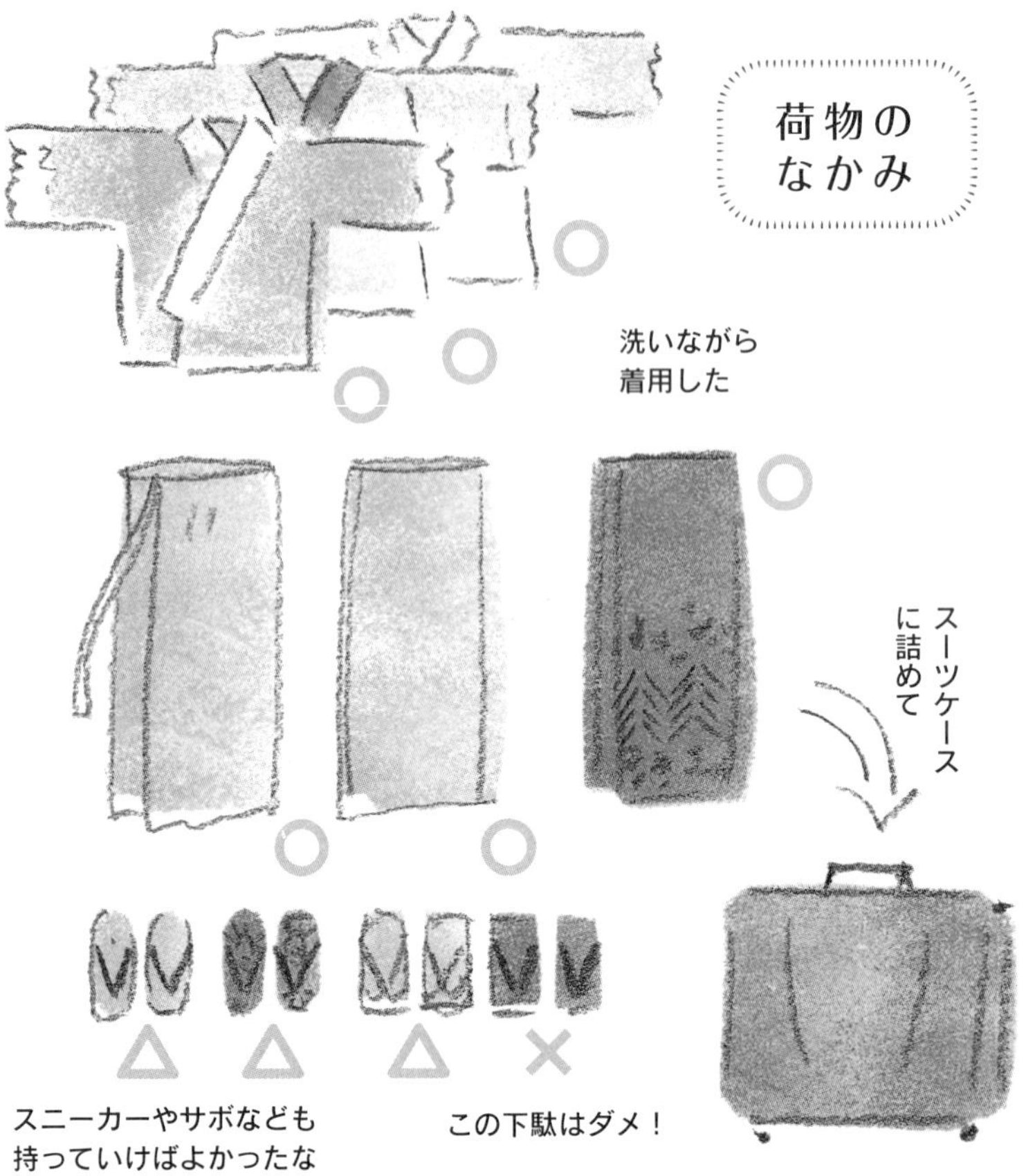
荷物のなかみ
洗いながら着用した
スーツケースに詰めて
スニーカーやサボなども持っていけばよかったな
この下駄はダメ！

二週間のフランス旅行で持っていったのは麻の着物二枚、木綿の着物一枚、紬一枚、半幅帯二本、夏帯二本　帯締め三本、帯揚げ二本、下駄二足、草履《ぞうり》二足、足袋《たび》三足、うそつき襦袢《じゅばん》三組（下着、Tシャツなどを除く）。移動とパーティーなどちょっとあらたまった席に出席する可能性もあったので、余分かなと思いながらも荷造りしました。

結果一度も着なかった着物一枚（図にはない）、夏帯二本。履物《はきもの》に関してはもう少し履きやすいものを研究しなくては。

六月のさわやかな季節だったのでこの程度でしたが、真冬の旅行にはコート、タートルネック、アームカバー、手袋、レッグウォーマー、雨ゴートなどが必要。

着物は袷《あわせ》ではなく単衣《ひとえ》を持っていき、二枚重ねで着まわすとよいと思います。そのときには、スタイリッシュで歩きやすいスニーカーもしくはブーツだ！

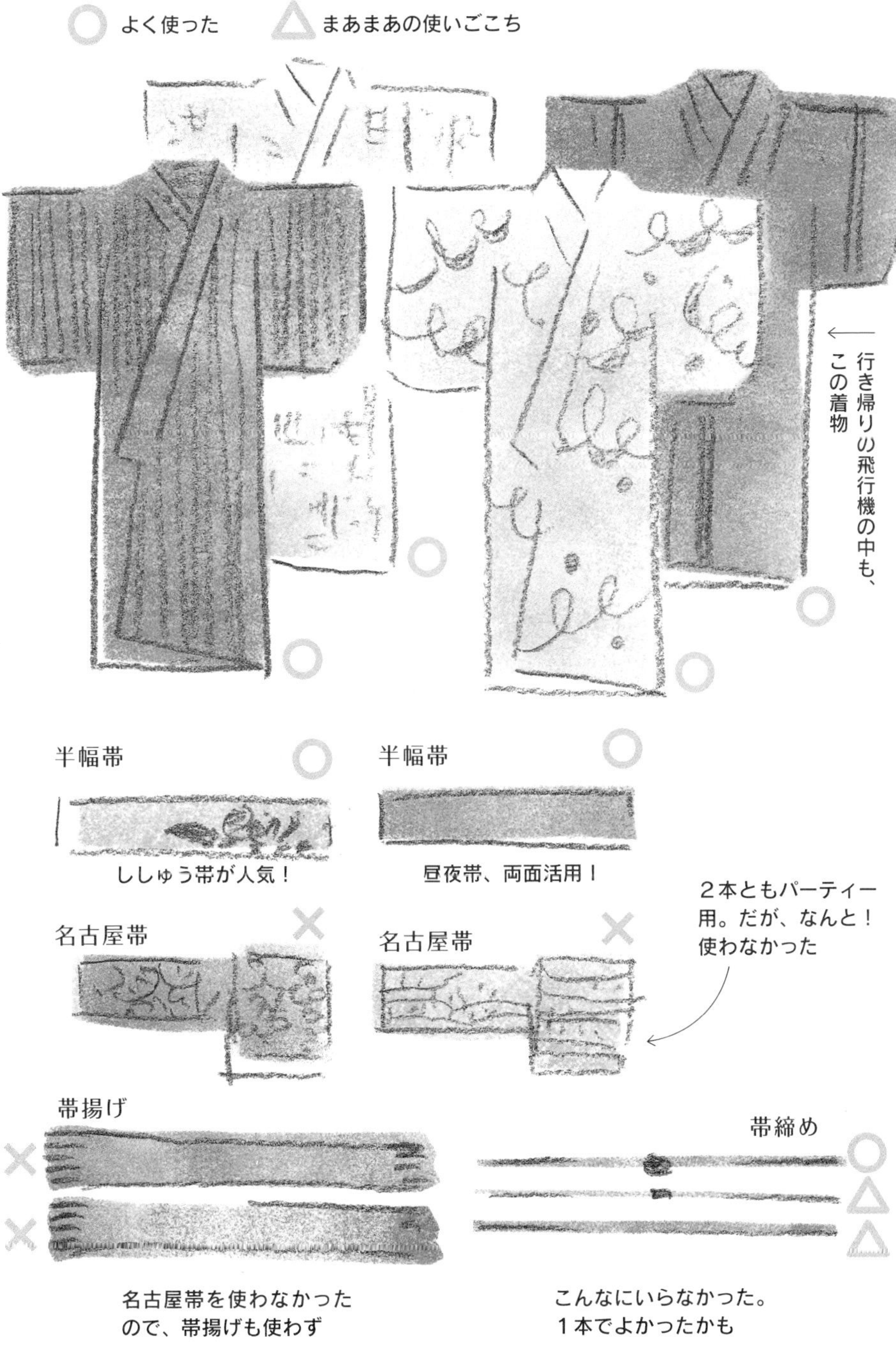

○ よく使った
△ まあまあの使いごこち
行き帰りの飛行機の中も、この着物
半幅帯
ししゅう帯が人気！
半幅帯
昼夜帯、両面活用！
名古屋帯
名古屋帯
2本ともパーティー用。だが、なんと！使わなかった
帯揚げ
名古屋帯を使わなかったので、帯揚げも使わず
帯締め
こんなにいらなかった。1本でよかったかも

❊海外旅行へ❊

フランス人に着付けで大受け

フランス・ニームで開催されたジャパニームの会場には、日本を紹介するコーナーがありました。折り紙や習字、瞑想《めいそう》など、体験コーナーは人が途絶えることなく大盛況です。着物を着てみたいと思う方にも、浴衣《ゆかた》を着てもらい下駄を履《は》いて会場を歩いて楽しんでいただきました。フランスの若い人たちは日本文化をクールだと言い、好意的で着物にもかなり関心があるようでした。

展示物の花嫁衣装を「着たい」と言われ、困ったなと思いましたが着付けすることになりました。Tシャツの上から綿の入った打ち掛けを着せて、ありあわせのロープ（！）で帯を締め、お端折《はしょり》をとり、できあがった着物姿は立派なお相撲さんみたいでしたが、本人も友人たちも満足で大変喜ばれました。

しかし私、間違った着物のイメージを彼女に与えたかなあと今でも思います。

さっきまでゾンビで会場をうろうろしていた娘が……

白無垢の花嫁衣装を着たいというので……

コラム

季節を楽しむ

一陽来復《いちようらいふく》の御札をいただく

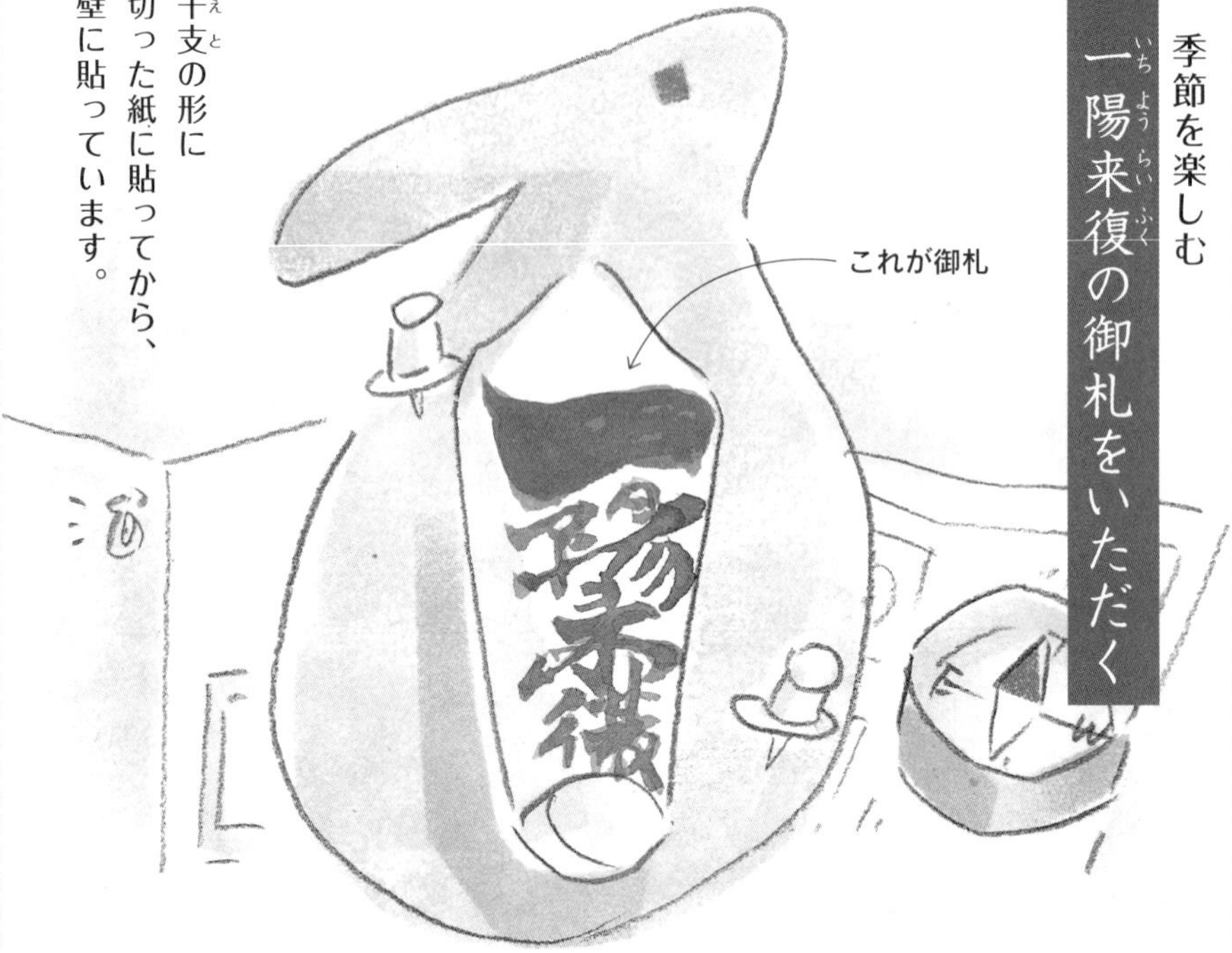

干支《えと》の形に切った紙に貼ってから、壁に貼っています。

毎年、御札を貼る位置と方角が変わります

使ったお金がまた還るという金銀融通の神様

冬至は昼と夜の長さが同じになり、この日を境に日が長くなります。

早稲田にある穴八幡《あなはちまん》ではこの日から一陽来復の御札を受けることができます。

冬至、大晦日《おおみそか》、節分いずれかの日の午前零時ちょうどに、部屋の柱か壁に毎年定められた方角に御札を貼り、融通の神様に来年の御利益をお願いします。

毎年冬至の日には大勢の人に交じって私も御札をいただきに行きます。

境内には柚《ゆず》を売る店をはじめさまざまな屋台が出て、それを見るのも楽しみです。別珍《べっちん》の足袋《たび》もなぜかここで購入したり、御神酒《おみき》に挿《さ》す美しい竹の神酒口飾りの屋台も風情を添えています。

大晦日の零時ちょうどに御札を貼り、新たな気持ちで盃でお酒を一口いただき「あけましておめでとうございます」と主人と挨拶を交わす。これが我が家の「年のお終いと年の初め」です。

第五章

着物って、歴史のぶんだけ奥深い

※立ち居ふるまい※

日本人の座り方を考える

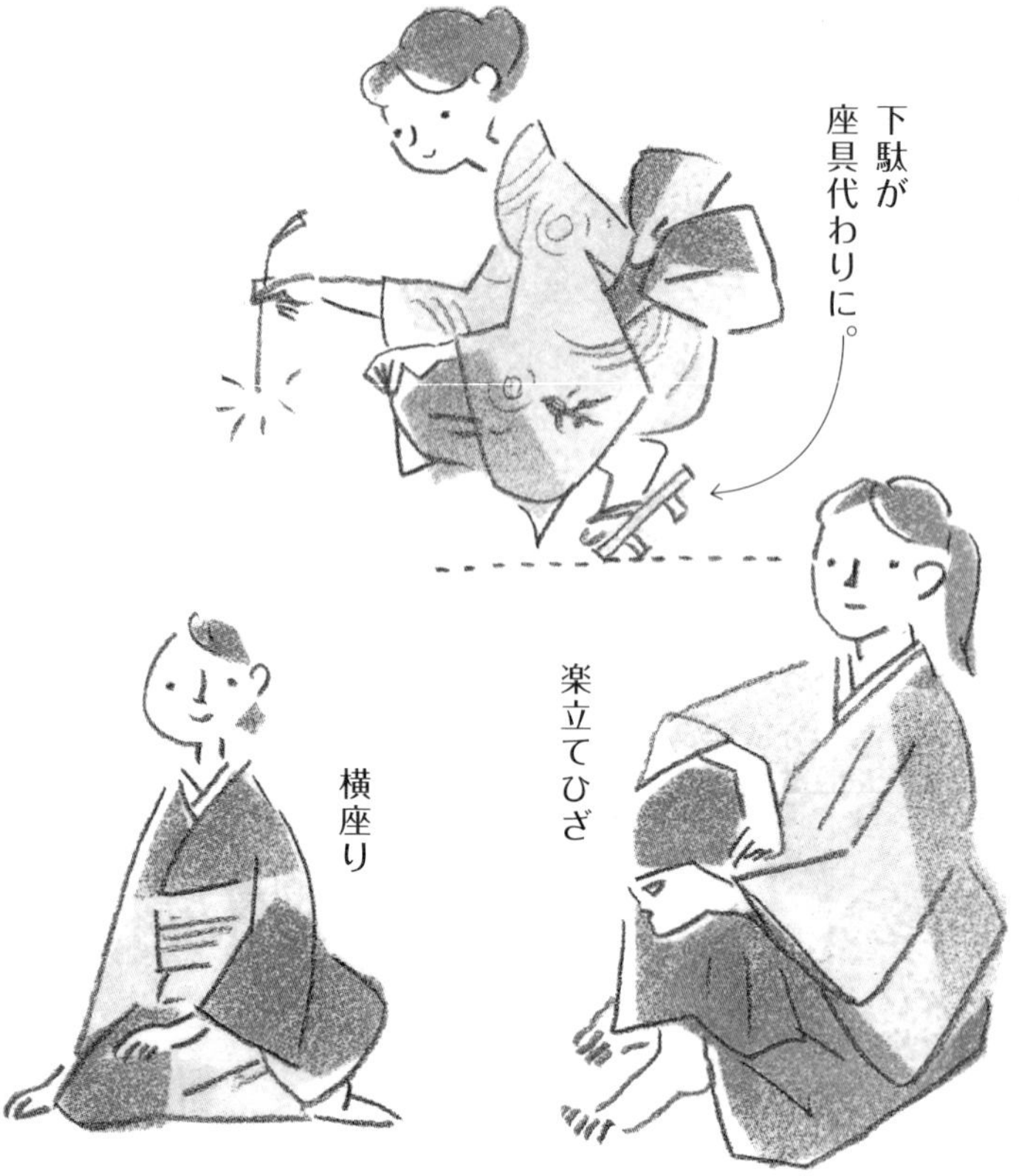

先日のお茶会で、「足を崩して自由にくつろいでいいのですよ」と言われ、その瞬間から気持ちがとても楽になり、お茶を楽しむことができました。

『日本人の坐り方』*を読んでいると、着物以前の小袖の時代には、座るバリエーションが豊富で、正座はそのなかの一つにすぎなかったとか。身幅の大きな小袖の下では、ゆったりとくつろぐ座り方があり、うらやましく思えてきます。

和室でおこなわれる落語会、和食を楽しむ会など、現地に着いたら和室だった！ということがあり、悲しいかな正座が苦手な私は、噺《はなし》半分しか楽しめない。正座との闘いがあとの半分を占めてしまうのです。

好きなところに座り、寝るときには寝具として活躍する小袖。ガウン感覚で着物を楽しむスタイルと考えると楽そう。これ、復活しないかな。

＊『日本人の坐り方』矢田部英正著（集英社新書）

室町時代の
小袖
着物
女の子座り
割座
正座
お部屋でくつろぐ
ガウンみたいな
着物があってもいいよねぇ。

❊立ち居ふるまい❊

日本人の歩き方を考える

外国人の歩き方のルーツは、平原を長時間歩く。

Point
ひざを伸ばす
踵《かかと》から着地

日本人の歩き方のルーツは、田圃などぬかるみを歩いたり、家の中を歩くこと。

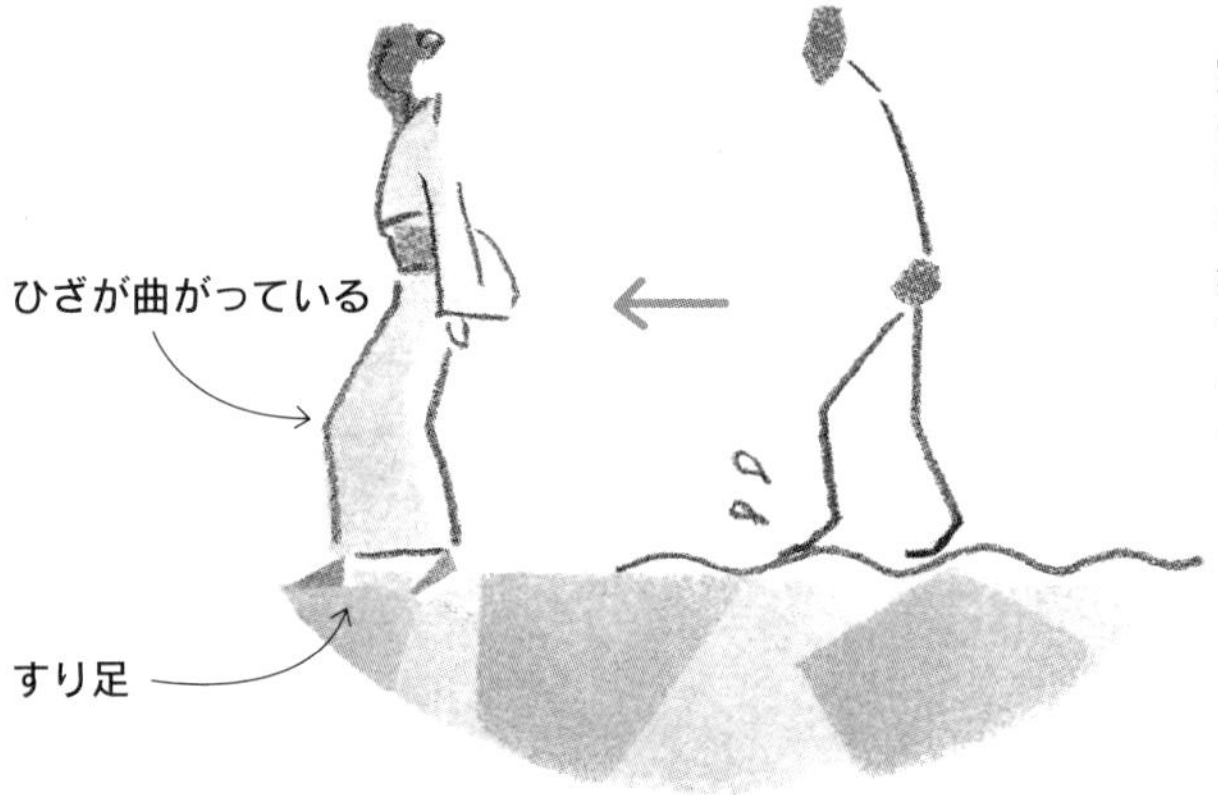
ひざが曲がっている
すり足

フランスに長く暮らす友人から耳の痛いことを言われました。

「日本人はどうしてとぼとぼ足を引きずりながら歩くの？　本当に貧弱に見えるわ！」こうずばっと言う彼女は、六〇歳を過ぎた今でも、服や化粧に気を使い、高いハイヒールを履《は》いています。

そう言われて改めて、日本人の体の動かし方、着物と歩き方などに関する本を読んでみました。

その結果なんとなくわかったのは、外国人の歩き方は平原を長く歩くのに適し、日本人は田圃《たんぼ》などぬかるみを歩いたり家の中を歩くのに適しているらしい。

洋服が日本に入って百年、その何十倍も着物の文化は続いていたのですから、ＤＮＡは自然に昔の歩き方（着物の歩き方）を選んでいるのかもしれません。

服装が変われば歩き方も変わる。そのことを意識する必要がありそうです。

洋服のときは

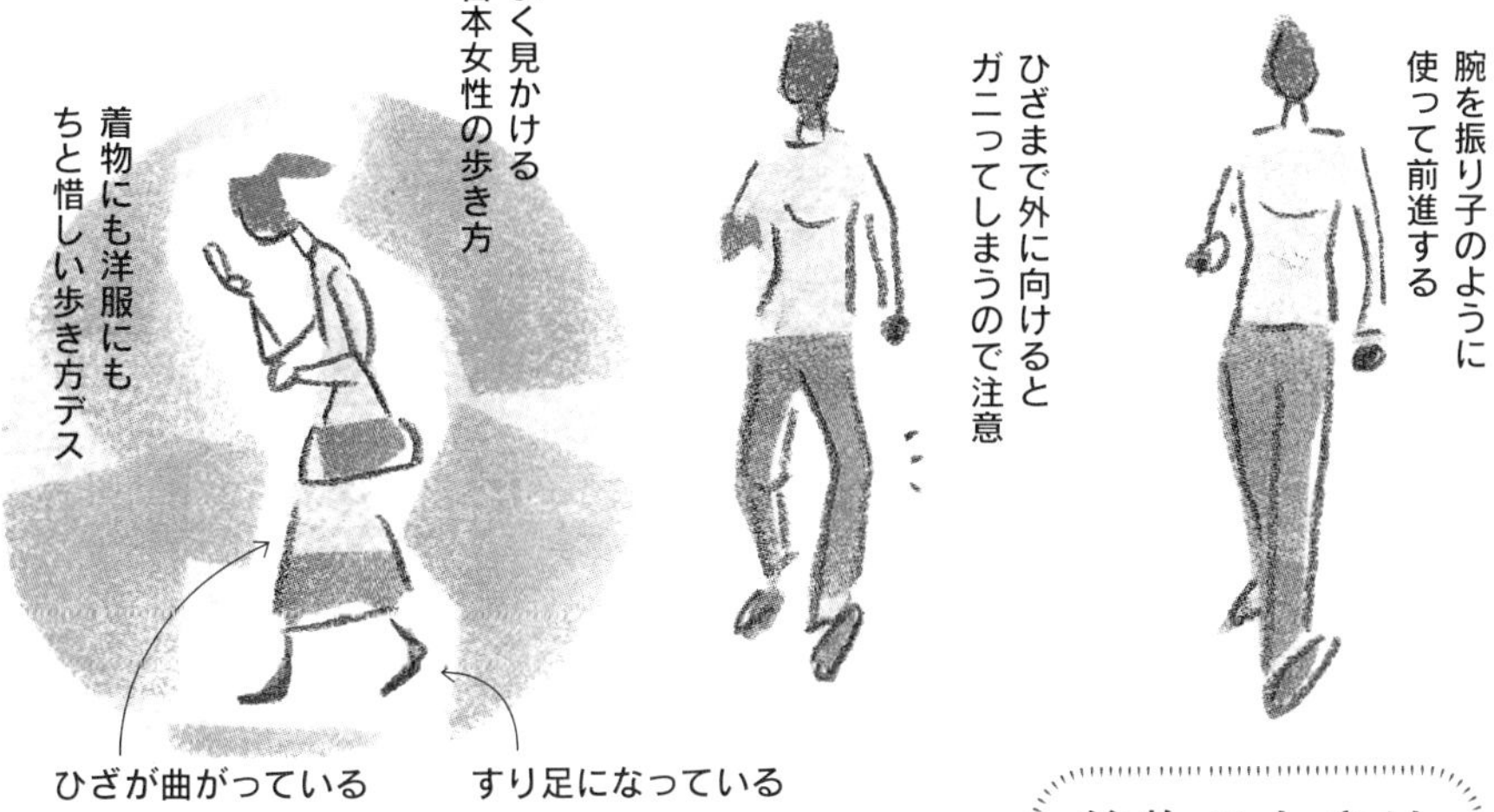

腕を振り子のように使って前進する
ひざまで外に向けるとガニってしまうので注意
よく見かける日本女性の歩き方
着物にも洋服にもちと惜しい歩き方デス
ひざが曲がっている
すり足になっている

着物のときは

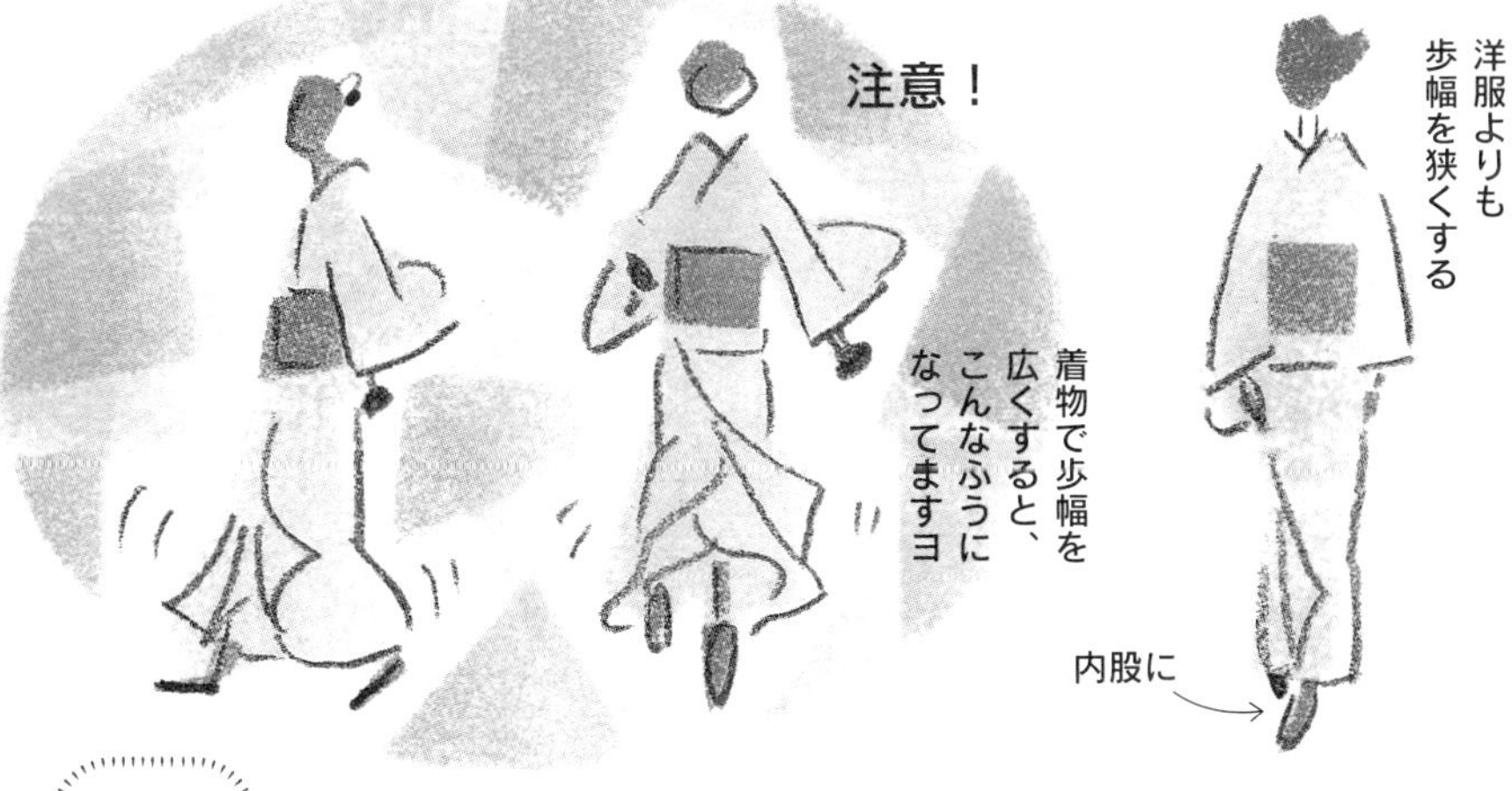

洋服よりも歩幅を狭くする
内股に
注意！
着物で歩幅を広くすると、こんなふうになってますヨ

歩幅

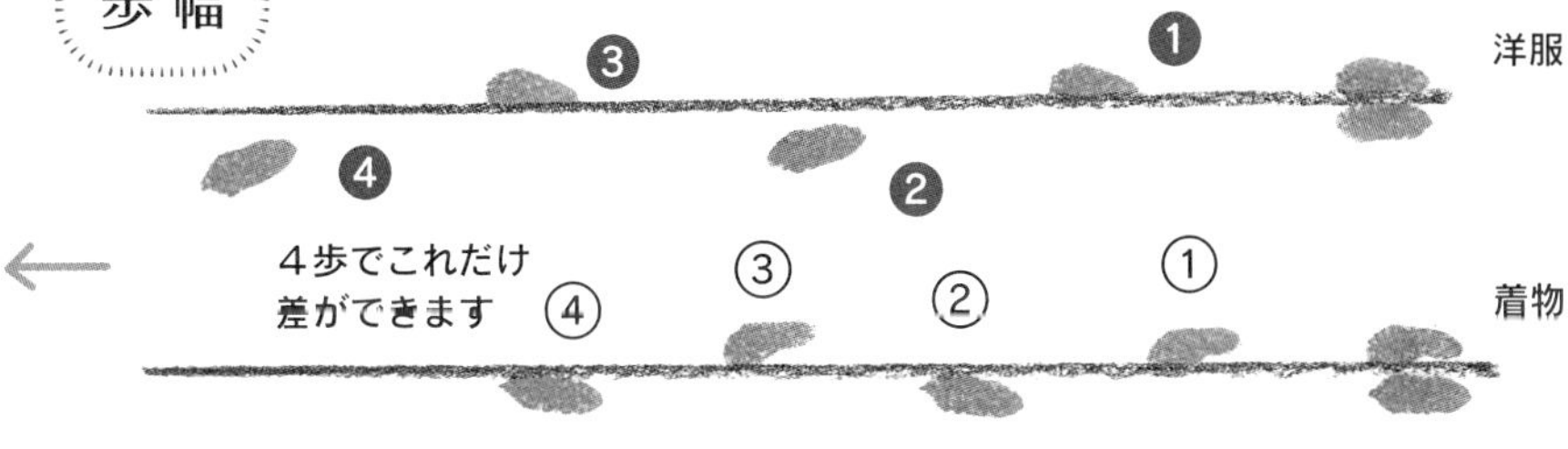

洋服
①
②
③
④
着物
①
②
③
④
４歩でこれだけ差ができます

✲ 女の子の着物 ✲

着物と帽子。意外に合う

着物と帽子の組み合わせは、案外素敵なものですね。ニット帽や、つばのある帽子など、おしゃれな若い人が着物に合わせています。

聞いてみると、髪を伸ばしている途中で髪がまとまらないときは、帽子をかぶれば気にならないし、支度が早くてすむ。重要なのは、洋服の友達と歩いても違和感を薄めてくれるのだとか。

露天の骨董市や屋外のフリマに行くときは帽子がよさそう。混んでいる会場で傘は邪魔だし、いちいち広げたり閉じたりしていてはゆっくり見られません。

帽子と着物。それだけだと取ってつけたような感じもするので、ストールやケープ、ポンチョなど、帽子と同じテイストの色や素材をちりばめて統一感を出してみては？

若い感性から、新しい着物スタイルが始まっているような予感がします。

着物でも、帽子に大きめの飾りを付けてもおかしくありません

もう一言

着物にイヤリングも

夏になると、電車の中などで浴衣《ゆかた》姿の若い女性をよく見かけるようになりました。花火見物に行くのでしょうか。華やかなリボン帯や髪飾り。イヤリングをしている人もけっこういます。

大学の卒業式の袴姿でも、イヤリングをつけるのは普通だとか。着物に合うイヤリングやピアスも、いろいろな種類のものがあります。

組み紐《ひも》、和風柄の貝、陶器風など。洋服にもつけられそう

このビラビラが
うれしかったりする
開けにくい（もしかしたら、
開けないものなの？）
香
お姫様気分で、おすまし
したくなった子どもの頃
の思い出です。

女の子の着物

箱迫《はこせこ》。おぼえていますか

七五三の女の子の、肩揚《かたあ》げの付いた赤い着物を飾る、ビラ飾りの付いたししゅうの小箱。房の先には匂い袋。

箱迫の中には小さな鏡。ひやりとした鼻一筋の白粉と口元にちょんと挿《さ》した紅。赤ん坊から女の子へ。おしゃれ心が目覚めた始まりは、三歳の節句だったかもしれません。

宮中や武家の女性が懐中していた箱迫。中に入っていたのは典具帖《てんぐじょう》という別名さくら紙で、今の美濃紙《みのがみ》や吉野紙《よしのがみ》と同じです。揉《も》むと脱脂綿のようになり、生理のときにも使われたそうです。白粉や紅なども入れて、化粧ポーチのように使われました。

今でも着物のアクセントに使えそう。豪華なししゅうの箱迫が素敵。房飾りもいいなあ。箱迫を復活させて、懐紙、名刺、鏡、文香《ふみこう》、パスモなど、薄くて小さな物を入れてみましょうか。

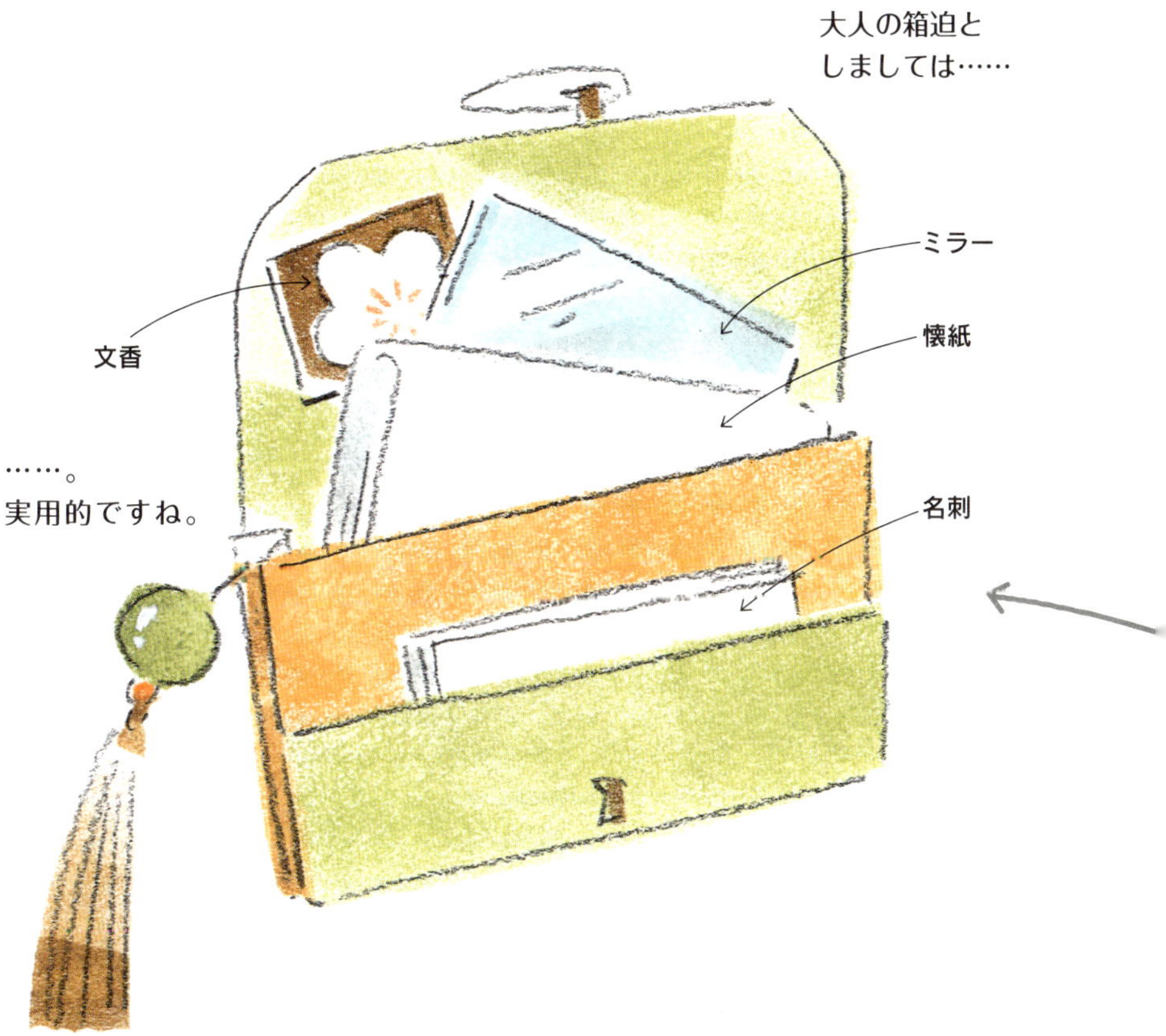

もう一言

名刺入れに文香を

小さな文香は、手紙を出すときに忍ばせたり本を差し上げるときに栞《しおり》代わりにはさんだりと、使い方はいろいろありますが、おすすめしたいのが名刺入れに入れること。ふわりと香る名刺から対話も生まれますし、好印象を残してくれます。

季節に合わせてさわやか系、深みのある香りなど選ぶのも楽しいです。ラベンダーの香りは気持ちを落ち着かせ、リラックス効果もあるので、会議など緊張するときに名刺入れから取り出し、そっと香りを嗅ぐ、というのもいいと思います。

ちょっとした心づかい

女性が好きな縮緬《ちりめん》小物

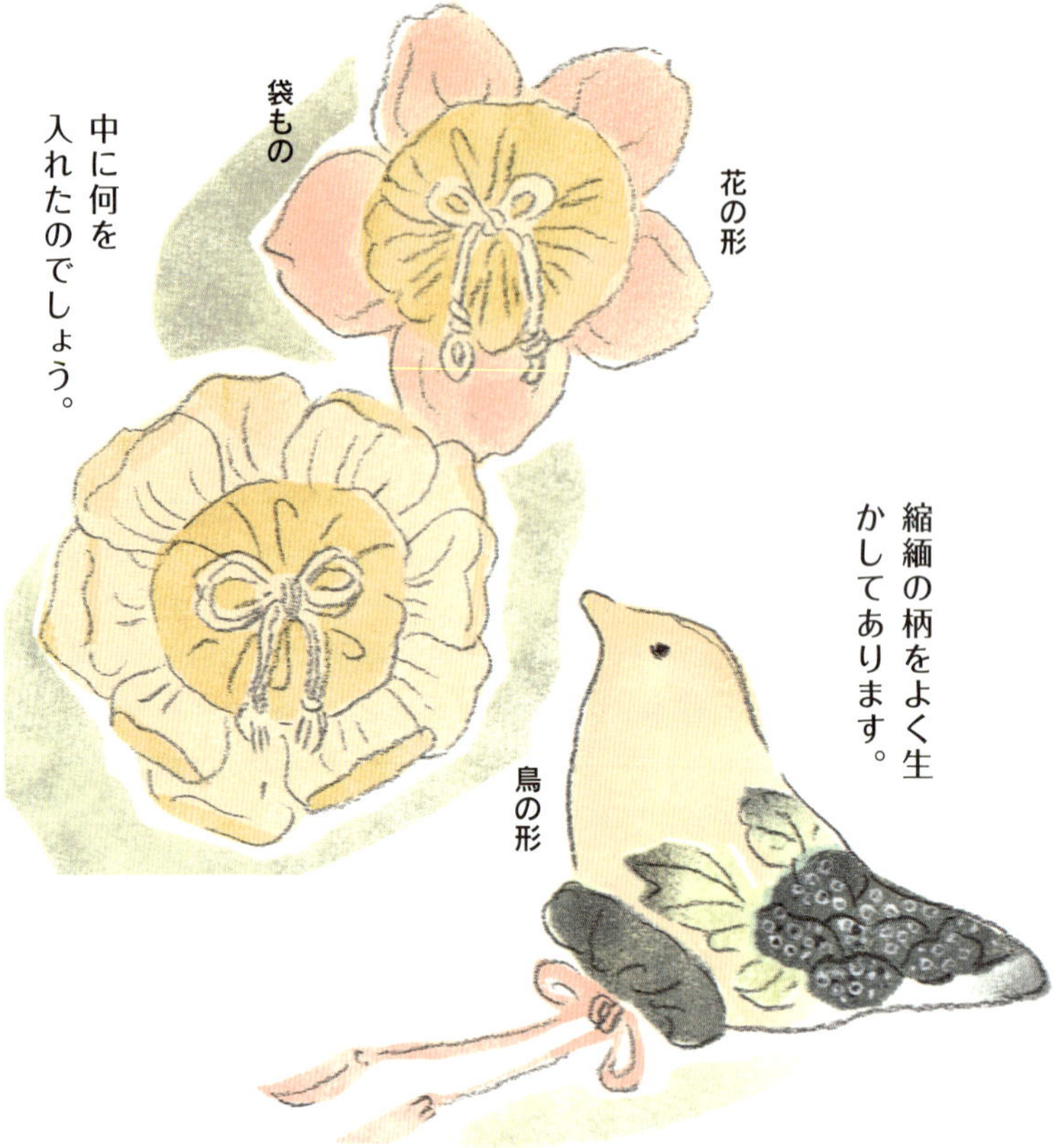
花の形
袋もの
中に何を入れたのでしょう。
縮緬の柄をよく生かしてあります。
鳥の形

縮緬の小物は江戸時代、武家の女性たちが手習いとして、琴爪《ことづめ》入れや小さな香り袋、お守り入れなどを作っていました。明治時代になると、女学校では縮緬小物は必須項目として取り入れられました。

何枚も小さな端切れをつないで作る細工ものは、器用さと計画性と色のセンスなどが必要で、確かに手先の鍛錬になったでしょうね。

何枚もの厚紙に木綿と縮緬の布を貼り、一枚の絵に仕上げる押し絵も素晴らしいものです。人物ものの目鼻は筆で描くのですが、難しいため、絵師や画家にお願いすることがあったそうです。

今でも、縮緬小物の制作は、年配の方たちの細工としてとても人気があります。

アンティークの縮緬の着物は、着る需要よりもパーツとして売られることも多く、縮緬布はここ数年でとても高価なものになりました。

明治時代の縮緬細工教本

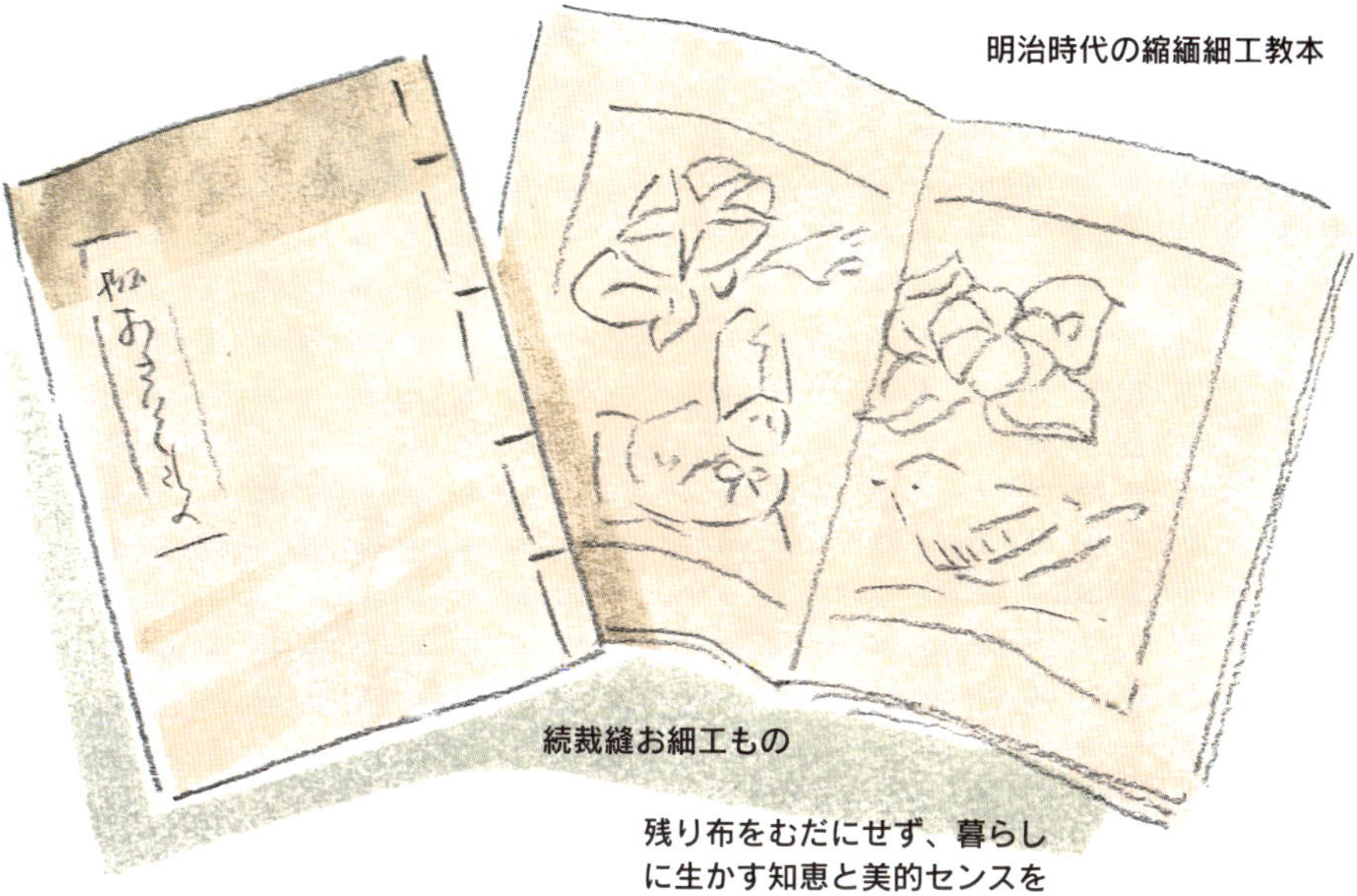

続裁縫お細工もの

残り布をむだにせず、暮らしに生かす知恵と美的センスを高める縮緬細工

亀の巾着《きんちゃく》は、
初宮参りの乳児に持たせたり、
お誕生祝いに贈られました

長寿の
願いを込めて。

福を願って

おめでたい柄の縁《えん》起《ぎ》もの

宝づくし

縁起のいいもの、いわれのあるものなど、宝を集めた柄。着物や風呂敷の柄になった

自然の植物や鳥、昆虫、小動物、山や海、風や雨などの自然現象まで、着物の文様は多種多様。なかでも吉祥柄《きっしょうがら》には根強い人気があります。

吉祥柄を身につけるのは、「福を招き、邪から身を守りたい」という庶民の願いの表れ。自然の恩恵と自然の災害を受けながら暮らす日本人に共通する想いと願いです。

干支《えと》の絵柄も人気があります。自分の干支は時を選ばず生涯ずっとお守りとなりますが、その年の干支はその年のお守りでもあります。十二年に一度訪れ、運気が強くなる、そんな干支を身近に置くことで招福祈願《しょうふくきがん》をします。

裏干支《うらえと》というのをご存じですか。干支と反対側に位置するのが裏干支。干支と一緒に持つと自分に足りないものを裏干支が補ってくれるそうです。干支より裏干支の小物を集める人も多いみたいです。

長寿
鶴
亀

宝

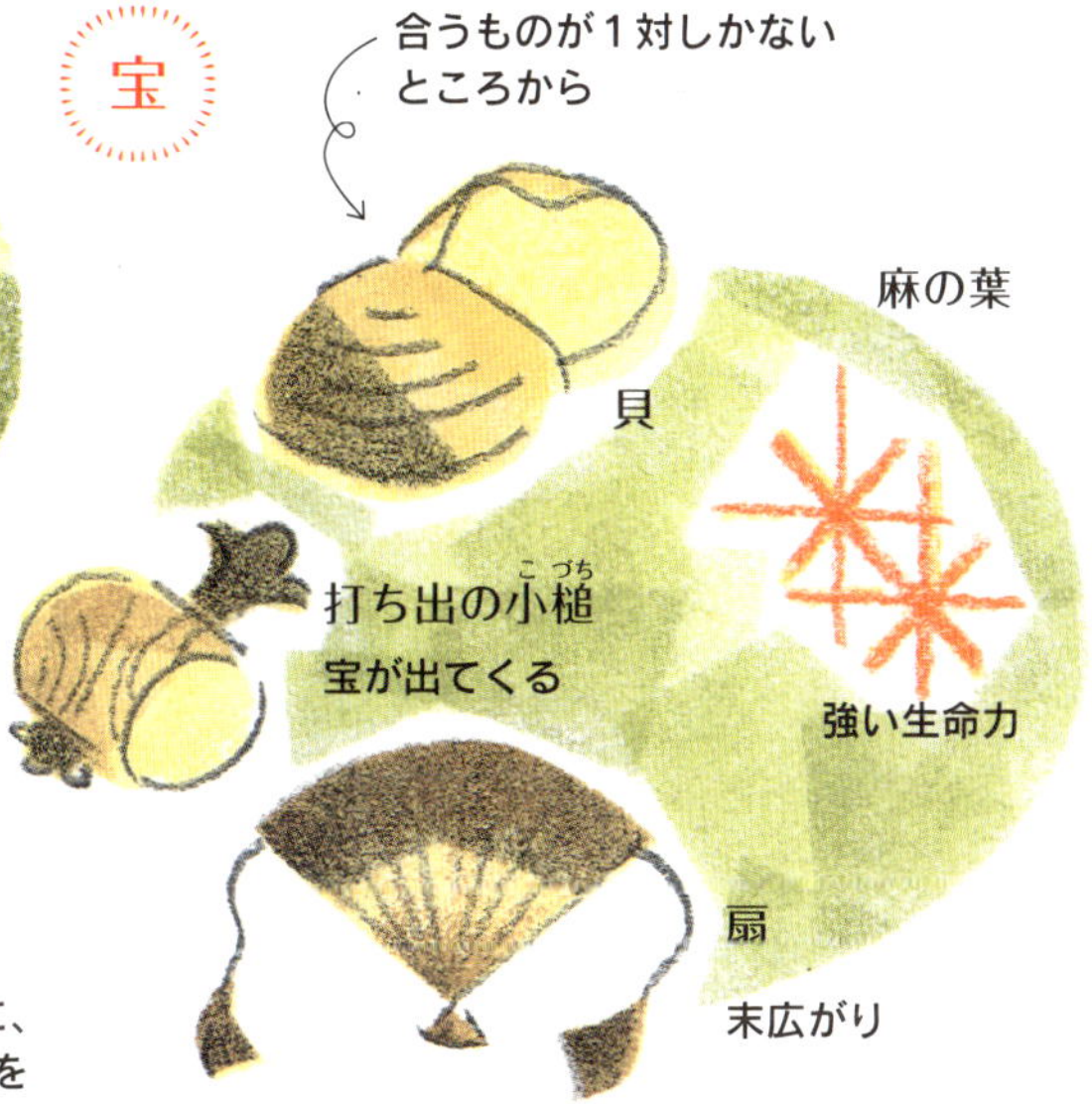
合うものが１対しかないところから
貝
麻の葉
打ち出の小槌《こづち》
宝が出てくる
強い生命力
扇
末広がり

裏干支

生まれ年の干支モチーフ。同時に、逆に位置する裏干支の柄のものを持つことで、足りない部分を補ってパワーアップしてくれるとか

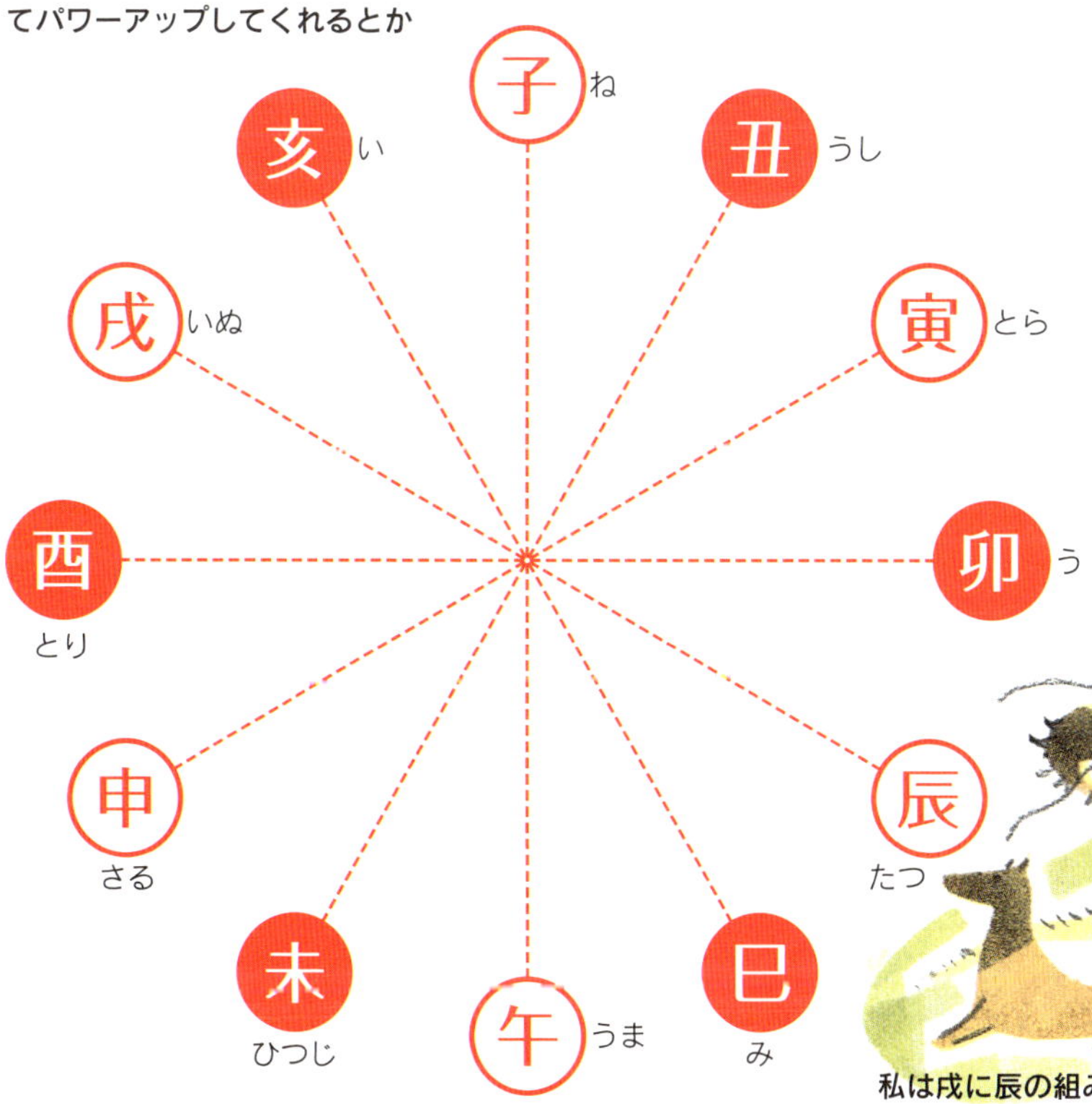
子 ね
丑 うし
寅 とら
卯 う
辰 たつ
巳 み
午 うま
未 ひつじ
申 さる
酉 とり
戌 いぬ
亥 い

私は戌に辰の組み合わせ

福を願って

祝儀袋を作ってみました

手作りだから、動物など飾りも紙粘土で自由に作りました。外して飾れます

久しぶりにお祝い事があって文房具屋さんに行ってみると、さまざまな祝儀袋が並んでいて驚きました。いつの間にこんなに豊富になったのでしょう。

紅白に水引の付いたベーシックなものから、水引無しのカジュアルなものまでいろいろあります。贈る相手との間柄や催される会場の場所や雰囲気に合ったものを選び、おめでとうの気持ちを伝えたいですね。

祝儀袋は売っているものを使わずとも手作りするのも楽しいと思います。

紙の折り方と水引を整えれば祝儀袋らしくなります。結婚式のような一度で充分、二度では困る祝い事には結び切りやあわじ結びにします。裏面の折りたたんだ紙は、下部が上に出るように重ねます。

式のあとも思い出の形を残せたらと考えたのは、飾り付きの祝儀袋。壁やツリー飾りに使ってもらえたらうれしいな。

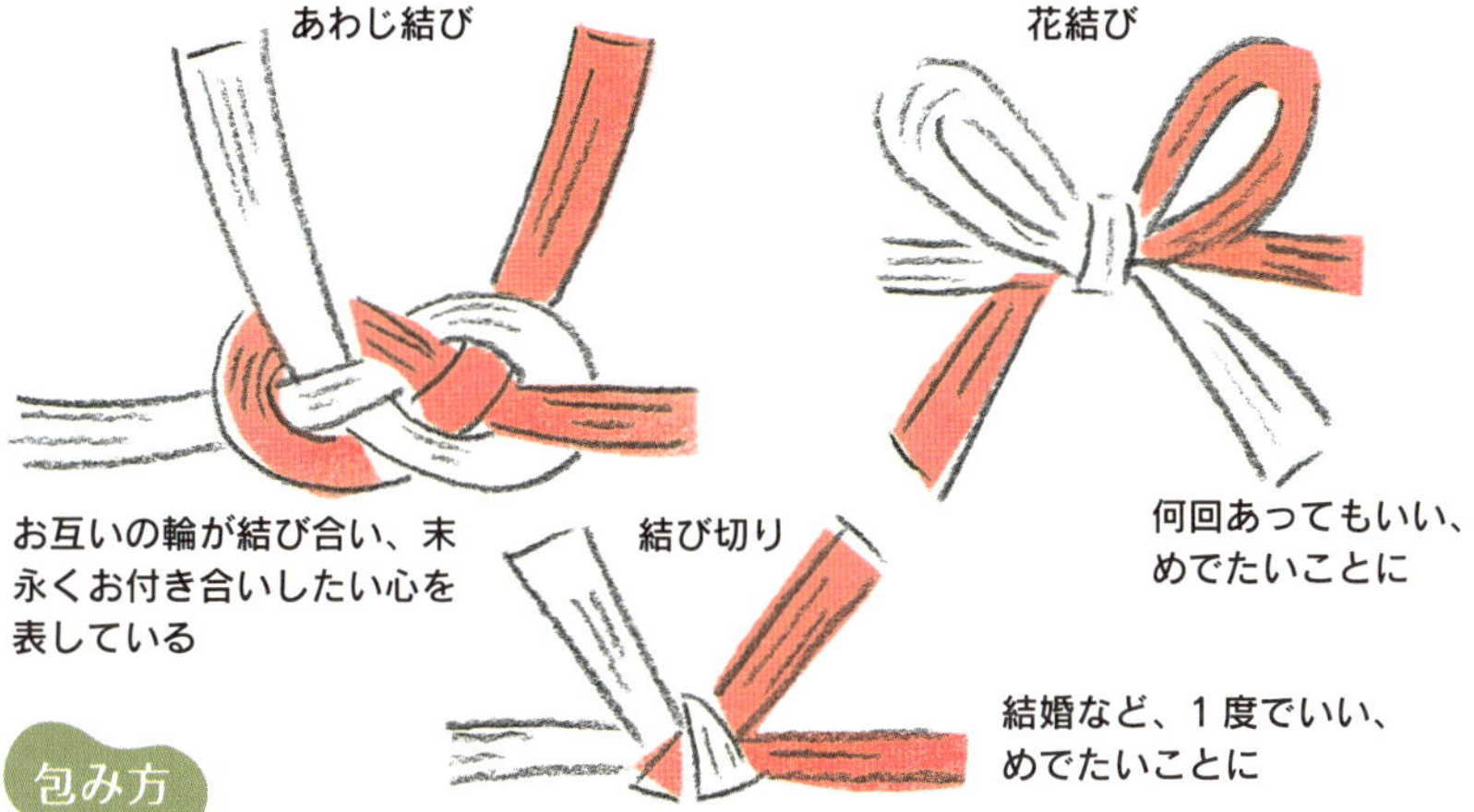
あわじ結び
花結び
お互いの輪が結び合い、末永くお付き合いしたい心を表している
結び切り
何回あってもいい、めでたいことに
結婚など、1度でいい、めでたいことに

包み方

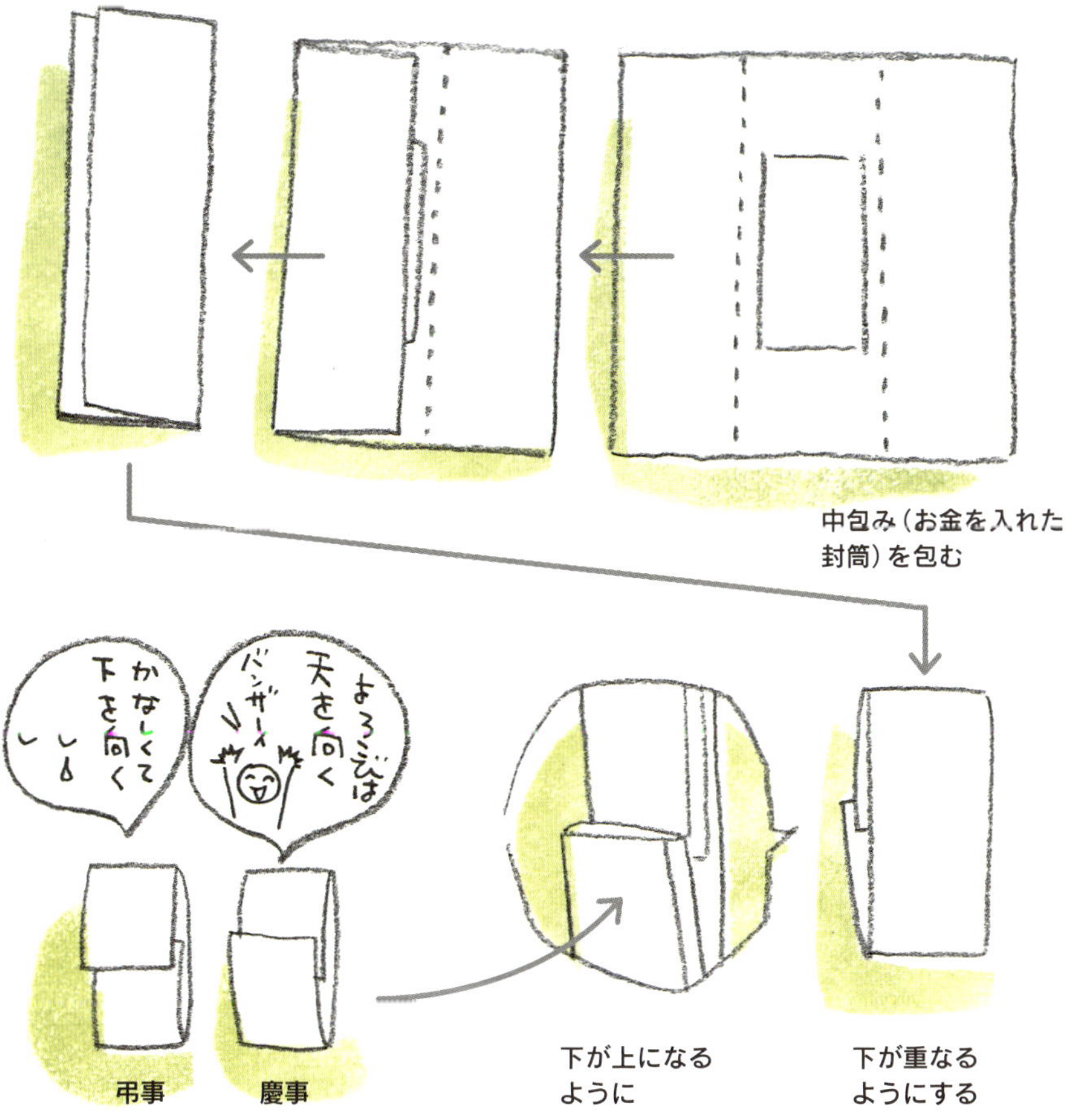
中包み（お金を入れた封筒）を包む
かなしくて 下を向く
よろこびは 天を向く
バンザーイ
弔事
慶事
下が上になるように
下が重なるようにする

ルーツ

昔の化粧は紅と白粉で

落ちにくく、健康によく
紅花から作られた紅板
携帯用（外出用）
表面が玉虫色
化粧台に伏せておきます
家庭用

江戸時代の化粧道具はとてもシンプルで、紅と白粉だけ。紅花《べにばな》から作られた紅は、紅一両が金一両といわれるほど高価なうえ、一般庶民が使うのを長く禁じていたそうです。

「笹色紅《ささいろべに》」は光を受けると金属的な緑色に妖しく光る紅。大人気でしたが高嶺の花。そこで庶民は墨を塗った上に紅を重ね、笹色紅に似せた紅使いのテクニックを考え出します。

紅はお猪口《ちょこ》（紅猪口、紅皿）の内側に塗って販売していました。これは家用で、指や紅筆を水で湿らせてつけます。濃淡は塗る回数で調節、中央にぽっちりとつけておちょぼ口に見せるのが当時の流行。使ったら伏せて、変色を防ぎます。

紅板《べにいた》は外出用の紅が塗られた小さな二つ折りの板。漆《うるし》や蒔絵《まきえ》などが施されています。紅板の復刻版が販売されていますが、美しくてため息の出る化粧小物です。

なんちゃって紅
高価な笹色紅
庶民はとうてい買えぬ高価な笹色紅。それに似せて墨を塗った上に安い紅をつけて、真似ていた
墨
安い紅
水で湿らせた筆で紅をうつす
紅は売っていた牛の形
どんな形なの?
「かねやすまでは江戸のうち」といわれた、かねやすで売っていた紅は、牛の形

紅花。口紅の原料。種子からとれる油は「べにばな油」として、健康にもいい

ルーツ

家紋のよさを見直した

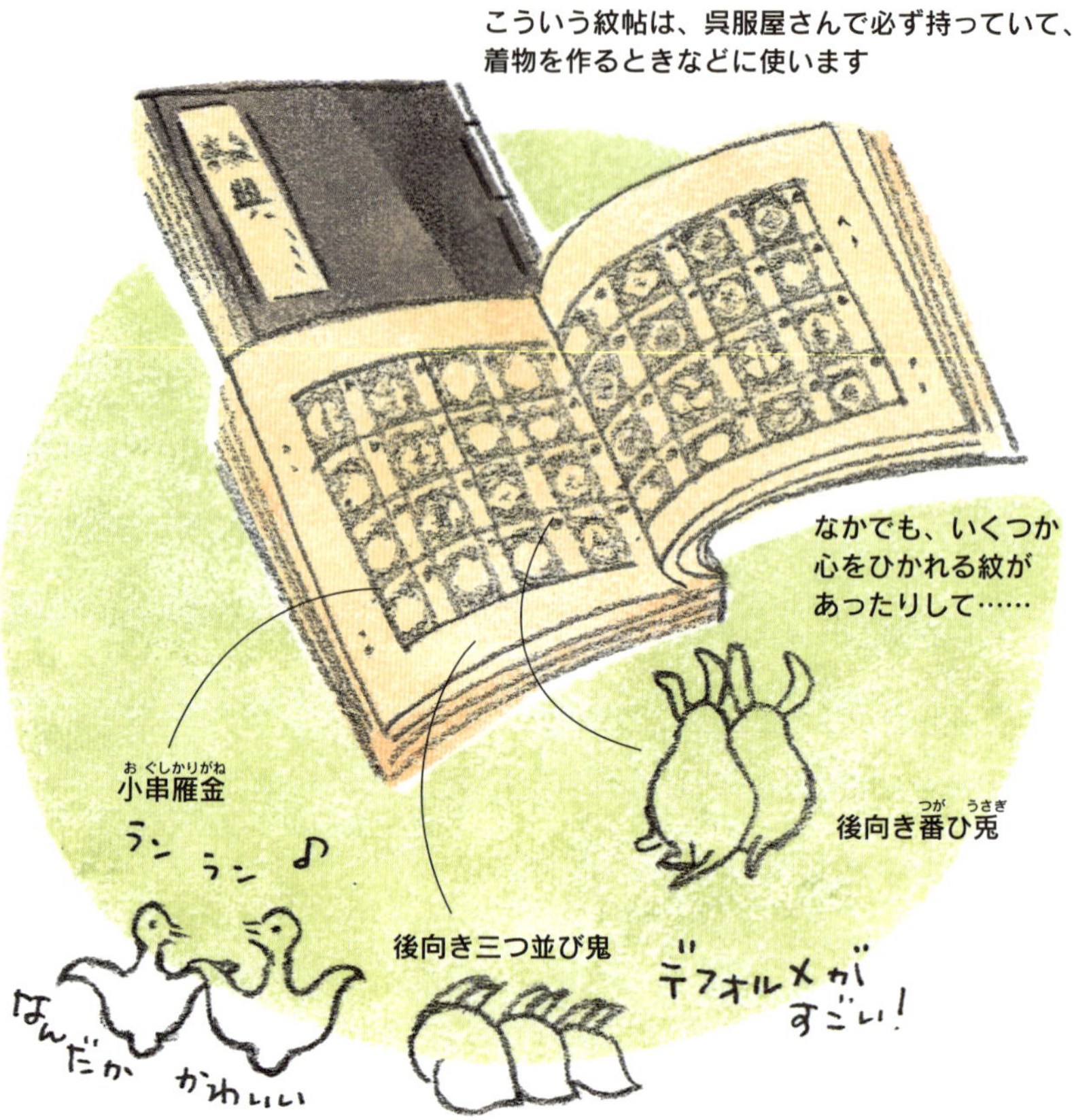
こういう紋帖は、呉服屋さんで必ず持っていて、
着物を作るときなどに使います
なかでも、いくつか
心をひかれる紋が
あったりして……
小串雁金《おぐしかりがね》
後向き番《つが》ひ兎《うさぎ》
後向き三つ並び鬼
ラン ラン ♪
デフォルメがすごい!
なんだか かわいい

主人の実家で使っていた家紋帖《かもんちょう》をいただきました。分厚い和綴《わと》じ本《ぼん》の中には、よく見る家紋から一度も見たことのない家紋まで載っています。

家紋は日本において家系や血統などを表す紋章です。素晴らしいのは西洋のエンブレムのように貴族と上流階級のものではなく、武士以外の庶民、農民、町人、役者・芸人・遊女などまで、自由に家紋を用い楽しんでいたことです。

人気歌舞伎役者の紋に合わせて着物を誂《あつら》えたり、芸者と贔屓《ひいき》の客との紋を重ねて比翼《ひよく》にした品を贈ったり。半纏《はんてん》、提灯《ちょうちん》や印籠《いんろう》などの紋を見れば誰の所有物か一目瞭然といった実用性。

紋を自在に使い趣向を広げた、豊かな江戸の庶民文化は日本の誇りです。

幸いにして着物や小物、着物生活は、まだまだ遊び心を生かし、さまざまな趣向を盛り込める領域だと思います。

昔はいろいろなところに
紋が使われていました。

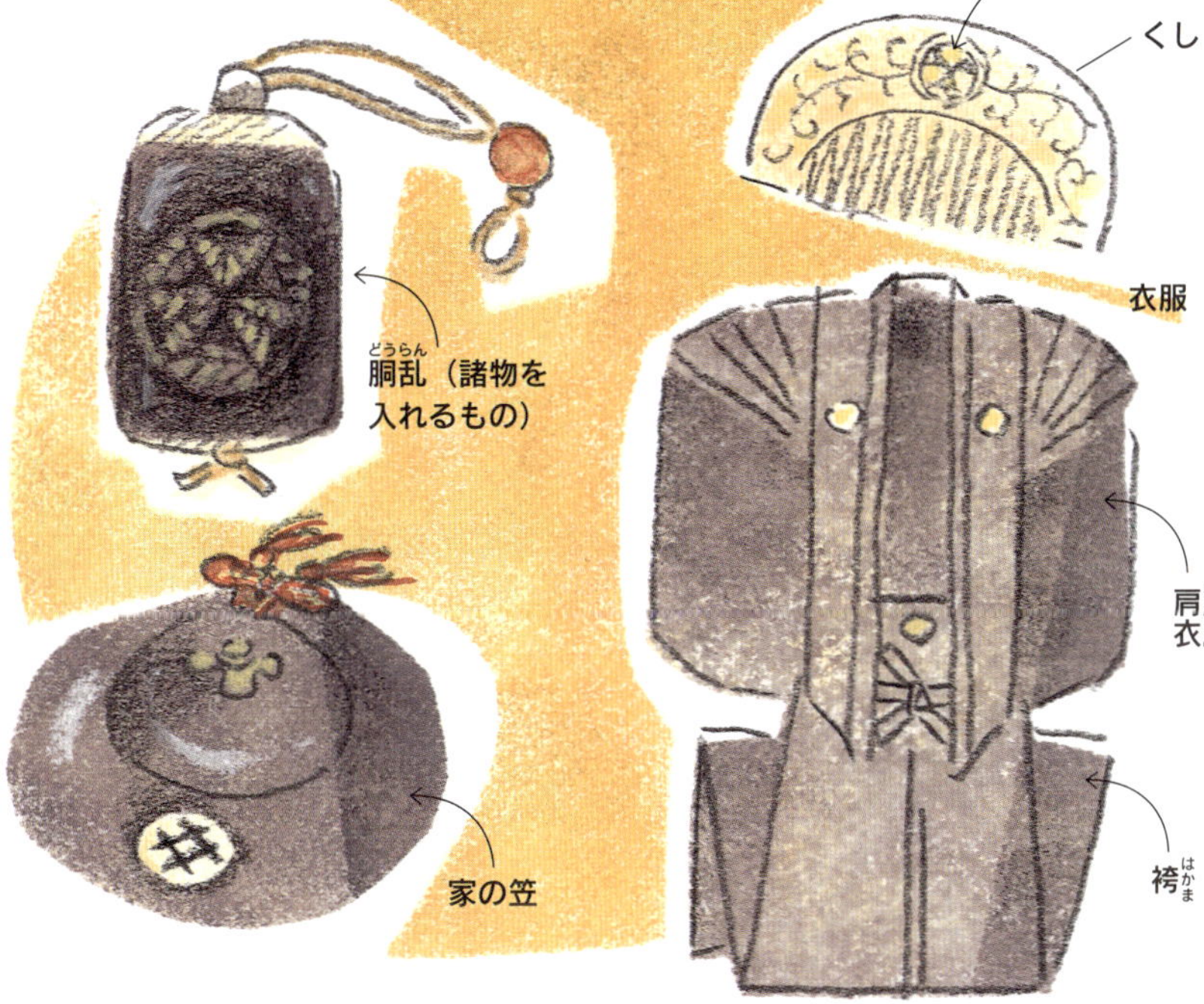
紋
くし
衣服
肩衣《かたぎぬ》
袴《はかま》
胴乱《どうらん》（諸物を
入れるもの）
家の笠

今の紋の使い方は

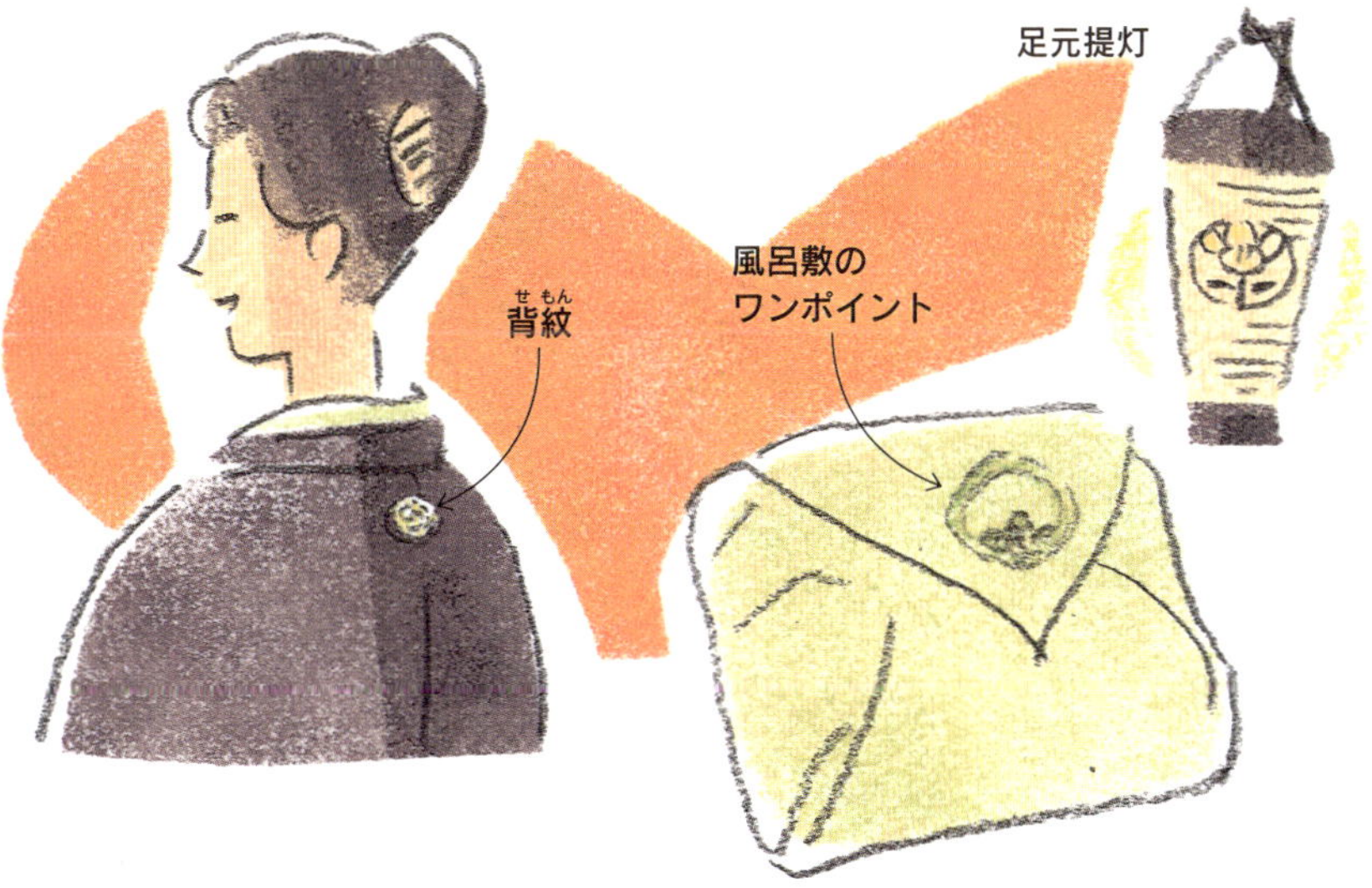
足元提灯
風呂敷の
ワンポイント
背紋《せもん》

ルーツ
帯留めにまつわる物語

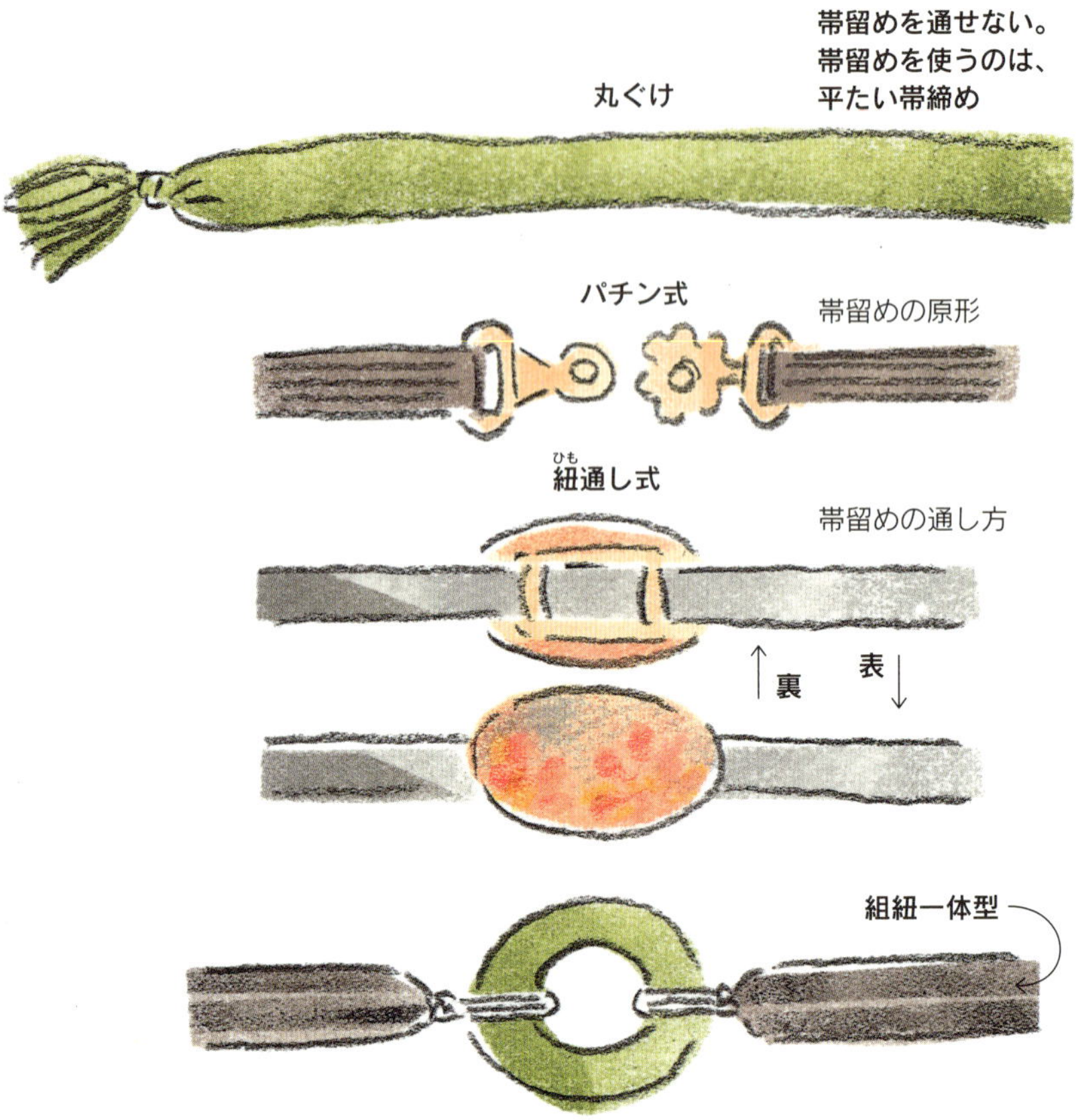

丸ぐけ
帯留めを通せない。帯留めを使うのは、平たい帯締め
パチン式
帯留めの原形
紐《ひも》通し式
帯留めの通し方
裏
表
組紐一体型

小さな帯留めですが、さまざまなドラマを秘めているようで。

以前、どこかの展示で見かけたのは、男性の装身具であった煙草入れ、その装飾金具を使って作られた帯留めでした。恋人同士の契りを表す品として、女性に贈られたのでしょうか。

あの坂本竜馬《さかもとりょうま》が自作したのは刀の下《さげ》緒《お》と目貫《めぬき》で作った帯留め。贈った相手はお龍《りょう》さんで、その品は今も残っています。

帯留め人気が広がり始めたのは幕末から明治。作っていたのは刀や武具の職人です。武士がいなくなった時代、武士相手の職人も失職。代わる需要として装飾品、帯留め作りに活路を見出します。

明治の社交場、鹿鳴館《ろくめいかん》などでは着飾った外国女性に見劣りしないため着物にも数々の宝飾を使うようになり、金や宝石を使った帯留めは、まず富裕層が身につけ始めました。

刀
鍔《つば》
笄《こうがい》
栗形《くりかた》
返角《かえりつの》
鞘《さや》
鐺《こじり》
下緒
柄《え》
頭《かしら》
鯉口《こいくち》
目貫
縁
たばこ入れ
根付《ねつけ》
緒締《おじめ》
煙管《きせる》筒
金具
うれしゅうござんす
帯留めに
帯留めに

ルーツ

夏の足袋《たび》・冬の足袋

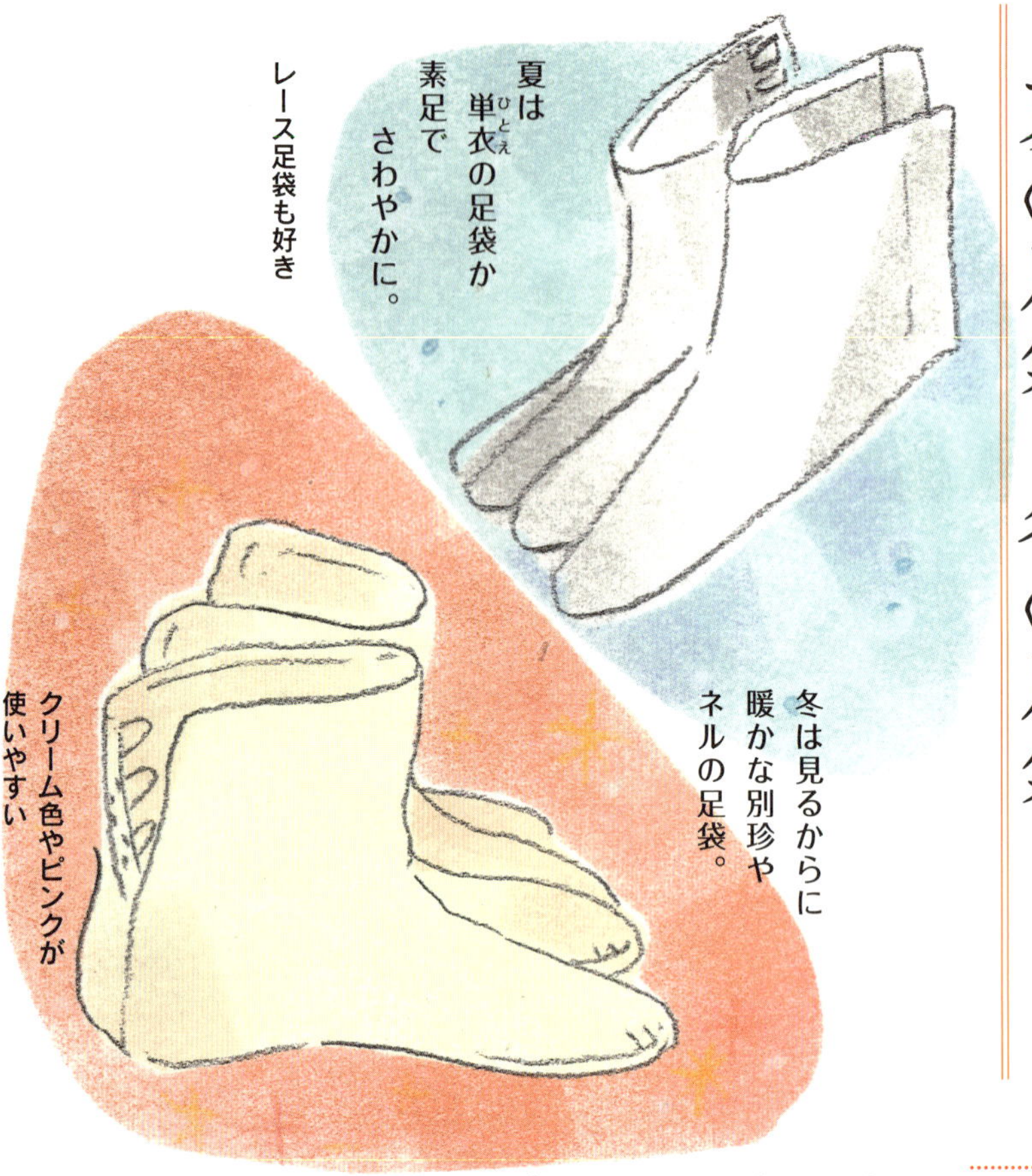
夏は
単衣《ひとえ》の足袋か
素足で
さわやかに。
レース足袋も好き
冬は見るからに
暖かな別珍や
ネルの足袋。
クリーム色やピンクが
使いやすい

足袋を手作りするのは楽しいですね。足袋を作るワークショップが催されていますので、出かけてみました。

足の形は人それぞれ。幅や指の長さなどもまちまちです。左右でほんの少し足の大きさが違う人もいます。足から型紙を作って、それをもとに作る足袋はピッタリサイズがうれしいですね。

夏には薄手の麻など、冬には別珍《べっちん》やネル、フリースで作るのも暖かい。撥水《はっすい》の布を選べば、ちょっとした雨のお出かけに使える足袋が作れます。江戸末期以前、こはぜが登場する前、足袋は紐《ひも》で結んでいましたが、そんな足袋も作れます。

木綿足袋の登場する前、一般的だった鹿皮《しかがわ》の足袋。人肌に近くて使い込むとなじんで、水や摩擦に強くて通気性もあって衰えない。その耐久性は正倉院《しょうそういん》にある日本最古といわれる鹿皮の足袋が証明しています。鹿皮の足袋、作ってみたい！

紐足袋

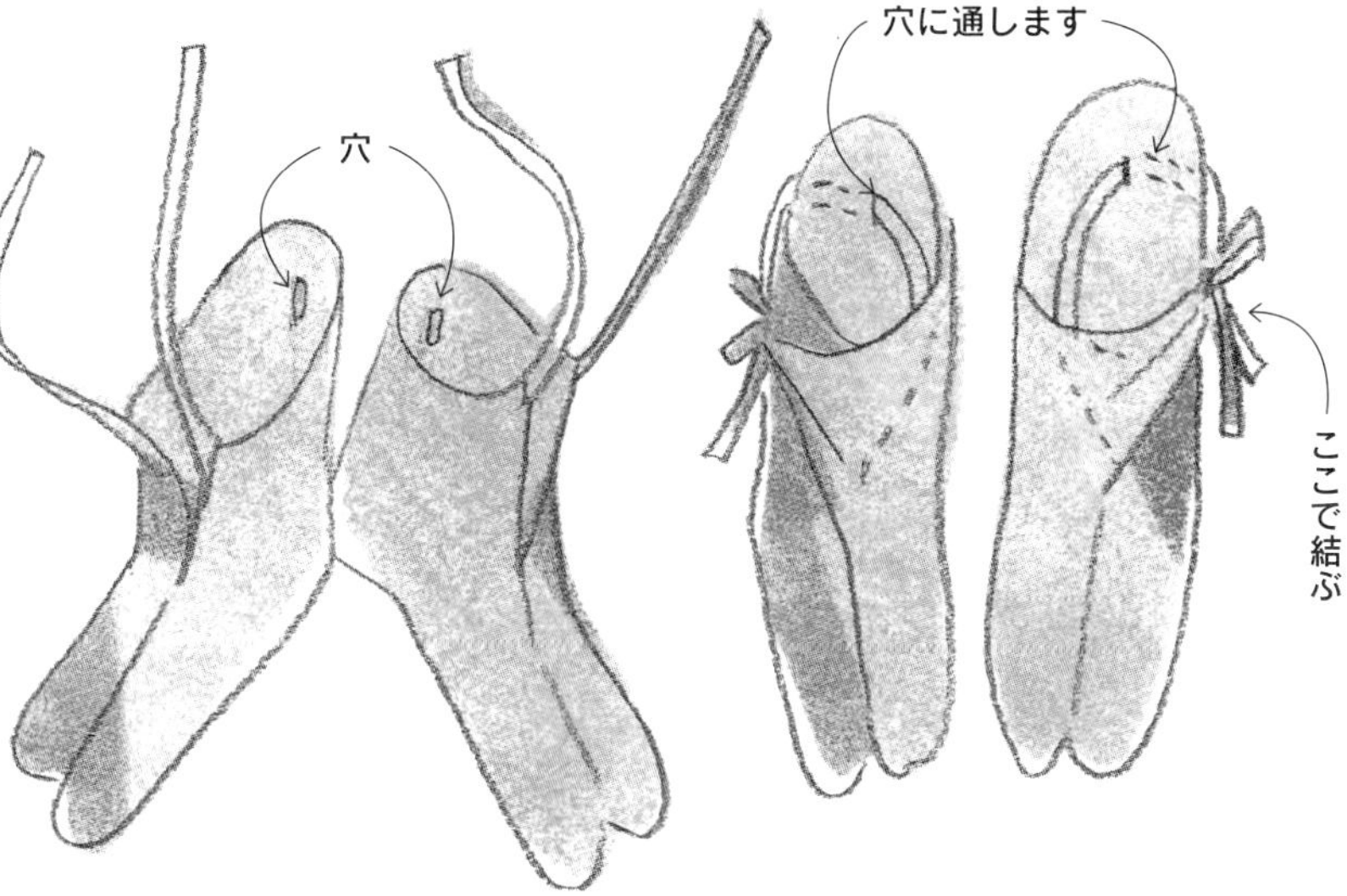

こはぜが一般的に
なる前の紐足袋《ひもたび》。
最近、人気が出始めています。
飛行機に乗るときも、
これならいいかも。

この半足袋も可愛いな

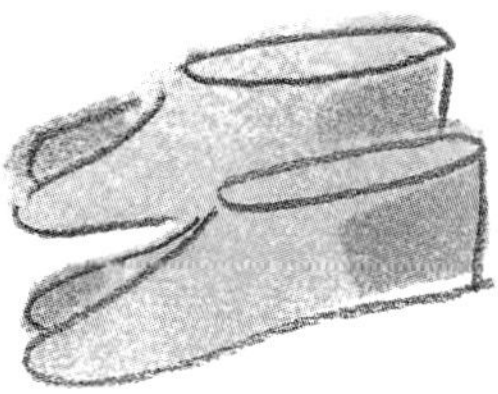

足袋カバーとしても
使えるのでは？

足袋の汚れ防止に
いいです

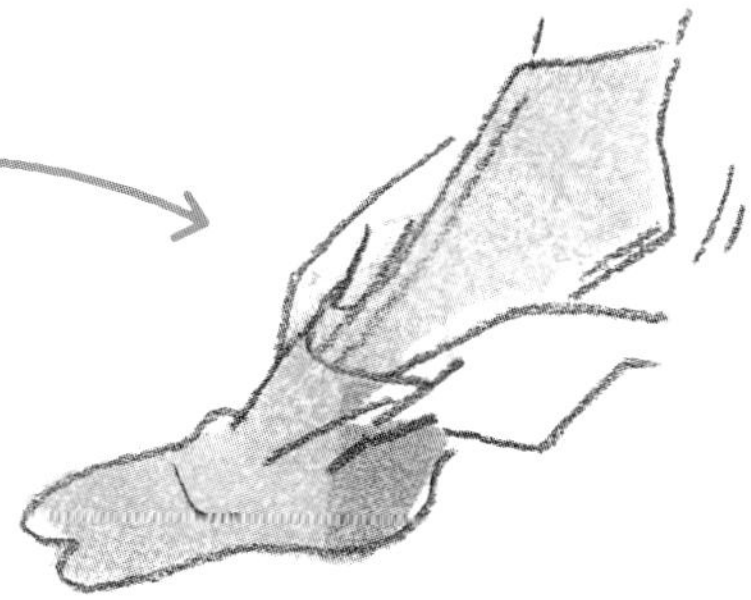

その足袋カバーは、
こんな形をしていて、
ビヨーンと伸びます

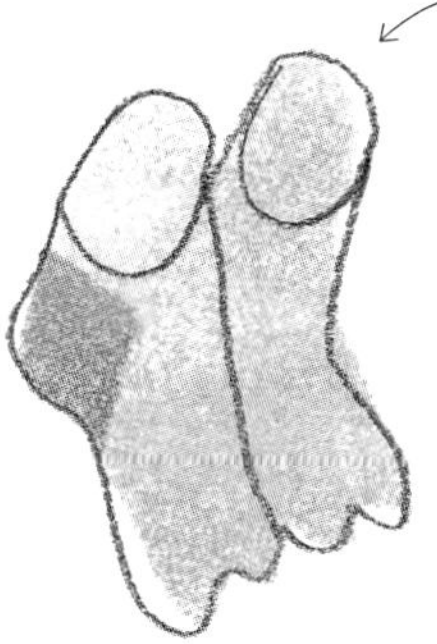

ルーツ

足《た》袋《び》は着物の靴下だった

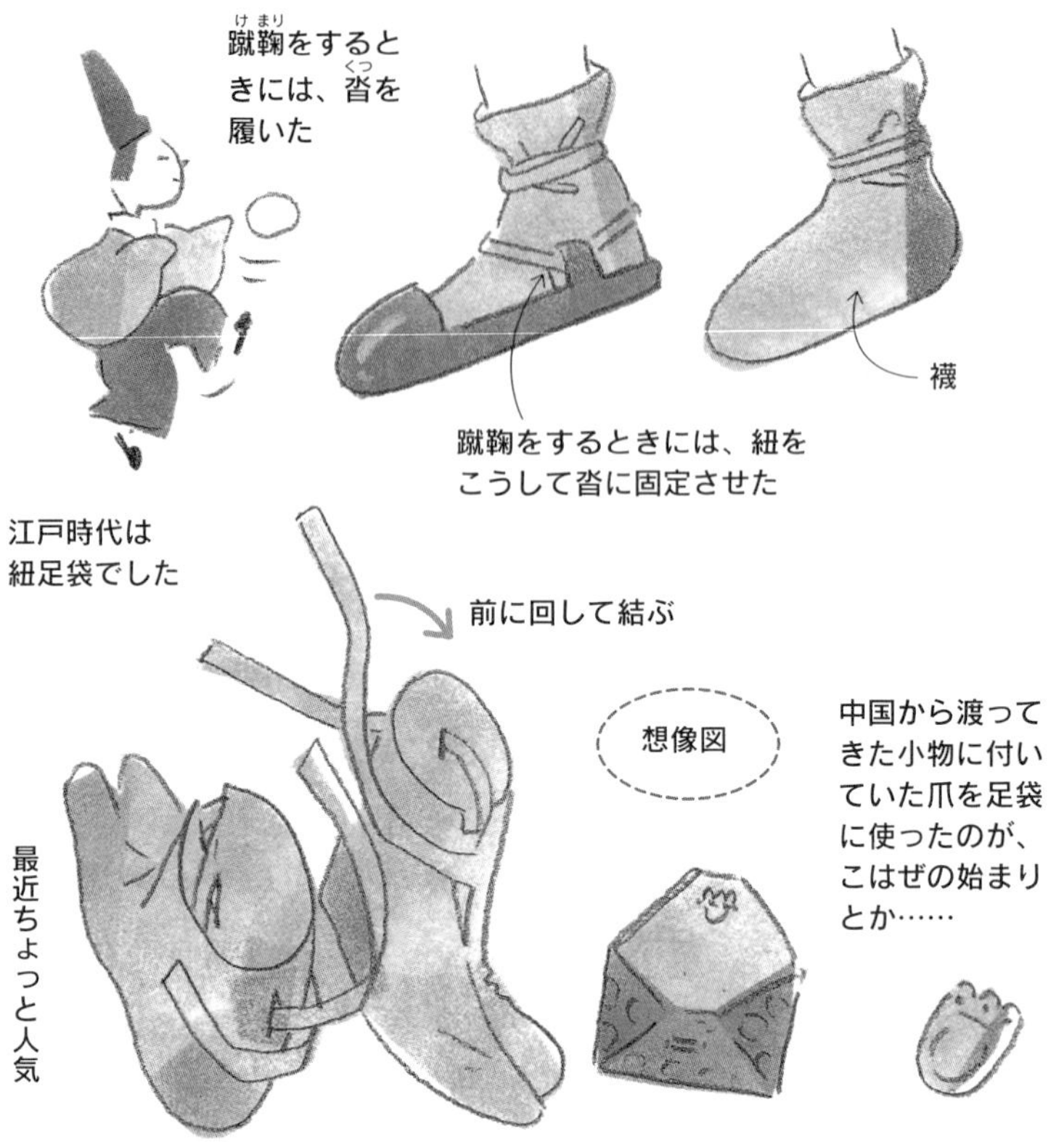
蹴鞠《けまり》をするときには、沓《くつ》を履いた
蹴鞠をするときには、紐をこうして沓に固定させた
襪
江戸時代は紐足袋でした
前に回して結ぶ
想像図
中国から渡ってきた小物に付いていた爪を足袋に使ったのが、こはぜの始まりとか……
最近ちょっと人気

足袋はいつ頃から今の形になったのでしょうか。『古事記』に登場する足袋らしき物は襪（しとうず・しとうづ）で、つま先は二つに分かれておらず、靴下のような形をしています。草履《ぞうり》を履《は》かなかったので、分かれている必要がなかったのですね。形は韓国のポソンに似ています。先が割れるのは桃山時代になってから。その頃、鼻緒のある履物《はきもの》が登場したのでしょう。

江戸時代初期、足袋は鹿や猿の皮で作られ、明暦の江戸の大火事以降、防火用に皮の羽織が流行ったので皮が不足し、木綿足袋が作られます。

江戸末期までの足袋は紐《ひも》で結ぶタイプで、こはぜが使われるのはずいぶんあと。ヒントは中国渡来の財布に付いていた爪で、その便利さが足袋に応用されたようです。現代のように、こはぜが一般的となるのは明治以降のことです。

寛永通宝　　1文約2.4cm。これが足袋の単位です。

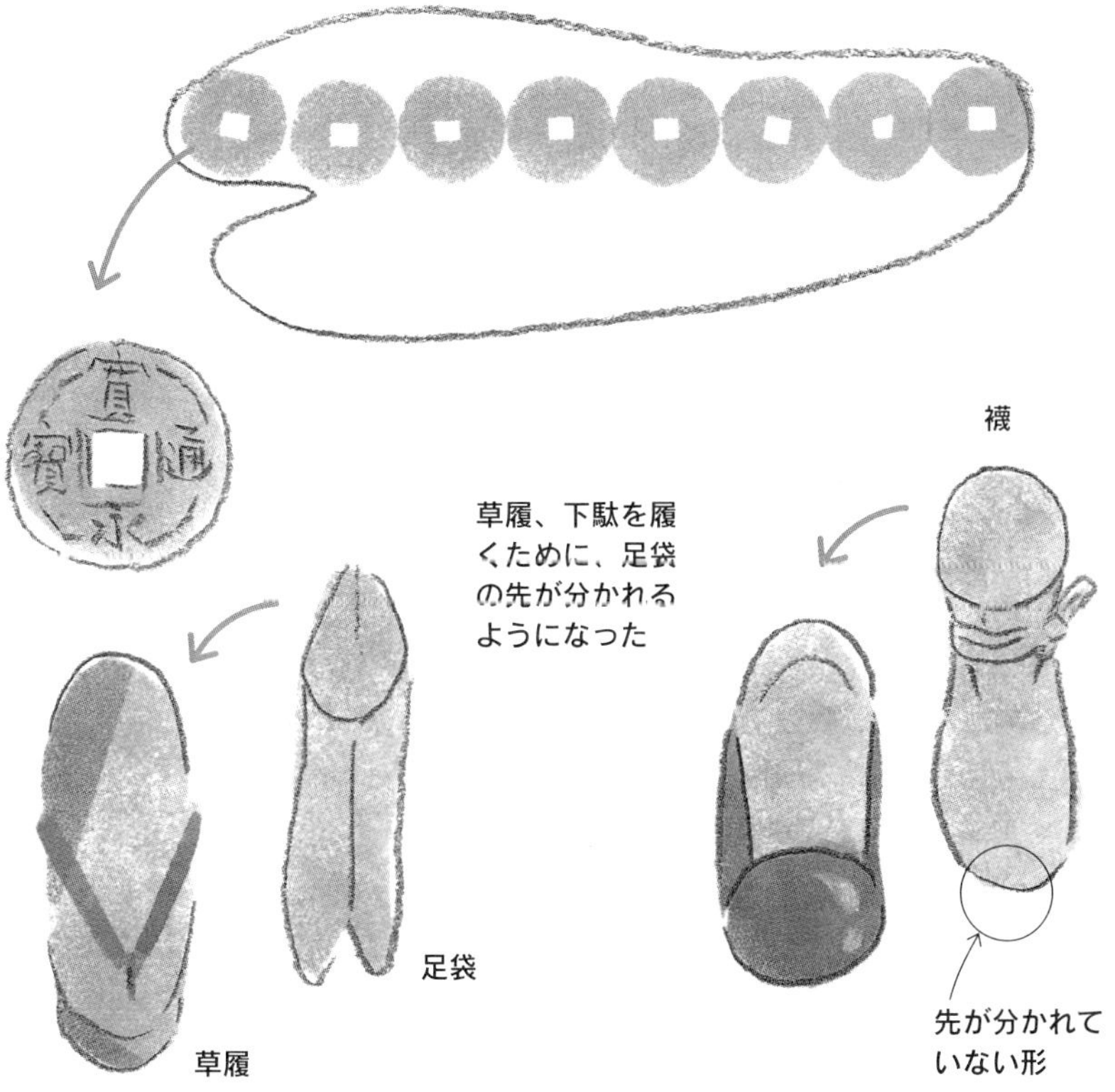
襪
草履、下駄を履くために、足袋の先が分かれるようになった
足袋
草履
先が分かれていない形

もう一言

足袋事情

以前、義母からいただいた未使用の古い足袋には、つま先の裏に紐が付いていました。聞けば洗って干すときに引っかける紐だそうです。いつの間にか足袋から紐は消えました。形が崩れるから足袋はひっくり返さずに干すのが今の常識ですが、昔は裏返していたんですね。

足袋を半分返して履くと履きやすいですが、もう一ついいことがあります。こうすることで履くときに踵《かかと》の縫い代が立ち上がり、底側ではなく踵側にくるので踏まずにすみ、痛くなりません。

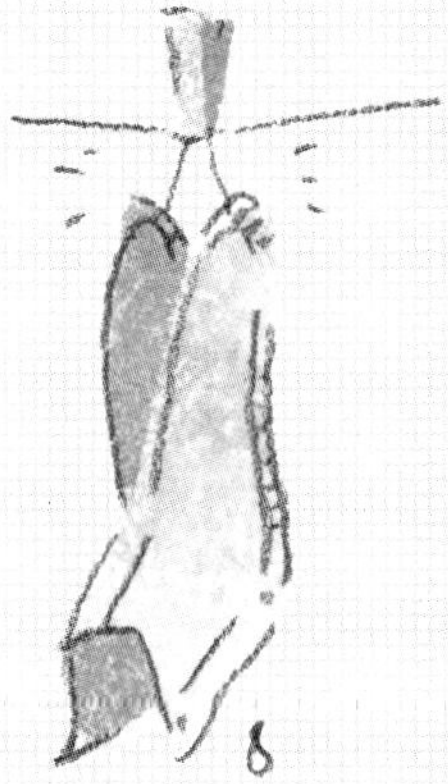
昔は裏返して干した

※健やかな成長を願って※

魔が入らないように背を守る

赤ちゃんの着物をひとつ身といいます。背中に縫い目がないので、魔が入りやすいとされました。
背守り
ひと針ひと針に子どもへの愛が込められています

健やかな成長への願いを込め、子どもの着物の背に付けられたお守り。

魔は後ろから入ると信じられていた時代、縫い目のないひとつ身の着物の背の部分はとくに魔が入りやすい。その部分に付けるのが背守りです。

現存するさまざまな背守りは色、形、素材がバラエティに富んでおり、装飾としても美しいものです。

祖母や祖父が長命な家では、その人が身につけた布の端切れを使ったり、鶴や松など長命の福柄を縫っています。

なかには、日本髪の付け根に使用したと思われる絞りの布（手絡《てがら》）を、縛った糸をそのままに使われている背守りもあります。日本髪の根に使われる布は魔から頭を守る意味合いもあるそうで、その布を背守りに使うのもうなずけます。

日本にかつてあったよき習慣、もう一度現代に蘇らせたいものです。

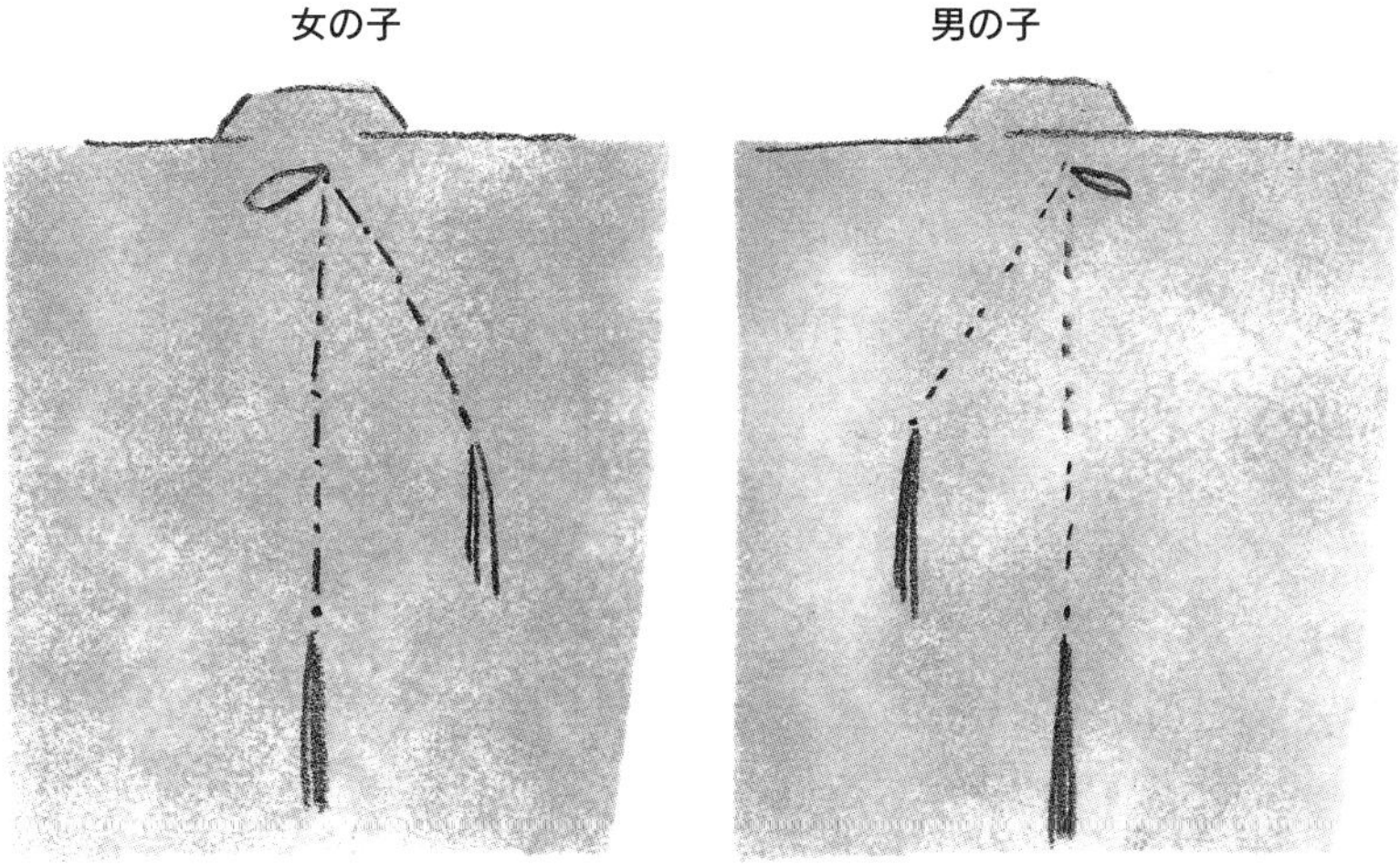
女の子
男の子

背守りに使われたもの

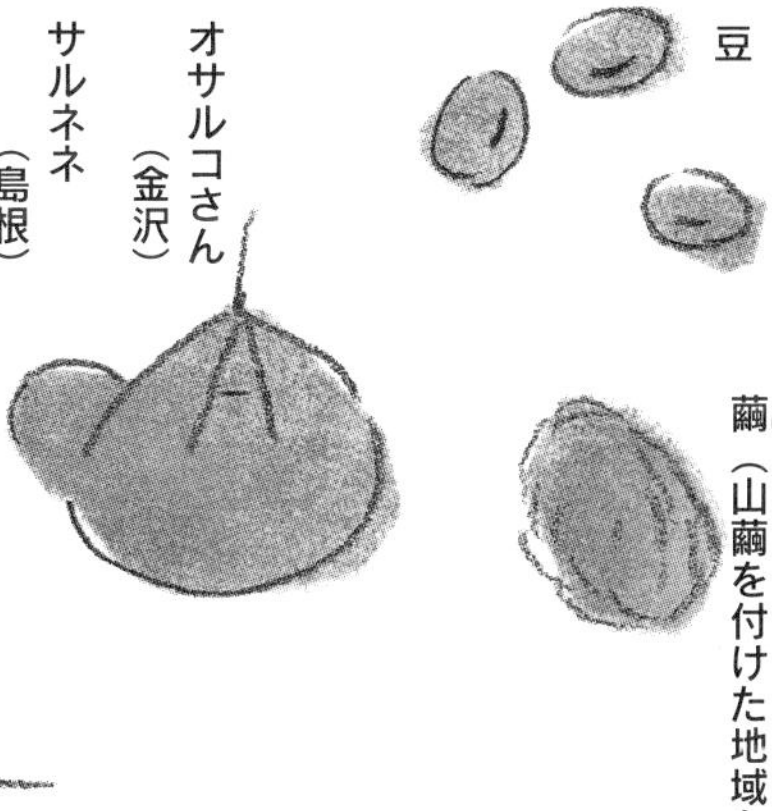
豆
繭《まゆ》（山繭を付けた地域も）
オサルコさん（金沢）
サルネネ（島根）

奄美大島では、背守りを「マーレギン」といい、三角の布を付ける。これは蝶を意味していた

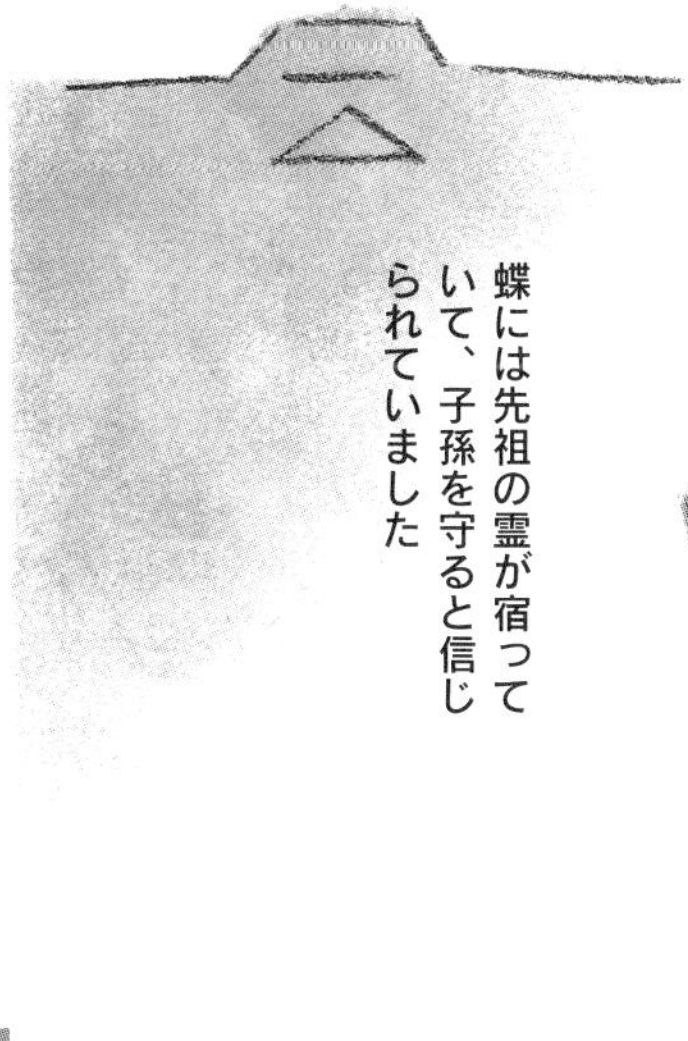

蝶には先祖の霊が宿っていて、子孫を守ると信じられていました

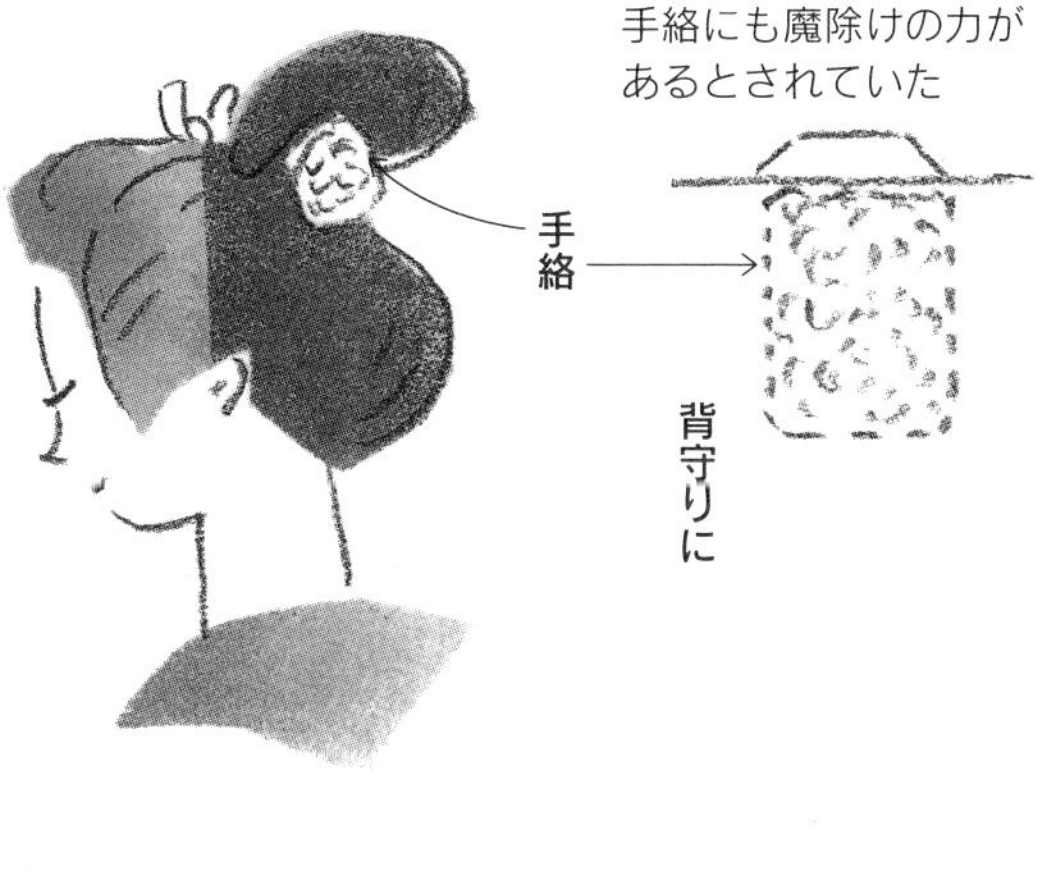
手絡にも魔除けの力があるとされていた
手絡
背守りに

✳︎ 健やかな成長を願って ✳︎

親から子へと着物リレー

三歳のときの
七五三の
祝い着になり
産着が
ステキな
リレーですね♡

セピア色の写真、そこにはまだ生まれたばかりの友（鳴海彩詠さん）と彼女の祖母が写っています。産着《うぶぎ》はおばあさまのお仕立てです。

もう一枚の写真は三歳になった彩詠さん。あのときの産着は仕立て直され、三歳の節句を飾っています。

もう一枚のカラー写真は彩詠さんの従妹《いとこ》さん。生まれたばかりの赤ちゃんを抱いて幸せそうです。その産着は、なんとあの着物。一枚の着物は言祝《ことほ》ぎの時を重ねて思い出を蓄えていきます。

赤ちゃんはもうすぐ三歳の節句。そのときには再びこの晴れ着が活躍します。四〇年ほどの時を経た着物ですが、昔と少しも変わらない美しい色合いです。

一枚の小さな着物は、喜びの気持ちや、家族の絆、温かい思いをつなぐ確かなバトンの役割を担ってこれからも受け継がれていくのでしょう。

さらに、従妹さんのお子さんの産着に
来年には、三歳のときの七五三に
さて、次は？

もう一言

成人式の振袖リレー

着物は代々伝えていくことができます。たとえ昔の柄でも「古典柄」といって、現代でも充分通用します。流行に左右されないのも着物のいい点です。

風とおしをしながら大切にしまっておけば、年月が経っても色あせず、当時のままの豪華さを保ちます。大切な家宝の一つになります。

知り合いのおじょうさん（左）の成人式の着物は、お母様（上）から伝わった本振袖だそうです

※芸能と※

歌舞伎の役柄は帯でわかる

着物の着方やしぐさ、色合わせなど、歌舞伎鑑賞は楽しみでもあり、私の大切なお勉強の場でもあります。

役者の締める帯スタイルは「角出《つのだ》し」が多く、御殿勤《ごてんづと》めの女中は立矢《たてや》の字《じ》。この矢の字、右肩に帯がのる結び方は屋敷内、左肩に帯がのるのは屋敷外です。外出先で万が一襲われても殿や自分を守るために刀を使うので、右腕が自由に動かせるようになっているのです。

男性は色男が好む「割ばさみ」、助六《すけろく》や御所の五郎蔵《ごろぞう》は「箱結び」、町人や浪人、身分の低い武士は貝の口、女中さんも貝の口が多い。帯の結び方に身分や立ち位置が見え隠れします。

古典歌舞伎は昔から変わることなく伝承していて参考になります。帯留めが登場するのは幕末から。江戸時代には使われず、帯締めもあまりない。武家では綿の入った丸ぐけを使っています。

博多献上《はかたけんじょう》

仮名手本忠臣蔵《かなでほんちゅうしんぐら》

五段目斧定九郎《おのさだくろう》

黒羽二重《くろはぶたえ》の単《ひとえ》の紋付《もんつき》
白の博多献上の帯

立矢の字

御殿勤めの女中

もう一言

歌舞伎に登場する煙管《きせる》

歌舞伎に登場する小道具はいろいろあり、どのように扱われているかを見るのも楽しみの一つ。なかでも、とくに登場することが多いのが煙管です。

助六縁江戸桜《すけろくゆかりのえどざくら》のワンシーンでは、吸い付け煙管があちらからもこちらからも差し出され、助六のモテぶりが強調されます。花魁《おいらん》のトップにいる揚巻《あげまき》がひかれるのも納得。

白波五人男《しらなみごにんおとこ》では振袖を着た弁天小僧《べんてんこぞう》が片肌脱ぎで煙管を吸い、くるりと浪人回しするのがカッコイイ！　気持ちのいい啖呵《たんか》だけでなく、その所作にも目が引きつけられてしまいます。

江戸っ子にとって、煙草入れや煙管、根付《ねつけ》などは、大切なおしゃれアイテムだったのでしょう。細工に趣向を凝らした煙管を楽しんで使っている様子が、舞台から伝わってきます。

子供のころ
ぼんやり
聞いていた曲が、
きょーと
おーはら
さんぜんえん…
そうだったのか!
はっ
と思ったり
します。

※芸能と※

歌に登場する着物を想像する

「女ひとり」いずみたく作曲、永六輔作詞
京都　大原　三千院
恋に疲れた　女がひとり
結城《ゆうき》に塩瀬《しおぜ》の　素描《すがき》の帯が
池の水面に　ゆれていた
京都　大原　三千院
恋に疲れた　女がひとり
京都　栂尾《とがのお》　高山寺
恋に疲れた　女がひとり
大島つむぎに　つづれの帯が
影を落とした　石だたみ
京都　栂尾　高山寺
恋に疲れた　女がひとり
京都　嵐山《らんざん》　大覚寺
恋に疲れた　女がひとり
塩沢がすりに　名古屋帯
耳をすませば　滝の音
京都　嵐山　大覚寺
恋に疲れた　女がひとり
……どんな着物か、想像できますか?

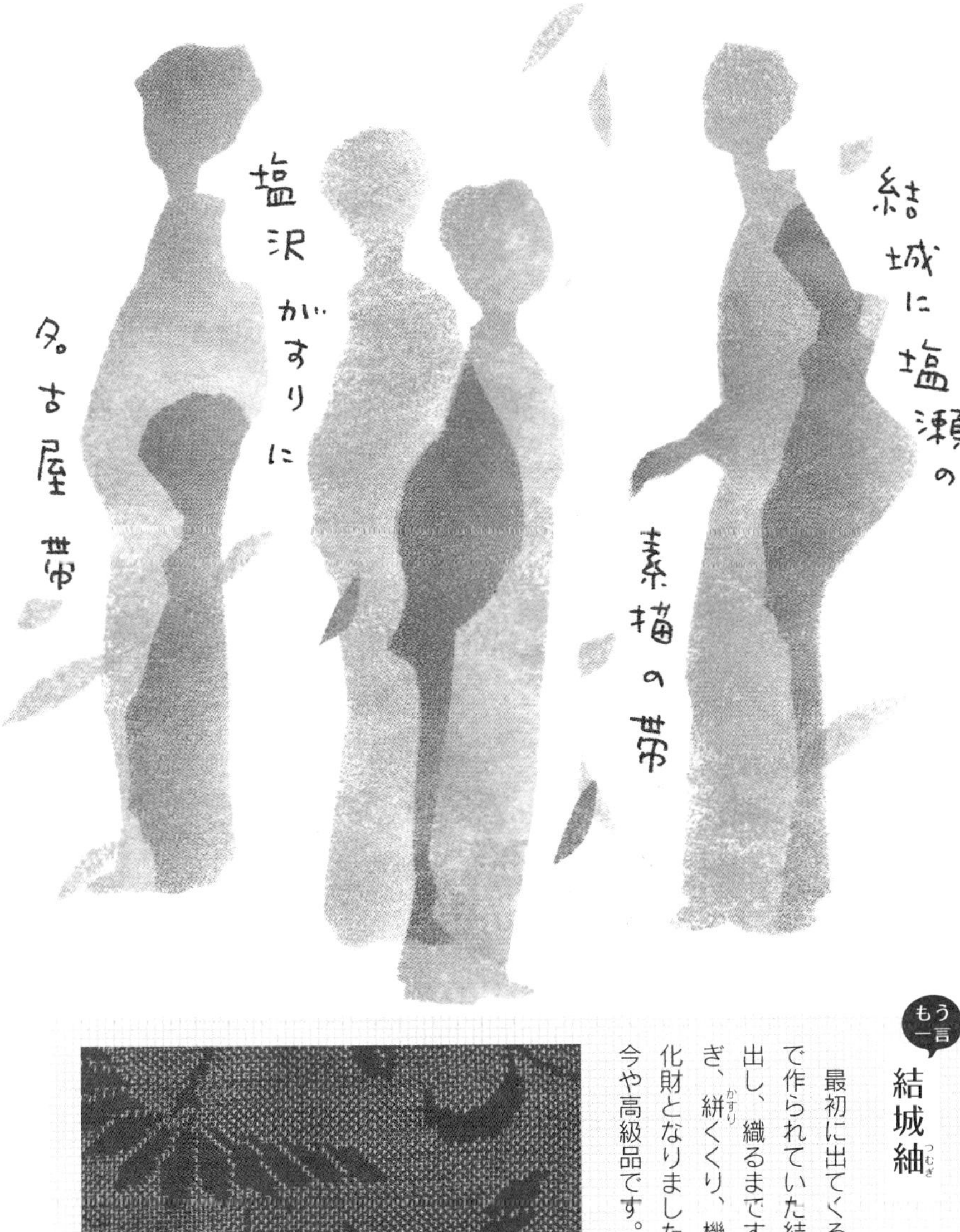

もう一言

結城紬《つむぎ》

最初に出てくる結城。茨城県・栃木県で作られていた結城紬のこと。糸を引き出し、織るまですべて手作業で、糸つむぎ、絣《かすり》くくり、機織りの技が重要無形文化財となりました。素朴な味わいですが、今や高級品です。

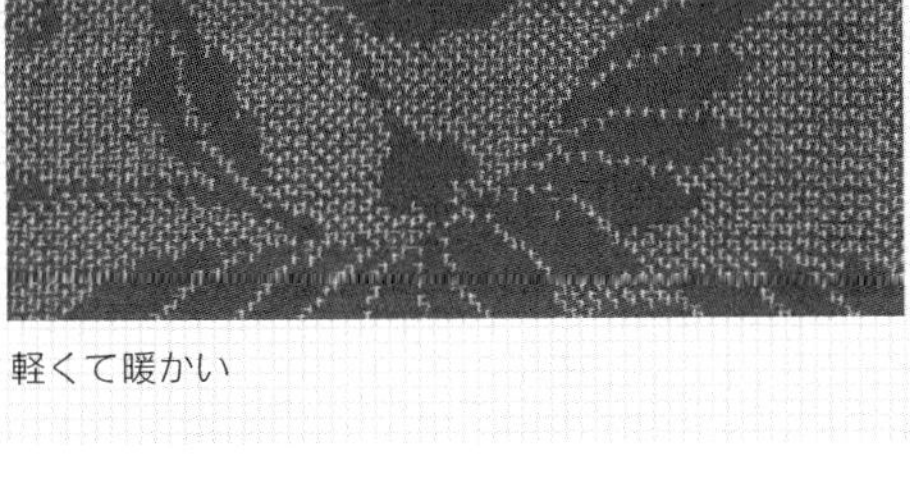

軽くて暖かい

落語で着物研究するのも手

江戸っ子
若旦那
武士……
着物のふるまいが
わかって勉強になります

着物を着る女性が増えてきて、着物を着るのは流行ではなく、普通のことになってきました。

そして次は男性の番です。私の周辺にも着物男子がちらほらと現れています。

少し落ち着いた年齢の方にとくにおすすめしたいと思います。四〇歳以上の男性は帯の落ち着きもよくて肩のラインなどシルエットがきれいです。五〇歳以上は皺《しわ》や肩の丸みすら着物のためにあるようで、渋めの大島や献上《けんじょう》の帯、男っぷりが上がります。上品な色気も感じます。

懐《ふところ》の袷《あわせ》具合や手のしぐさ、小道具の使い方、座布団の座り方などの研究は寄席で。江戸っ子からご隠居さん、若旦那、武士までしぐさの見本市です。ここでちょいと着物の着こなしを見たあとは、蕎麦をたぐりながら一杯いかがです?

男性の皆様、着物の楽しみをぜひご一緒に。お待ちしております。

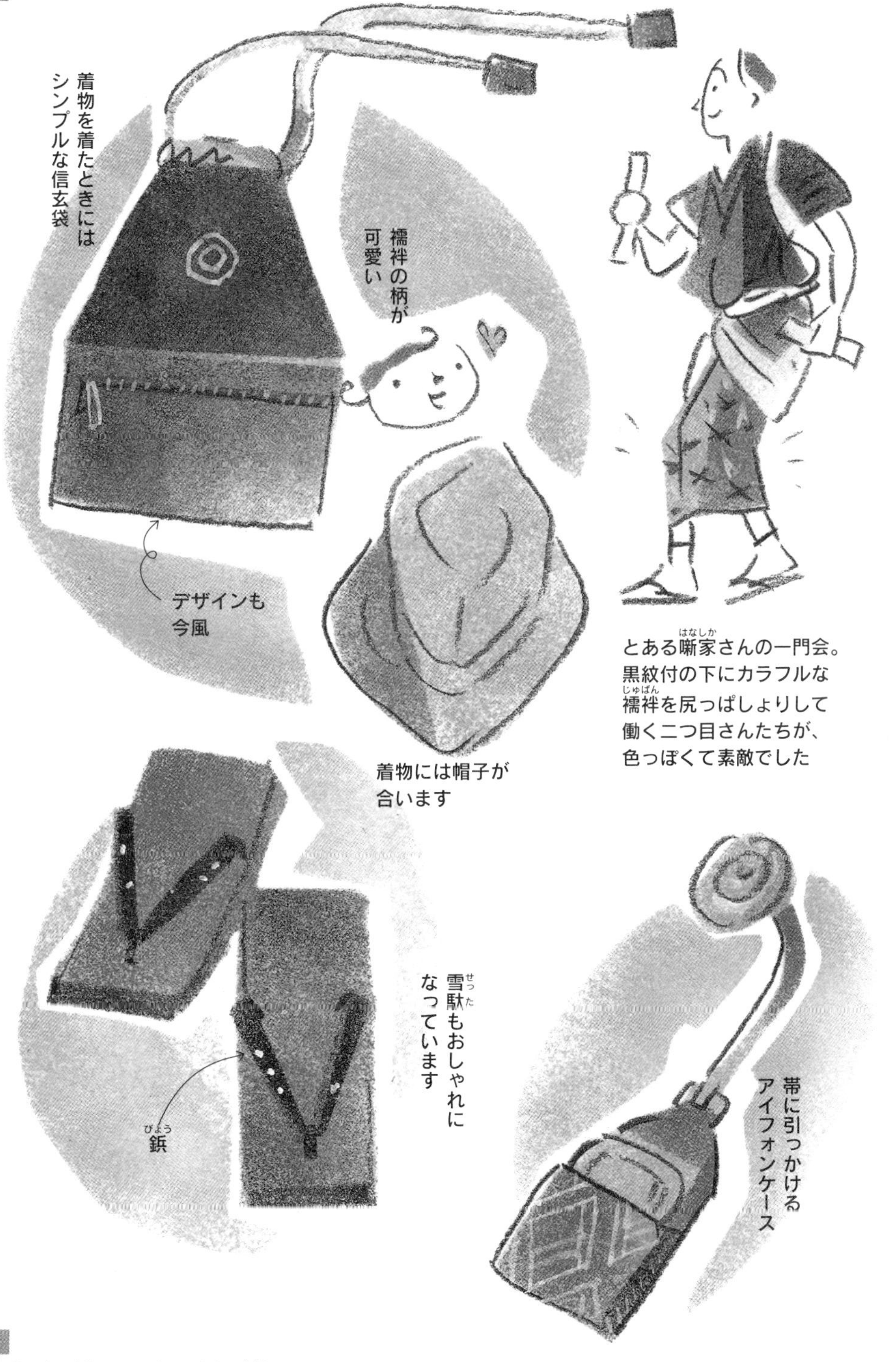
着物を着たときにはシンプルな信玄袋
襦袢の柄が可愛い
デザインも今風
着物には帽子が合います
とある噺家《はなしか》さんの一門会。
黒紋付の下にカラフルな
襦袢《じゅばん》を尻っぱしょりして
働く二つ目さんたちが、
色っぽくて素敵でした
雪駄《せった》もおしゃれになっています
鋲《びょう》
帯に引っかけるアイフォンケース

あとがき

二〇〇五年に『着物と暮らす』を出版してから早いもので七年がたちました。

この七年の間に、着物が縁となってたくさんの着物好きの方と出会い、着物に関わるさまざまなお仕事もすることができました。

着物が好き、という共通点は魔法のように垣根をとりはらい、出会ったとたんに旧知の友のように気さくにおしゃべりできることが、ほんとうに不思議で、楽しく過ごしています。年に数回行う手作り和小物を展示即売するイベントも私の大切な楽しみとなっています。

七年前と比べると、普段着物を着る人がぐんと増えました。以前は「おしゃれをして出かける」ためのアイテムだった着物ですが、今は「着ること」そのものが好きといった感じの人が多くなりました。

と言っても、コーディネイトを誰かに見てもらいたいし、一緒に盛り上がりたいのが人情です。

集まりの場はたくさんあります。この本でも紹介しましたが、フリマ、インディーズマーケット、お花見、旅行などにぜひ着物でお出かけください。

着物暮らしを始め、毎日が発見の連続だった頃に出版した『着物と暮らす』が初級編とすれば、『着物と遊ぶ』はその後の着物暮らしを綴っています。季節を七巡する中で思いついたアイデア、気がついたことなどを盛り込んだ着物生活の中級編といった一冊です。

この本を通して、呼吸するように楽に自然に、着物を纏《まと》う暮らしの心地よさを感じて、私もやってみようかなと思っていただけたらうれしく思います。

最後に、『着物と暮らす』を読んで共感し、励ましをくださったたくさんの読者の方々、素敵なデザインの本を作ってくださった南雲デザインさん、温かく本作りを手伝ってくださった編集の新保さん。心から感謝の気持ちで一杯です。ありがとうございました。

本書で紹介したお店

p69、p119 ……………… 和キッチュ　http://www.wakitsch.com
p70 ……………… はじめてきもの小梅　http://www.hajikimo.com
p98 ……………… 着物ふたば　http://www.senso-inc.co.jp/futaba/
p101 ……………… ketoy（履物屋）　http://www.ketoy.net/
p108 ……………… 着物マーケット　http://kimonoindies.blog.fc2.com/

取材・協力していただいた方

p165 ……………… 染色家　鳴海友子さん
p22、p166 ……………… 鳴海彩詠さん（和の寺子屋＊榮堂）
http://sakaedo.blog52.fc2.com/

石橋富士子（いしばし　ふじこ）

イラストレーター。1958年横浜生まれ。教科書、絵本、女性誌などで活躍中。イラスト、エッセイだけではなく、生活の中の手作りアイデアも提案している。オリジナルの型とレシピで楽しむ落雁作りの講習会、「落雁と季節の会」を毎月開催。著書には『知識ゼロからの着物と暮らす入門』（幻冬舎）のほか、児童書の「お江戸あやかし物語シリーズ」『つくろいものやはじめます』『あやかしの店のお客さま』（水沢いおり・作　石橋富士子・絵／偕成社）など。日本図書設計家協会会員。

装丁　石川直美（カメガイ デザイン オフィス）
本文デザイン　南雲デザイン
撮影　田辺エリ
校正　ペーパーハウス
編集協力　新保寛子（オフィス201）
編集　鈴木恵美（幻冬舎）

知識ゼロからの着物と遊ぶ

2012年11月20日　第1刷発行

著　者　石橋富士子
発行人　見城　徹
編集人　福島広司

発行所　株式会社 幻冬舎
〒151-0051　東京都渋谷区千駄ヶ谷4-9-7
電話　03-5411-6211（編集）　03-5411-6222（営業）
振替　00120-8-767643
印刷・製本所　株式会社 光邦

検印廃止

ISBN978-4-344-90262-6 C2077
Printed in Japan
幻冬舎ホームページアドレス　http://www.gentosha.co.jp/
この本に関するご意見・ご感想をメールでお寄せいただく場合は、comment@gentosha.co.jpまで。